Informatik-Fachberichte 206

Herausgeber: W. Brauer
im Auftrag der Gesellschaft für Informatik (GI)

P. Horster   H. Isselhorst

Approximative Public-Key-Kryptosysteme

Springer-Verlag
Berlin Heidelberg New York
London Paris Tokyo

Autoren
Patrick Horster
TU Hamburg-Harburg
Harburger Schloßstraße 20, D–2100 Hamburg 90

Hartmut Isselhorst
GEI, Oxfordstraße 12-16, D–5300 Bonn 1

CR Subject Classification (1987): E.3

ISBN-13:978-3-540-50904-2   e-ISBN-13:978-3-642-74574-4
DOI: 10.1007/978-3-642-74574-4

CIP-Titelaufnahme der Deutschen Bibliothek.
Horster, Patrick:
Approximative Public-Key-Kryptosysteme / P. Horster; H. Isselhorst. – Berlin; Heidelberg;
New York; London; Paris; Tokyo: Springer, 1989
  (Informatik-Fachberichte; 206)
  ISBN-13:978-3-540-50904-2

NE: Isseelhorst, Hartmut:; GT

2145/3140 – 543210 – Gedruckt auf säurefreiem Papier

Vorwort

Mit der Einführung des neuartigen Konzeptes eines Verschlüsselungssystems mit öffentlichen Schlüsseln, dem sogenannten Public-Key-Kryptosystem, wurde im Jahre 1976 ein neuer und in den Folgejahren rasant wachsender Wissenschaftsbereich, die "moderne Kryptologie", begründet.

Es gibt wohl kaum einen Bereich der Mathematik bzw. der Informatik, der in den letzten Jahren so belebend wie die Kryptologie gewirkt hat. Das daraus resultierende Interesse findet Widerhall in vielen Bereichen der Mathematik und Informatik; hier sind insbesondere die Zahlentheorie und die Algorithmen- bzw. Komplexitätstheorie zu nennen.

Die vorliegende Arbeit gibt einen Teil der Forschungsergebnisse wieder, die im Rahmen einer Arbeitsgruppe "Mathematische Methoden der Kryptologie" am Lehrstuhl für angewandte Mathematik, insbesondere Informatik an der RWTH Aachen entstanden sind. Die Arbeit basiert dabei auf der in der Arbeitsgruppe geborenen Idee eines "approximativen Public-Key-Kryptosystems", die über mehrere Arbeiten zur Dissertation "Ein Beitrag zur Verwendung rationaler Zahlen in Public-Key-Kryptosystemen" [Isselhorst 88] führte.

Eine wesentliche Voraussetzung für das Gelingen dieser Arbeit war die wissenschaftliche Freiheit, die uns immer wieder vom Lehrstuhlinhaber Prof. Dr. Walter Oberschelp gewährt wurde. Ohne diese Freiheit wären auch die zahlreichen Vorlesungen, Seminare und Übungen zum Thema, sowie die daraus entstandenen Studien- und Diplomarbeiten nicht möglich gewesen. Daher gilt Herrn Prof. Dr. Walter Oberschelp unser besonderer Dank.

Bedanken wollen wir uns auch bei den Teilnehmern der zum Thema abgehaltenen Lehrveranstaltungen, die durch ihr Interesse und zahlreiche Diskussionen ebenfalls einen nicht unerheblichen Beitrag geleistet haben. Unser Dank gilt natürlich allen denen, die direkt oder indirekt zur Entstehung dieser Arbeit beigetragen haben.

Aachen/Hamburg-Harburg, im Oktober 1988

Patrick Horster
Hartmut Isselhorst

Inhaltsverzeichnis

0. Einleitung und Übersicht

0.1 Einleitung

Die Notwendigkeit, Daten durch Chiffrierung gegenüber Unbefugten geheimzuhalten, wurde schon im Altertum erkannt, und man suchte nach einfachen Methoden der Verschlüsselung. So bedienten sich zum Beispiel die Spartaner mechanischer Hilfsmittel, die Römer einer einfachen Transpositionschiffre. Im Mittelalter wurde auf die Steganographie (chemische Methoden wie 'unsichtbare Tinte') zurückgegriffen und parallel dazu die Grundlage der klassischen Kryptographie erarbeitet: mittels Substitutionen und Permutationen wurden Schriften verschlüsselt, wobei gleichzeitig die Kryptoanalyse entwickelt wurde, die Möglichkeiten für Attacken gegen solche Systeme untersucht. Kennzeichnend für die klassische Kryptographie sind dabei symmetrische Chiffrierverfahren, bei denen der Sender und der Empfänger der Nachricht mit demselben Schlüssel arbeiten. Dies setzt voraus, daß vor Beginn der Kommunikation dieser geheime Schlüssel über einen sicheren Kanal (z. B. per Kurier) ausgetauscht wird.

Einen Höhepunkt der klassischen Kryptosysteme bildet die Vernam-Chiffre, bei der ein aus Zufallszahlen gewonnener Schlüssel von der Länge der zu übertragenden Daten ausgetauscht wird und deren theoretische Sicherheit in [Shannon 48, 49] behandelt wird. Ein weiterer Höhepunkt ist der Data Encryption Standard (DES), der 1977 vom National Bureau of Standards genormt wurde und der aus der iterierten Anwendung von Permutationen und Substitutionen besteht. Dieses bis zum Zeitpunkt dieser Arbeit noch nicht gebrochene Verfahren zeichnet sich dadurch aus, daß es hardwaremäßige Realisationen mittels integrierter Schaltkreise gibt, die eine schnelle Ver- und Entschlüsselung großer Datenvolumen ermöglichen (>1 Megabyte pro Sekunde). Da jedoch der DES nur über 2^{56} verschiedene Schlüssel verfügt, ist gerade mit Hilfe dieser integrierten Schaltkreise die Möglichkeit gegeben, mit vertretbarem Aufwand an Zeit und Geld eine unbefugte Entschlüsselung zu erreichen. (Einen Überblick über die klassische Kryptologie findet man in [Horster 85, S.1-157].)

Allgemein erschloß die elektronische Datenverarbeitung neue Wege der Kryptoanalyse, die Ergebnisse der Zahlentheorie, der Algebra, der Komplexitätstheorie, der Wahrscheinlichkeitstheorie und Statistik, der linearen Algebra und in dieser Arbeit auch der Numerik und Approximationstheorie ausnutzt.

Durch die extrem gesteigerte Leistungsfähigkeit der heutigen Rechenanlagen gegenüber der noch vor zwanzig Jahren erreichbaren müssen heute an Kryptosysteme höhere Ansprüche bezüglich der Sicherheit gestellt werden. Dabei muß insbesondere auch die Verbesserung der Rechenleistung durch zum Beispiel parallele Verarbeitung berücksichtigt werden.

Jedoch auch andere Fortschritte der Datenverarbeitung erfordern neue Verfahren und Sicherheitsansprüche. Neue Konzepte der globalen Vernetzung zur Datenkommunikation (z. B. ISDN) und zum interkontinentalen Datenaustausch via Satellit erfordern leistungsfähige, d. h. sichere und schnelle Chiffrierverfahren. Dies soll am Beispiel der Satellitenkommunikation aufgezeigt werden (vgl. [Spaniol 83]). Ein Sender übermittelt seine Nachricht an den Empfänger, indem er Daten zu einem geeigneten Satelliten (z. B. Telecom I) transferiert, die von dort zur Erde zurückgesandt werden, wodurch hohe Datenraten und Entfernungen erreicht werden. Da der Empfang der vom Satelliten ausgestrahlten elektromagnetischen Wellen einfach ist, kann auch ein Unbefugter die Nachricht erhalten, so daß eine Verschlüsselung notwendig wird. Ausschließlich der autorisierte Empfänger soll dabei in der Lage sein, die Verschlüsselung rückgängig zu machen.

Der entscheidende Nachteil klassischer, d. h. symmetrischer Kryptosysteme besteht nun darin, daß vor der erstmaligen Kommunikation und bei jedem Schlüsselwechsel die Schlüssel über einen sicheren Kanal ausgetauscht werden müssen. Dafür ist z. B. der Satellitenkanal denkbar ungeeignet aufgrund der leichten Abhörbarkeit. Dem Schlüsselaustausch per Kurier steht der hohe Aufwand an Zeit und Geld wegen der möglicherweise großen Entfernungen entgegen.

Eine Lösung dieses Problems ergab sich 1976, als in [Diffie und Hellman 76] ein neues Konzept eines Kryptosystems vorgestellt wurde. Es wird Public-Key-Kryptosystem genannt, da im Gegensatz zu symmetrischen Verfahren die Schlüssel zum Chiffrieren öffentlich bekannt sind (und damit der Schlüsselaustausch über sichere Kanäle entfällt), diese sich aber von den geheimen Schlüsseln zum Dechiffrieren unterscheiden. Man spricht deshalb auch von asymmetrischen Verfahren. Da notwendigerweise ein Nachrichtenraum in der Realisation endlich ist, kann ein Public-Key-Kryptosystem nicht theoretisch sicher (vgl. [Horster 85, S.83 f.]) sein, da durch Vergleich mit dem verschlüsselten Nachrichtenraum der Klartext ermittelt werden kann. Dies jedoch kann mit so großem Aufwand verbunden sein, daß das Public-Key-Kryptosystem dennoch praktisch sicher ist. Zur Erläuterung soll beispielhaft das bekannte RSA-Verfahren (vgl. [Rivest et al. 78]) vorgestellt werden:

(0.1.1) Beispiel

Das RSA-Verfahren ist gegeben durch:

Voraussetzungen:

1)   Gegeben seien zwei verschiedene Primzahlen p, q mit $n = p \cdot q \geq 10^{250}$ und zwei Zahlen $e, d \in \mathbb{Z}_{(p-1)(q-1)}$ mit $e \cdot d \equiv 1 \pmod{(p-1)(q-1)}$.

2)   Der Nachrichtenraum sei $W = [0:n-1]$.

Chiffrierfunktionen:

3)   Verschlüsselungsfunktion $\mathcal{E}(x) = x^e$ MOD n, $x \in W$.

4)   Entschlüsselungsfunktion $\mathcal{D}(x) = x^d$ MOD n mit $\mathcal{D}(\mathcal{E}(x)) = x \; \forall \; x \in W$.

Schlüssel:

5)   Zum Verschlüsseln: e, n öffentlich bekannt.

6)   Zum Entschlüsseln: d geheim. Ebenso werden die Primfaktoren von n (p und q) geheimgehalten.

Betrachtet man die Primzahlen $p = 47$ und $q = 59$, so erhält man den Modul $n = 2773$. $e = 17$ und $d = 157$ sind geeignete Schlüssel, da

$$e \cdot d \equiv 17 \cdot 157 \equiv 1 \pmod{(p-1) \cdot (q-1)}$$

gilt.

Wählt man den Klartext $m = 920$, so ergibt sich der Schlüsseltext c durch $c = m^e$ MOD $n = 920^{17}$ MOD $2773 = 948$. Bei Verwendung des Schlüssels $d = 157$ kann man diesen Schlüsseltext dechiffrieren durch $m = c^d$ MOD $n = 948^{157}$ MOD $2773 = 920$.

Die Sicherheit des RSA-Verfahrens besteht darin, daß man den zur Entschlüsselung benötigten Parameter d im allgemeinen nur berechnen kann, wenn man die Primfaktorzerlegung von n kennt. Jedoch ist die Faktorisierung einer großen Zahl, die nur aus zwei Primfaktoren besteht, (mit den bislang bekannten Verfahren) sehr aufwendig und dies verhindert die praktische Ermittlung des geheimen Schlüssels d. Nähere Einzelheiten zur Kryptoanalyse des RSA-Verfahrens findet man in [Horster 85, S.179 ff.].

Der Vorteil des RSA-Verfahrens besteht darin, daß es als Public-Key-Kryptosystem keinen Schlüsselaustausch über einen sicheren Kanal erfordert und daß der Aufwand, das System zu brechen, entscheidend von der Komplexität des Faktorisierens großer Zahlen abhängt und mit den bekannten Faktorisierungsalgorithmen groß ist. Allerdings kann nicht ausgeschlossen werden, daß ein genügend schneller Faktorisierungsalgorithmus gefunden wird oder schon gefunden wurde und geheimgehalten wird; letzteres ist jedoch unwahrscheinlich. Die Sicherheit des Verfahrens ist also bisher nicht bewiesen. Außerdem ist die Ver- und Entschlüsselung in der Durchführung aufwendig.

Von vielen bisher veröffentlichten Public-Key-Kryptosystemen ist zu sagen, daß sich ihre Sicherheit auf wenige Probleme wie das Faktorisieren großer Zahlen zurückführen läßt und daß mit dem Lösen eines solchen Problems viele darauf beruhende Systeme gebrochen werden. Als Grundlage dienen dabei neben dem Faktorisierungsproblem zum Beispiel auch der diskrete Logarithmus (vgl. [Pohlig und Hellman 78], [Horster 85, S.160 ff.]), das Knapsack-Problem (vgl. [Merkle und Hellman 78], [Horster 85, S.211 ff.]), das Matrix-Cover Problem (vgl. [Janardan und Lakshamanan 82]) und das Decodier-Problem fehlererkennender Linearcodes (vgl. [McEliece 78], [Horster 85, S.313 f.]).

Zusammenfassend erscheint es daher sinnvoll, folgende Forderungen an die Entwicklung eines neuen Kryptosystems zu stellen:

<u>(0.1.2) Forderungen:</u>

i)   Es sollte sich um ein Public-Key-Kryptosystem handeln.

ii)   Das Grundprinzip der Sicherheit sollte möglichst bislang nicht genutzt worden sein.

iii)   Es sollte sicher gegen alle bekannten Attacken sein.

iv)   Es sollte eine schnelle Ver- und Entschlüsselung ermöglichen, so daß der praktische Einsatz möglich ist.

v)   Rechenzeitaufwendige Teile der Ver- und Entschlüsselung sollten möglichst parallelisierbar sein, um dadurch beschleunigt werden zu können.

Unter diesen Forderungen, besonders unter (0.1.2) ii) reduzieren sich die sinnvollen Public-Key-Kryptosysteme auf einige wenige, und die Entwicklung neuer Verfahren unter Berücksichtigung von (0.1.2) erscheint sinnvoll und wünschenswert.

Einen Ansatzpunkt zur Entwicklung neuer Public-Key-Kryptosysteme, die den Forderungen (0.1.2) genügen, liefert folgende Feststellung:

Betrachtet man den Klartext- und Schlüsseltextraum bestehender Public-Key-Kryptosysteme, so kann man feststellen, daß sie alle einen 'ganzzahligen' Charakter haben. Das heißt, es sind ganze Zahlen wie im RSA-Verfahren, im Verfahren von Lu und Lee (vgl. [Lu und Lee 79]) und im Verfahren von ElGamal (vgl. [ElGamal 85]), es sind ganzzahlige Polynome wie im Verfahren von Kravitz und Reed (vgl. [Kravitz und Reed 82]) oder es sind {0,1}-Tupel bzw. Mischformen wie im Merkle-Hellman-Verfahren (vgl. [Merkle und Hellman 78]), im Verfahren von Janardan und

Lakshamanan (vgl. [Janardan und Lakshamanan 82]) und im McEliece-Verfahren (vgl. [McEliece 78]).

Es sind bisher jedoch keine Public-Key-Kryptosysteme vorhanden, deren Nachrichten- und Schlüsseltexträume Mengen sind, die keine ganzen Zahlen enthalten. Diese Räume könnten jedoch andere Möglichkeiten für Sicherheitsprinzipien und Chiffrierfunktionen eröffnen.

Daher soll das Ziel dieser Arbeit die Untersuchung sein, ob reelle bzw. rationale Zahlen und darauf aufbauende Funktionen in Public-Key-Kryptosystemen sinnvoll eingesetzt werden können. Desweiteren, ob sich neue Sicherheitsprinzipien (wie das Faktorisierungsproblem im ganzzahligen Fall) ergeben und ob man darauf 'nichtganzzahlige' Public-Key-Kryptosysteme aufbauen kann.

0.2 Übersicht

Für die Untersuchung der Eignung reeller bzw. rationaler Zahlen und darauf aufbauender Funktionen für Public-Key-Kryptosysteme werden im ersten Kapitel die Grundlagen erarbeitet. In Paragraph 1.1 werden die fundamentalen Definitionen (Einwegfunktion, Public-Key-Kryptosystem) repetiert und deren Eigenschaften und Auswirkungen auf Nachrichten- und Schlüsseltexträume angegeben. Im nachfolgenden Paragraphen wird ein approximatives reellwertiges Public-Key-Kryptosystem (AR-System) definiert, anhand dessen zweierlei parallel untersucht werden soll. Zum ersten, welche reellwertigen bzw. rationalwertigen Funktionen in einem Public-Key-Kryptosystem eingesetzt werden können und welche die Unsicherheit eines solchen Systems zwangsläufig nach sich ziehen. Zum zweiten, ob es möglich ist, ein Public-Key-Kryptosystem auf folgenden Grundlagen aufzubauen: Gegeben sei ein Nachrichtenraum $W \subset \mathbb{R}$ und eine Funktion $f: W \to \mathbb{R}$, zu der auf dem Nachrichtenraum eine Umkehrfunktion g existiert. Zu f entwickelt man eine Approximationsfolge $\{f_n\}_{n \in \mathbb{N}}$ und eine Auswahlfunktion $h: W \to \mathbb{N}$ mit $g(f_{h(w)}(w)) = w \; \forall \; w \in W$, d. h. g bildet auch zu der Funktion $f_{h(w)}(w)$, die als Chiffrierfunktion bekanntgegeben wird, auf dem Nachrichtenraum eine Umkehrfunktion. Die Sicherheit des Systems soll darauf beruhen, daß man aus der durch $f_{h(w)}(w)$ bekannten Teilfolge der Approximationsfolge nicht auf die Funktionen f und g schließen kann.

In Paragraph 1.3 wird dazu untersucht, auf welche Weise man eine Umkehrfunktion g bestimmen kann, die möglichst 'fehlertolerierend' ist, die also trotz fehlerbehafteter Eingabe die korrekte Umkehrung liefert. Anhand dieser im Sinne einer möglichst großen Fehlertoleranz optimalen Umkehrfunktion g wird dann die erforderliche Auswahlfunktion h ermittelt, so daß der Fehler der Approximation $\left| f_{h(\cdot)}(\cdot) - f(\cdot) \right|$ den Rahmen dieser Fehlertoleranz ausschöpft und damit der Informationsgehalt der Teilfolge $\{f_j \mid j \in h(W)\}$ über die Funktion f minimal ist.

Im letzten Paragraphen des ersten Kapitels wird anhand einer Approximationsfolge, die aus Taylor-Polynomen gewonnen wird, ein konkretes Beispiel eines AR-Systems konstruiert, welches nachfolgend zur Kryptoanalyse des AR-Systems herangezogen wird.

Das zweite Kapitel beschäftigt sich mit der Kryptoanalyse des AR-Systems. Im ersten Paragraphen wird eine Fortsetzung der Funktion $f_{h(w)}(w)$ erzeugt, die analytische Ansätze erlaubt. Im weiteren werden zwei abstrakte Brechungsansätze des AR-Systems aufgezeigt, die auf Nullstellenbestimmungen reeller Funktionen beruhen.

Paragraph 2.2 zeigt, in welcher Weise man numerische Näherungsverfahren zur Nullstellenbestimmung, insbesondere Iterationsverfahren wie das Newton-Verfahren, zur Kryptoanalyse des AR-Systems heranziehen kann. Anhand des Beispiels aus Kapitel 1 wird gezeigt, daß die Sicherheit des AR-Systems erfordert, daß eine Nullstellenbestimmung der Funktion $f_{h(x)}(x) - c$ mit Hilfe numerischer Verfahren ausgeschlossen sein sollte.

Der nachfolgende Paragraph benutzt die Technik des binären Suchens zur Kryptoanalyse des AR-Systems. Es wird gezeigt, daß ein Public-Key-Kryptosystem mit einer monotonen Ver- oder Entschlüsselungsfunktion notwendigerweise unsicher sein muß. Dies hat zur Folge, daß übliche Beispiele stetiger umkehrbarer Funktionen für das AR-System ungeeignet sind.

In Paragraph 2.4 werden analytische und approximationstheoretische Brechungsansätze eingehend untersucht, insbesondere auch AR-Systeme, deren Approximationsfolgen aus reellen algebraischen Polynomen bestehen. Nach Betrachtungen über den maximalen Grad eines in einem AR-System sinnvoll einsetzbaren Polynoms werden fundamentale Eigenschaften über die Lage reeller Nullstellen algebraischer Polynome angegeben. Insbesondere wird die Komplexität der Bildung und Anwendung einer Sturmschen Kette für Ein- und Mehrprozessorsysteme erarbeitet. Der Problemstellung der Kryptoanalyse des AR-Systems angepaßt wird ein Brechungsansatz für Polynome entwickelt, der auf einer Kombination der Sturmschen Kette mit einem rekursiven binären Suchen beruht und damit die Lage der reellen Nullstellen lokalisiert. Der Beweis der Korrektheit und die Aufwandsabschätzung des zugrundeliegenden Algorithmus werden anhand einer Isomorphie zu einem binären Baum durchgeführt und haben zum Ergebnis, daß die Komplexität dieses Brechungsansatzes durch rund $\log_2(\frac{|W|}{n}) \cdot n^3$ für Einprozessorsysteme und $n^2 \cdot \log_2(n \cdot |W|)$ für Multiprozessorsysteme beschränkt ist, wenn W der Nachrichtenraum und n der maximale Grad der benutzten Polynome ist. Damit wird gezeigt, daß die Nutzung von reellen Polynomen in Public-Key-Kryptosystemen und insbesondere in AR-Systemen zwangsläufig die Unsicherheit zur Folge hat. Damit scheiden sämtliche polynomialen Approximationsverfahren und auch polynomiale Spline-Verfahren für das AR-System aus. Mit einem approximationstheoretischen Brechungsansatz wird dann gezeigt, daß Funktionen, die gut durch Polynome angenähert werden können, als Grundlage des AR-Systems ungeeignet sind.

Im anschließenden Paragraphen wird untersucht, ob es mit Approximationen durch unstetige Funktionen möglich ist, obige Brechungsansätze zu verhindern. Am Beispiel der Walsh-Funktionen wird gezeigt, daß dies an dem zu großen Initialisierungsaufwand des resultierenden AR-Systems scheitert.

Schließlich wird in Paragraph 2.6 untersucht, ob periodische Funktionen und Approximationsfolgen aus trigonometrischen Polynomen für AR-Systeme geeignet sind. Zunächst wird gezeigt, daß die Auswertung eines trigonometrischen Polynoms nur um den Faktor 6 aufwendiger ist als die Auswertung eines algebraischen Polynoms gleichen Grades. Dann wird gezeigt, daß Brechungsansätze vergleichbar denen algebraischer Polynome, die auf Nullstellenbestimmungen beruhen, im periodischen Fall nicht durchgeführt werden können. Abschließend wird auf das Problem der genügend genauen trigonometrischen Approximation bei begrenztem Grad der Polynome hingewiesen.

Damit ergibt die Kryptoanalyse, daß für AR-Systeme periodische Funktionen und Kombinationen mit solchen geeignet, jedoch stetige nichtperiodische Funktionen ungeeignet erscheinen.

Hierauf aufbauend werden im dritten Kapitel die kryptologischen Eigenschaften rationaler Zahlen untersucht. Ausgehend von der Tatsache, daß das Produkt zweier Primzahlen einfach, die Faktorisierung des Produktes bis zu diesem Zeitpunkt aufwendig ist, wird analog zu diesem ganzzahligen Fall in Paragraph 3.1 untersucht, ob dies auch für die Division ganzer Zahlen gilt. Konkret lautet die Frage: gibt es einen effektiven Algorithmus, der aus der Dezimaldarstellung eines gekürzten Bruches $(x = a/p)$ Zähler und Nenner ermittelt? Wenn man nun $x = a/p + \varepsilon$ (in Dezimaldarstellung) als Eingabe eines solchen Algorithmus benutzt, dann stellt sich folgende Frage: wie groß muß der Fehler ε minimal sein, so daß die Komplexität der Berechnung der Zahlen a und p so groß ist, daß dies nicht mehr praktisch durchgeführt werden kann.

Zuerst wird von einem Algorithmus basierend auf Abzählungen rationaler Zahlen gezeigt, daß er den Bruch reproduzieren kann, jedoch ist er für $p > a > 10^{100}$ und beliebiges $\varepsilon \in \mathbb{R}$ nicht effektiv durchführbar. Anschließend zeigen Ergebnisse über periodische Dezimalbruchdarstellungen, daß es leicht möglich ist, aus a/p die Faktoren a und p zu ermitteln, falls man den Bruch genügend genau kennt. Betrachtungen über die minimale Periodenlänge des reziproken Wertes einer Primzahl in der N-nären Zahlendarstellung führen zu der Feststellung, daß es effektiv möglich ist, einerseits Primzahlen mit großer Periodenlänge zu erzeugen, und daß es andererseits nur sehr wenige Primzahlen mit kurzer Periodenlänge gibt. Damit wird gezeigt, daß ein Algorithmus basierend auf periodischen Dezimaldarstellungen praktisch nicht durchgeführt werden kann, wenn nur eine realistische Anzahl gültiger Stellen von a/p bekannt ist. Als Grundlage eines dritten Algorithmus werden Approximationen durch Kettenbrüche untersucht. Hergeleitet werden Ergebnisse über den Zusammenhang von Kettenbrüchen und Farey-Folgen und Abschätzungen des mittleren Abstandes konsekutiver Elemente einer Farey-Folge. Damit kann schließlich folgendes gezeigt werden:

Ist $p \in \mathbb{P}$, $p > 10^{100}$, $a \in \mathbb{Z}_p$ und $x = 10^{-n} \cdot \lfloor 10^n \cdot a/p \rfloor$ mit $n \leq \lceil 2 \cdot \log_{10}(p) - 70 \rceil$, so ist es praktisch unmöglich, aus x die Werte a und p zu ermitteln, da die effektive Berechnung von a und p noch weitere 70 Dezimalstellen von x benötigt, die erst erraten werden müssen.

Im folgenden Paragraphen wird untersucht, wie man dieses Ergebnis für die Sicherheit eines Public-Key-Kryptosystems ausnutzen kann. Dazu wird zunächst die reelle Kongruenz definiert und deren Eigenschaften herausgearbeitet, bevor dies in die Definition des R-Systems einfließt. Dieses stellt ein Public-Key-Kryptosystem dar, das auf rationalen Zahlen beruht, die vom Prinzip her mit Gleitkomma-Operationen verarbeitet werden, d. h. mit endlich vielen gültigen Stellen und Rundungen. Mit den Parametern $p \in \mathbb{P}$, $p > 10^{100}$, $a \in \mathbb{Z}_p$, $e, d \in \mathbb{Z}_{p-1}$ mit $e \cdot d \equiv 1 \pmod{p-1}$, $t \in \mathbb{R}^+$, $n \approx \lceil 2 \cdot \log_{10}(p) - \log_{10}(t) - 70 \rceil$ und $c_n = 10^{-n} \cdot \lfloor 10^n \cdot t \cdot a/p \rfloor$ hat die Verschlüsselungsfunktion die folgende Form:

$$E(x) = 10^{-z} \cdot \lfloor 10^z \cdot (c_n \cdot x^e \text{ MOD } t) \rfloor.$$

Dabei ist es nach obigem Ergebnis nicht möglich, die Parameter a und p aus c_n zu ermitteln. Mit $a^l \in \mathbb{Z}_p$ und $a \cdot a^l \equiv 1 \pmod{p}$ ist dann die Entschlüsselungsfunktion gegeben durch:

$$D(y) = \left(\left(\lfloor y \cdot \tfrac{p}{t} + \tfrac{1}{2} \rfloor \right) \cdot a^l \right)^d \text{ MOD } p.$$

Öffentliche Schlüssel sind c_n, e, t und z. Geheime Schlüssel sind p, a, a^l und d. Dabei kann die Verschlüsselung bei einer geeigneten Wahl des Moduls t (z. B. $t = 1$) schnell durchgeführt werden, wobei das Ergebnis $c_n \cdot x^e$ MOD t nach z Dezimalstellen abgeschnitten wird und so die Redundanz des Schlüsseltextes verringert wird.

Die Kryptoanalyse des R-Systems im nachfolgenden Paragraphen 3.3, die insbesondere auf Lösungsansätzen von Gleichungen der Form

$$10^{-z} \cdot \lfloor 10^z \cdot (c \cdot x^e) \text{ MOD } t \rfloor = y$$

und Approximationen rationaler Zahlen durch Kettenbrüche beruht, zeigt jedoch, daß das R-System in der gegebenen Form unsicher ist, obwohl man die geheimen Schlüssel nicht ermitteln kann.

Als Ausweg wird im Paragraphen 3.4 eine Erweiterung des R-Systems vorgenommen. Das Ergebnis ist eine Public-Key-Hill-Chiffre, die als R^k-System bezeichnet wird und eine k-dimensionale Version des R-Systems darstellt. Der entscheidende

Vorteil dieses Systems ist, daß es im Gegensatz zum R-System nicht ausreicht, mit Kettenbrüchen eine Approximation einer rationalen Zahl zu finden, sondern daß Näherungsbrüche zu k^2 rationalen Zahlen gefunden werden müssen, die sämtlich denselben Nenner haben. Es wird anschließend aufgezeigt, daß die Komplexität des für die Problemstellung am besten geeigneten Lösungsverfahrens für solche simultanen diophantischen Approximationen jedoch sehr hoch ist und deshalb dieser Brechungssatz nicht real durchgeführt werden kann. Insbesondere hängt dabei die Sicherheit von der Größe der Dimension k ab. Eine größere Sicherheit durch eine höhere Dimension hat dabei nicht notwendig größere Zahlen zur Folge (wie im RSA-Verfahren). Dies führt zu einer schnellen Ausführbarkeit des Verfahrens.

Zum Abschluß dieses Kapitels wird im letzten Paragraphen gezeigt, wie es mit Hilfe eines R^k-Systems möglich ist, geheime und öffentliche Unterschriften unter zu übertragende Dokumente zu realisieren.

Im vierten Kapitel werden Anwendungen der erzielten Ergebnisse in anderen Bereichen aufgezeigt.

Im ersten Paragraphen wird dargestellt, wie man den Kettenbruchalgorithmus zur Bestimmung der Zahlen a und p aus a/p darauf anwenden kann, die übliche Bruchrechnung effektiv zu implementieren. Insbesondere müssen dazu nicht Zähler und Nenner der beteiligten rationalen Zahlen getrennt verwaltet werden, sondern eine genügend genaue Fest- oder Gleitkommadarstellung und entsprechende Operationen reichen aus.

Im Paragraphen 4.2 werden abschließend die für die Kryptoanalyse des R-Systems entwickelten Techniken benutzt, um reelle Kongruenzen zu lösen. Zunächst wird ein Satz bewiesen, der die ganzzahlige Näherungslösung von $\alpha - (n \cdot \beta)\,\mathrm{MOD}\,\gamma$ liefert und eine Fehlerabschätzung ermöglicht. Anschließend wird gezeigt, wie mit Hilfe dieses Satzes Faktorisierungsalgorithmen konstruiert werden können, die für die Kryptoanalyse des bekannten RSA-Verfahrens interessant sind. Dazu werden ganze Zahlen n_i gesucht, deren quadratischer Rest $n_i{}^2\,\mathrm{MOD}\,N$ klein ist, wobei N die zu faktorisierende Zahl darstellt. Der Aufwand dieses Faktorisierungsalgorithmus ist dabei besser als $O(N^{1/4})$. Neben Abschätzungen dieser quadratischen Reste werden auch Ergebnisse über den Zusammenhang von Näherungsbrüchen a/p, multiplikativen Inversen a^{-1} (mod p) und Kettenbrüchen von p/a^{-1} hergeleitet und in Beispielen angewendet.

Damit ist das Ergebnis dieser Arbeit, daß der Einsatz reeller Zahlen und Funktionen in Public-Key-Kryptosystemen nutzbringend möglich ist, wie es z. B. das R^k-System zeigt, das auf einem neuen Sicherheitsprinzip beruht und sich durch eine schnelle Ausführbarkeit auszeichnet.

Dieses vom Prinzip her neue Public-Key-Kryptosystem wurde erstmals in [Isselhorst 88] vorgestellt.

1. Definitionen und Grundlagen

1.1 Fundamentale Definitionen und Eigenschaften

Die folgenden Definitionen der zentralen Begriffe wie Kryptofunktion, Einwegfunktion und Public-Key-Kryptosystem werden analog zu [Horster 85, S.18-29] und [Ryska und Herda 80] angegeben.

(1.1.1) Definition

i)   Es seien n, $m \in \mathbb{N}+1$, A, B Alphabete, d. h. nichtleere, totalgeordnete Mengen, und S eine endliche Menge. Eine Kryptofunktion t ist eine Abbildung $t: A^n \times S \to B^m$ derart, daß die Funktionen $t_s: A^n \to B^m$ mit $t_s(w)=t(w,s)$ mit $w \in A^n$ für alle $s \in S$ injektiv sind, d. h. invertierbar mit den Umkehrfunktionen t_s^{-1}.

ii) Ist t eine Kryptofunktion, dann nennt man die Familie $\{t_s\}_{s \in S}$ das Kryptosystem T_S.

iii) Die Menge S aller zu einem Kryptosystem gehörenden Schlüssel heißt Schlüsselraum. Die Menge A^n heißt im folgenden Nachrichtenraum oder Klartextraum, B^m hat die Bezeichnung Schlüsseltextraum.

Mit dieser Definition lassen sich insbesondere die klassischen Kryptosysteme beschreiben, siehe dazu [Horster 85, S.1-157]. Ein klassisches Kryptosystem zeichnet sich dadurch aus, daß sowohl der Sender als auch der Empfänger der Nachricht den gleichen geheimen Schlüssel benutzen. Man spricht deshalb auch von symmetrischen Verfahren.

Die Kommunikation mittels eines solchen Verfahrens erfolgt in vier Schritten (vgl. dazu die nachfolgende Abbildung 1):

1.   Der Sender A und der Empfänger B einigen sich auf einen gemeinsamen Schlüssel $s \in S$, wobei üblicherweise der Sender A den Schlüssel bestimmt und dem Empfänger B über einen sicheren Schlüsselübertragungskanal (z. B. per Kurier) mitteilt.

2.   Der Sender A verschlüsselt die Nachricht anhand des geheimen Schlüssels s. Die Ver- und Entschlüsselungsfunktionen werden dabei gewöhnlich durch ein Chiffriergerät realisiert und mit E (encryption) und D (decryption) bezeichnet.

3.   Der Sender A benutzt nun den öffentlichen Nachrichtenkanal, um dem Empfänger B die verschlüsselte Nachricht, den Schlüsseltext c, mitzuteilen. Da-

bei ist dieser Nachrichtenkanal störungsfrei, d. h. gesendete Daten kommen fehlerfrei beim Empfänger an. Wesentlich ist jedoch, daß dieser öffentliche Kanal durch unautorisierte Personen (Horcher) abgehört werden kann.

4. Der Empfänger B entschlüsselt schließlich den Schlüsseltext c mit Hilfe des (ihm bekannten) geheimen Schlüssels s.

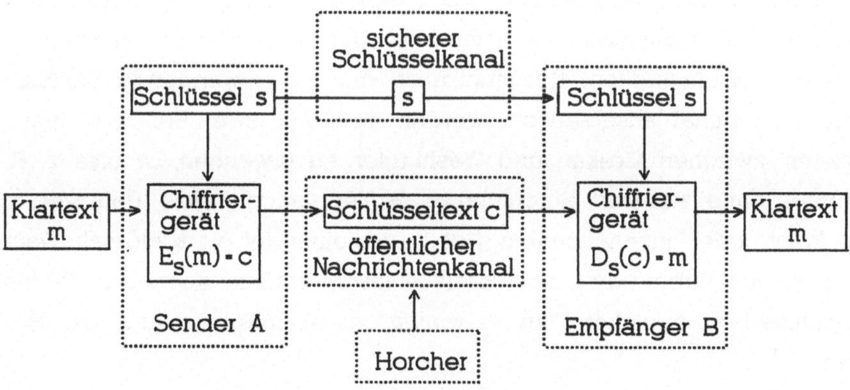

Abbildung 1: Klassisches (symmetrisches) Kryptosystem

Beispiel:

Betrachtet man als Klartext-, Schlüsseltext- und Schlüsselmenge die Menge der 26 Buchstaben A, B, ..., Z und ordnet diesen die Zahlen 0, 1, ..., 25 zu, so kann man symmetrische Kryptosysteme leicht realisieren.

Wählt man beispielsweise $c = E_s(m) = (m + s) \, MOD \, 26$, so ergibt sich $m = D_s(c) = (c + (26 - s)) \, MOD \, 26$.

Für die konkreten Werte $s = 4 \, (\hat{=} \, D)$ und $m = 24 \, (\hat{=} \, Y)$ erhält man somit

$E_4(24) = (4 + 24) \, MOD \, 26 = 2 \, (\hat{=} \, C)$ und

$D_4(2) = (2 + (26 - 4)) \, MOD \, 26 = 24 \, (\hat{=} \, Y)$.

Verwendet man nach diesem Prinzip einen Schlüssel, dessen Länge der Länge des Klartextes entspricht, dessen Komponenten zufällig sind und der außerdem genau einmal benutzt wird, so erhält man den sogenannten 'One-Time-Pad'. Bei diesem One-Time-Pad handelt es sich um ein absolut sicheres Kryptosystem (vgl. [Shannon 49]).

'Empfängt' ein Horcher den Schlüsseltext IRSAEE, so könnte dieser bei Verwendung des Schlüssels GROIEN aus dem Klartext CAESAR entstanden sein; wurde jedoch der Schlüssel HAYHKM verwendet, so wurde der Klartext BRUTUS verschlüsselt.

Einen Überblick über Methoden der klassischen Kryptologie findet man beispielsweise in [Horster 85, S.31-157].

Wie das Beispiel des One-Time-Pad zeigt, existieren sichere symmetrische Kryptosysteme. Diese Kryptosysteme besitzen aber den wesentlichen Nachteil, daß vor einer ersten (verschlüsselten) Kommunikation der zu verwendende Schlüssel über einen sicheren Kanal ausgetauscht werden muß. Für zwei Benutzer, hier ist das 'rote Telefon' zwischen Moskau und Washington zu erwähnen, ist dies z. B. durch einen Kurier 'ohne weiteres' durchführbar. Wollen jedoch viele Benutzer (z. B. in einem lokalen oder internationalen Netz) untereinander verschlüsselt Daten austauschen, so tritt neben dem Schlüsselaustausch-Problem auch das Problem auf, diese Schlüssel zu speichern, zu verwalten, zu aktualisieren und bei Bedarf zu benutzen.

Befinden sich in einem Netzwerk n Benutzer, so muß jeder dieser n Benutzer n-1 verschiedene Schlüssel vereinbaren und speichern. Insgesamt müssen $n \cdot (n-1)/2$ Schlüssel generiert und ausgetauscht werden. Da derzeit n>1000 schon keine Seltenheit mehr ist und mit der Einführung von ISDN und der Weiterverbreitung anderer Medien (z. B. BTX, Telefax) wesentlich größere Benutzerzahlen (z. B. Kunden einer Bank, Besitzer von Fernkopierern) zu erwarten sind, stoßen symmetrische Kryptosysteme schnell an ihre Grenzen. Ist n-10000, so müssen insgesamt $9999 \cdot 5000$ Schlüssel ausgetauscht werden; jeder Benutzer muß somit 9999 dieser Schlüssel speichern und verwalten.

Selbst wenn die Anzahl der potentiellen Kommunikationspartner relativ klein ist, lassen sich die Probleme, die beim Schlüsselaustausch auftreten, nicht leicht lösen. Hierbei darf auch nicht vergessen werden, daß eventuell neue Schlüssel zu generieren sind, falls alte Schlüssel unbrauchbar bzw. unsicher werden.

Bei der Lösung dieser Probleme wäre eine Art Datenbank, dem Telefonbuch oder einem Nameserver in einem Netzwerk vergleichbar, wünschenswert, bei der jeder Benutzer unter seinem Namen seinen persönlichen Schlüssel durch eine autorisierte Stelle eintragen läßt. Außerdem wäre es aus Gründen der Standardisierung erstrebenswert, wenn alle Benutzer sich des gleichen Kryptosystems bedienen würden. Mit symmetrischen Kryptoverfahren sind diese Wünsche jedoch nicht zu realisieren. Aus diesen Gründen wurde 1976 in [Diffie und Hellman 76] ein asymmetrisches Kryptosystem vorgestellt. Dieses Konzept nennt man Public-Key-Kryptosystem, da zur Kommunikation zwei verschiedene Schlüssel existieren, der zum Verschlüsseln benötigte ist öffentlich bekannt, der zum Entschlüsseln benötigte ist nur dem Empfänger bekannt. Dadurch entfällt die Übermittlung des geheimen Schlüssels über einen sicheren Schlüsselaustauschkanal. Die Sicherheit solcher Systeme gegen unbefugtes Entschlüsseln wird durch sogenannte 'Einwegfunktionen' erreicht, die die zentrale Rolle in Public-Key-Kryptosystemen spielen.

(1.1.2) Definition

Seien A, B $\subset$ $\mathbb{R}$, V, E $\in \mathbb{N}$, p $\in$ [0,1] und f: A→B. Weiter sei $\mathbf{K}$ ein beliebiges Komplexitätsmaß. f heißt Einwegfunktion der Charakteristik (V,E,p), falls gilt:

i) $\mathbf{K}(f(x)) \leq V$ $\forall$ x $\in$ A, d. h. die Komplexität der Berechnung von f(x) ist für alle x $\in$ A durch V beschränkt.

ii)   Wahrscheinlichkeit($\mathbf{K}$ (löse y = f(x)) $\leq$ E)$\leq$ p, wobei x als gleichverteilt angenommen wird. Dies bedeutet, p ist eine obere Schranke für die Wahrscheinlichkeit, daß die Komplexität der Umkehrung von f kleiner als E ist.

(1.1.3) Bemerkung

i) Im Zusammenhang mit Kryptosystemen versteht man unter einer Einwegfunktion eine Abbildung, die 'leicht' zu berechnen ist, deren Umkehrung jedoch mit den zur Verfügung stehenden Resourcen in annehmbarer Zeit nicht berechnet werden kann. Dies läßt sich mit der Charakteristik einer Einwegfunktion exakt beschreiben, wenn man als Komplexitätsmaß den Berechnungsaufwand (in Computern) zugrundelegt.

ii) Für alle weiteren Betrachtungen soll das folgende Komplexitätsmaß $\mathfrak{K}$ benutzt werden:

$$\mathfrak{K}(f) = \min_{\substack{\text{Algorithmus A} \\ \text{berechnet f}}} \left\{ \max \left\{ \text{Anzahl der von A benötigten arithmetischen Operationen und Vergleiche, Anzahl der von A benötigten Speicherplätze fester Bitlänge} \right\} \right\}$$

Dabei wird das Einheitskostenmaß zugrundegelegt, insbesondere sollen die arithmetischen Grundoperationen mit fest vorgegebener Genauigkeit jeweils die Komplexität 1 haben. Um eine effektive Durchführbarkeit zu gewährleisten, scheint die Einschränkung eines Speicherplatzes auf 10^{10} Bits sinnvoll.

iii) Die willkürlich zu wählende Charakteristik einer Einwegfunktion muß unter Beachtung von i) dergestalt sein, daß die Umkehrung einer Einwegfunktion auch in

Zukunft unmöglich ist, selbst wenn sich die Rechnerleistung wie in den vergangenen Jahrzehnten drastisch erhöht. Im folgenden verstehe man unter einer Einwegfunktion eine solche mit der Charakteristik $(10^6, 10^{70}, 10^{-70})$ mit dem in ii) vorgestellten Komplexitätsmaß $\mathfrak{K}$. Durch folgende Überlegungen wird deutlich, daß eine Funktion g mit $\mathfrak{K}(g) \geq 10^{70}$ (unabhängig von der theoretischen Berechenbarkeit) nicht real berechenbar ist. Angenommen, die Miniaturisierung von elektrischen (oder optischen) Schaltkreisen würde soweit entwickelt, daß der Strom (bzw. das Licht) bei der Berechnung einer Operation nur eine Entfernung, die dem Durchmesser eines Atoms entspricht, durchlaufen müßte, und daß 10^{30} Prozessoren dieser Art die Berechnungen parallel durchführen würden, dann würde für 10^{70} Operationen aufgrund der endlichen Lichtgeschwindigkeit eine Zeitspanne von 10^{14} Jahren benötigt. Ebenso ist ein Speicher für 10^{70} Bits nicht realisierbar, wenn man beachtet, daß unter der Annahme, ein Bit ließe sich mit einem Atom speichern, die benötigten 10^{70} Atome die Anzahl der Atome in unserem Sonnensystem um einen Faktor $8 \cdot 10^{12}$ übertreffen. Das heißt, mit den zur Verfügung stehenden Resourcen kann eine Funktion mit $\mathfrak{K}(g) \geq 10^{70}$ nicht real berechnet werden.

iv) Einwegfunktionen basieren meist auf Problemen der Zahlentheorie, für deren Lösung zur Zeit keine effizienten Algorithmen bekannt sind. Typische Beispiel dafür sind:

-Faktorisierungsproblem

Zerlege eine positive ganze Zahl n in ihre Primfaktoren. Das Problem ist auch dann schwer zu lösen, wenn n bekanntermaßen das Produkt zweier großer Primzahlen ist.

-Knapsackproblem

Zu einem allgemeinen Knapsack $a \in (\mathbb{N}+1)^n$ ($n \in \mathbb{N}$, $a = (a_1, ..., a_n)$) und einer Zahl $s \in \mathbb{N}$ ist ein 0-1-Vektor $m = (m_1, ..., m_n)$ mit der Eigenschaft

$$\sum_{i=1}^{n} a_i \cdot m_i = s$$

gesucht. Bei gegebenem a und m ist s leicht zu berechnen; sind jedoch a und s gegeben, so ist das Problem, m zu finden, NP-vollständig (vgl. [Garey und Johnson 79]).

-Problem des diskreten Logarithmus

Ist eine Primzahl p und eine Primitivwurzel α modulo p gegeben, so bereitet es kaum Schwierigkeiten den Wert $y = \alpha^x$ MOD p (mit $x \in [0;p-2]$) zu berechnen. Bei geeigneten großen Primzahlen ist es jedoch (im allgemeinen) praktisch unmöglich, aus einem vorgegebenen y den zugehörigen Wert x zu berechnen.

Die hier angegebenen Probleme (und viele andere) werden als Grundlage für Public-Key-Kryptosysteme (s. u.) genutzt. Das Faktorisierungsproblem bildet beispielsweise die Basis des in Beispiel (0.1.1) bereits vorgestellten RSA-Verfahrens.

Weitere Beispiele für Einwegfunktionen, die keinen direkten Bezug zu Public-Key-Kryptosystemen besitzen, sind in [Horster 85, S.26 f.] angegeben.

Durch eine Einwegfunktion mit der oben angegebenen Charakteristik soll in der folgenden Definition eines Public-Key-Kryptosystems die Sicherheit gewährleistet werden.

<u>(1.1.4) Definition</u>

Es sei I eine endliche Menge (von Benutzern), T ein Kryptosystem auf A^n in B^m mit Schlüsselpaaren (OS_i, GS_i), $i \in I$, zum Ver- und Entschlüsseln mit den Eigenschaften:

i) $t(\,t(w,OS_i), GS_i) = w \ \forall \ t \in T, \ w \in A^n, \ i \in I.$

     ($\Rightarrow$ Invertierbarkeit)

ii) $t(\cdot, OS_i)$ ist eine Einwegfunktion (mit dem Komplexitätsmaß und der Charakteristik aus (1.1.3) ii) und iii)) für diejenigen, die den Schlüssel GS_i nicht kennen. D. h. für alle $i \in I$ ist GS_i faktisch nicht aus OS_i berechenbar.

     ($\Rightarrow$ Sicherheit des Systems)

iii)   Für alle $i \in I$ ist der Aufwand zur Erstellung von Schlüsselpaaren (OS_i, GS_i) vertretbar.

     ($\Rightarrow$ Möglichkeit der Initialisierung des Systems)

iv)   Die Komplexität der Berechnung von $v = t(w,OS_i)$ und $t(v,GS_i)$ sei (analog zu ii) und (1.1.3) iii)) durch 10^6 beschränkt für alle $w \in A^n$ und $i \in I$.

     ($\Rightarrow$ praktische Durchführbarkeit)

Sind die Schlüssel $\{OS_i\}_{i \in I}$ öffentlich bekannt, der Schlüssel GS_i jedoch nur dem Benutzer i für alle $i \in I$, so heißt T ein Public-Key-Kryptosystem auf A^n.

Gilt zusätzlich noch die Eigenschaft

v) $t(t(w,GS_i), OS_i) = w \ \forall \ t \in T, \ w \in A^n, \ i \in I,$

so heißen die Funktionen $t(\cdot, OS_i)$ Einwegpermutationen.

Die zusätzliche Eigenschaft v) ermöglicht eine einfache Unterschriftsbildung, deren Prinzip hier kurz erläutert werden soll. In der Regel verlangen natürlich unterschiedliche Public-Key-Kryptosysteme auch verschiedene Verfahren zur Bildung einer Unterschrift; dies gilt insbesondere weil die Bedingung v) in den meisten Fällen nicht gilt.

Prinzip der Unterschriftenbildung:

$E_i(w) = t(w,OS_i)$, $i \in \{B,C\}$, $w \in A^n$

$D_i(w) = t(w,GS_i)$, $i \in \{B,C\}$, $w \in A^n$

B sendet folgendermaßen eine Nachricht m mit Unterschrift an C:

B berechnet $v = E_C(D_B(m))$ und sendet v an C;

C berechnet $E_B(D_C(v)) = m$.

Die so erhaltene Nachricht kann nur von B stammen, da nur B den geheimen Schlüssel GS_B kennt und somit nur Benutzer B in der Lage ist, $D_B(m)$ zu berechnen.

Falls eine Quittierung erforderlich ist, so kann das gleiche Verfahren wie zur Unterschriftenbildung in umgekehrter Richtung, d. h. von C nach B benutzt werden. Dabei sendet C an B etwa die unterschriebene Nachricht 'Ich habe die Nachricht m erhalten'.

Die Kommunikation mittels eines Public-Key-Kryptosystems läuft dabei wiederum in vier Schritten ab (vgl. nachfolgende Abbildung 2), wobei vorausgesetzt ist, daß die Kommunikationspartner ein bestimmtes Kryptosystem mit offenen Schlüsseln wie z. B. das RSA-Verfahren vereinbart haben. Dabei hat außerdem jeder Benutzer i seinen öffentlichen Schlüssel OS_i in eine öffentlich zugängliche, dem Telefonbuch vergleichbare Tabelle eingetragen. Den zugehörigen 'inversen Schlüssel' GS_i hält er geheim.

Die Kommunikation läuft dann wie folgt ab:

1.   Der Sender A ermittelt aus einer öffentlichen Tabelle den öffentlichen Schlüssel OS_B des Benutzers B.

2.   Der Sender A verschlüsselt die Nachricht mit Hilfe dieses Schlüssels OS_B.

3.   Der Sender A benutzt den öffentlichen Nachrichtenkanal, um dem Empfänger B den Schlüsseltext zu übermitteln.

4.   Der Empfänger B benutzt nun den nur ihm bekannten geheimen Schlüssel GS_B, um den Schlüsseltext zu dechiffrieren.

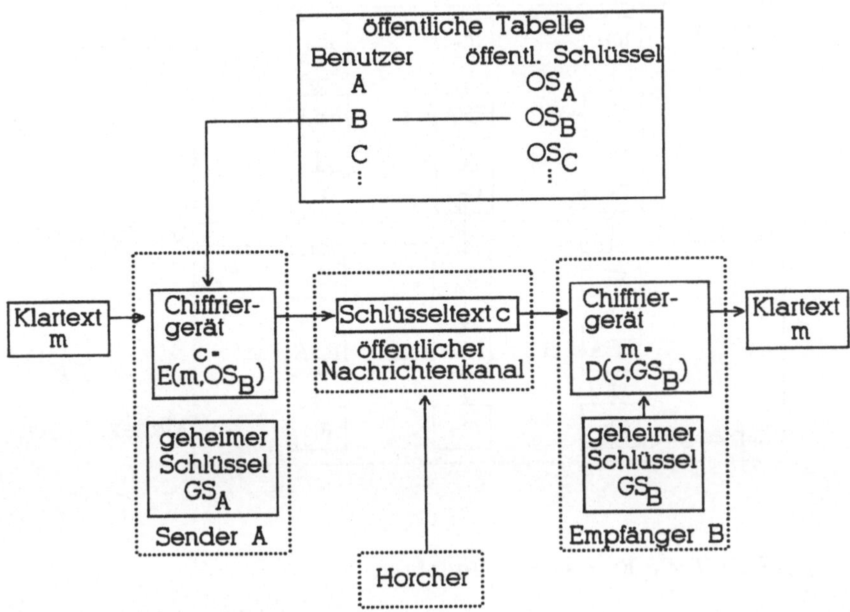

Abbildung 2 : Public-Key-Kryptosystem

In der Regel sind Nachrichten 'größer' als die maximal zulässige Nachricht eines Kryptosystems. In solchen Fällen wird die Originalnachricht in Blöcke geeigneter Länge zerlegt und anschließend werden die Blöcke einzeln verschlüsselt und übertragen. Identische Klartextblöcke liefern damit auch identische Schlüsseltextblöcke, und in Analogie zu einem Codebuch wird diese 'Betriebsart' als Electronic Code Book Mode (ECB-Mode) bezeichnet.

Die nachfolgende Abbildung 3 gibt das Prinzip des ECB-Modus für das im Beispiel (0.1.1) vorgestellte RSA-Verfahren wieder. Der Klartext m ist dabei in die Blöcke m_1, m_2, m_3 mit $m = m_1 m_2 m_3$ (Konkatenation der Nachrichten m_1, m_2 und m_3) zerlegt.

Diese Betriebsart eines Public-Key-Kryptosystems hat aber im Hinblick auf die Sicherheit wenigstens zwei Nachteile:

Da gleiche Klartextblöcke, verschlüsselt unter dem gleichen Schlüssel, zu gleichen Schlüsseltextblöcken führen, kann dies einem passiven Eindringling Informationen über den Klartext liefern, obwohl der Eindringling die Blöcke selbst nicht entschlüsseln kann.

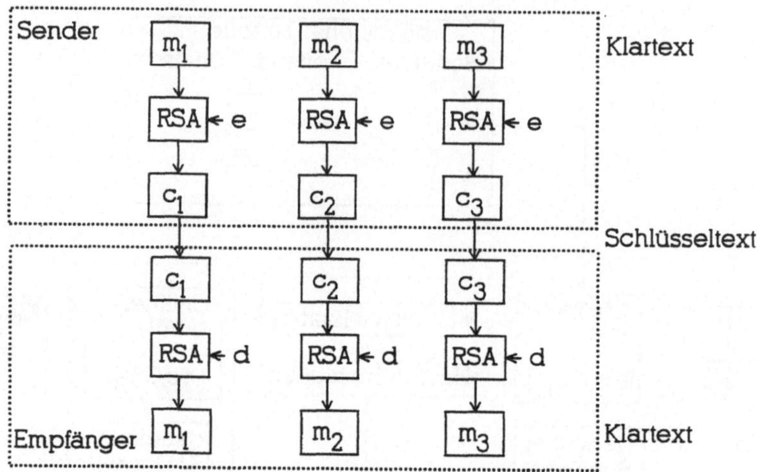

Abbildung 3: ECB-Mode für das RSA-Verfahren

Der zweite, schwerwiegendere Nachteil ist darin zu sehen, daß ein Eindringling den Schlüsseltext selbst ändert, ohne daß der Empfänger der Nachricht dies bemerkt. Zum Beispiel könnten Schlüsseltextblöcke, die, unter dem gleichen Schlüssel chiffriert, bei vorausgegangenen Übertragungen aufgezeichnet wurden, eingefügt werden, um den Sinn einer Nachricht zu ändern.

Um dieser als 'spoofing' (vgl. [Longley und Shain 87]) bezeichneten Attacke zu begegnen, sollte ein Schlüsseltextblock nicht nur von dem zugehörigen Klartextblock abhängen, sondern auch von allen vorausgegangenen Klartext- bzw. Schlüsseltextblöcken. Damit liefern sich wiederholende, identische Klartextblöcke verschiedene Schlüsseltextblöcke. Außerdem lassen sich auf der Empfängerseite Versuche erkennen, Schlüsseltextblöcke zu ändern, hinzuzufügen oder zu löschen.

Im Cipher Block Chaining Mode (CBC-Mode) wird eine Nachricht m genau wie im ECB-Mode zuerst in Blöcke m_1, ..., m_n zerlegt. Die Abbildung 4 zeigt den CBC-Mode für das RSA-Verfahren, wobei die Nachricht in drei Blöcke zerlegt ist.

Man erhält im CBC-Mode den Schlüsseltext $c_1 c_2 ... c_n$ durch

$$c_0 = RSA(IV,e),$$
$$c_i = RSA(m_i \oplus c_{i-1}, e), \ 1 \le i \le n.$$

Der erste Block m_1 und ein Initialisierungsvektor IV werden bitweise modulo 2 addiert (in Zeichen: $a \oplus b$); das Ergebnis wird dann wie im ECB-Mode verschlüsselt

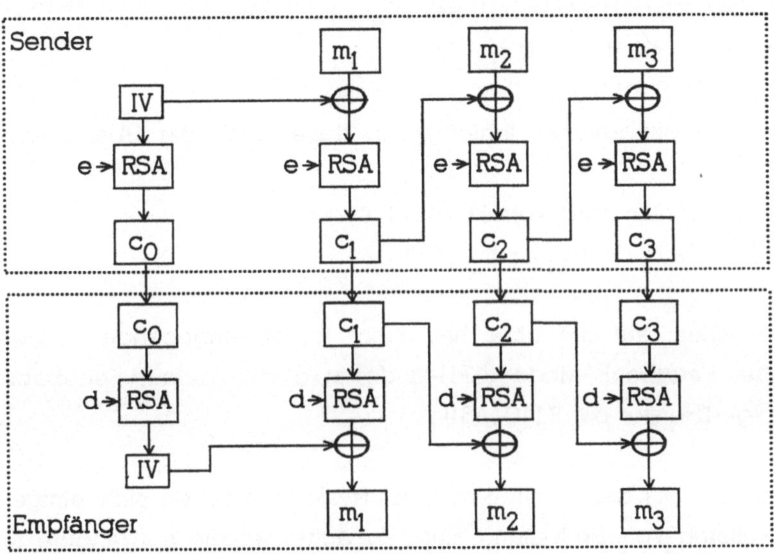

Abbildung 4: CBC-Mode für das RSA-Verfahren

und ergibt den ersten Schlüsseltextblock c_1. Die Verschlüsselungsvorschrift der weiteren Klartextblöcke kann man leicht der Abbildung 4 entnehmen.

Die Entschlüsselung geschieht folgendermaßen:

$$IV = RSA(c_0, d),$$

$$m_i = RSA(c_i, d) \oplus c_{i-1}, \quad 1 \le i \le n.$$

Offensichtlich hängt also jeder Schlüsseltextblock c_i von allen vorangegangenen Blöcken c_j $(1 \le j < i)$ und vom Initialisierungsvektor IV ab, und damit liefern gleiche Klartextblöcke m_i und m_j $(i \ne j)$ im allgemeinen verschiedene Schlüsseltextblöcke c_i und c_j.

Aufgrund der Verkettung muß untersucht werden, welche Auswirkungen ein Fehler f bei der Übertragung eines Schlüsseltextblocks c_j hat.

Im folgenden seien c_i' die (anstelle von c_i) empfangenen Schlüsseltextblöcke:

$$c_i' = \begin{cases} c_i, & i \ne j \\ c_i \oplus f, & i = j \quad (f \ne \text{'0'}) \end{cases}$$

Die ersten $j-1$ Blöcke werden korrekt entschlüsselt.

$m_i' = RSA(c_i', d) \oplus c_{i-1}' = RSA(c_i, d) \oplus c_{i-1} = m_i, \ 1 \leq i < j$

Die entschlüsselten Klartextblöcke m_j' und m_{j+1}' sind fehlerhaft:

$m_j' = RSA(c_j', d) \oplus c_{j-1}' = RSA(c_j, d) \oplus c_{j-1} \neq m_j.$

$m_{j+1}' = RSA(c_{j+1}', d) \oplus c_j' = RSA(c_{j+1}, d) \oplus c_j \oplus f \neq m_{j+1}.$

m_{j+1} ist nun in den Bitpositionen fehlerhaft, in denen sich der Übertragungsfehler f auswirkt.

Der Rest der Nachrichten wird korrekt entschlüsselt:

$m_i' = RSA(c_i', d) = RSA(c_i, d) \oplus c_{i-1} = m_i, \ j+1 < i \leq n.$

Weitere Betriebsarten, auf die aber hier nicht weiter eingegangen werden soll, sind der Cipher Feedback Mode (CFB-Mode) und der Output Feedback Mode (OFB-Mode) (vgl. [Horster 85, S.140-148]).

Aus der Definition (1.1.4) des Public-Key-Kryptosystems ergeben sich einige Aussagen, die im weiteren von Bedeutung sind. Zunächst sei die notwendige Mächtigkeit des Nachrichtenraums eines Public-Key-Kryptosystems angegeben

(1.1.5) Folgerung

Ein Public-Key-Kryptosystem T muß notwendigerweise einen Nachrichtenraum haben, dessen Mächtigkeit $\frac{1}{2} \cdot 10^{64}$ überschreitet.

Beweis

Angenommen, der Nachrichtenraum habe eine Mächtigkeit kleiner als $\frac{1}{2} \cdot 10^{64}$ und es sei ein Schlüsseltext v gegeben, zu dem der Klartext w gesucht wird mit $t(w, OS_i) = v$ für ein festes $i \in I$. Nach (1.1.4) iv) ist die Komplexität des Verschlüsselns und Testens aller Nachrichten kleiner als $2 \cdot 10^6 \cdot \frac{1}{2} \cdot 10^{64}$.

$\Rightarrow$ Wahrscheinlichkeit $(\mathfrak{K}(\text{löse } t(w, OS_i) = v) \leq 10^{70}) = 1 > 10^{-70}$.

$\Rightarrow t(\cdot, OS_i)$ ist keine Einwegfunktion.

$\Rightarrow$ Widerspruch zu (1.1.4) ii). $\square$

Analog kann man eine Mindestrechengenauigkeit ableiten, die für den realen Einsatz eines Public-Key-Kryptosystems entscheidend ist.

(1.1.6) Folgerung

Ist der Schlüsseltextraum eines Public-Key-Kryptosystems T eine Teilmenge der reellen Zahlen, so müssen Ver- und Entschlüsselungsoperationen mit mindestens

$\lceil \log_2(|\text{Nachrichtenraum}|)\rceil$ gültigen Bits durchgeführt werden.

Beweis

Aufgrund der Definitionen (1.1.2) ii) und (1.1.4) ii) ergibt sich, daß alle Nachrichten als gleichwahrscheinlich anzusehen sind. Die optimale Codierung der Schlüsseltexte benötigt dann $\lceil \log_2(|\text{Nachrichtenraum}|)\rceil$ gültige Bits (vgl. [Horster 85, S.91-95]). □

(1.1.7) Bemerkung

i) Die Hauptschwierigkeit der Entwicklung eines Public-Key-Kryptosystems besteht darin, eine Einwegfunktion zu finden, die mit Hilfe zusätzlicher Informationen einfach umkehrbar sein soll. Dabei muß die Gewinnung dieser Informationen aus der Einwegfunktion selbst praktisch unmöglich sein, so z. B. wenn die Komplexität dessen 10^{70} überschreitet.

ii) Die aus (1.1.5) und (1.1.6) resultierende Mindestrechengenauigkeit von $\lceil \log_2(\frac{1}{2} \cdot 10^{64})\rceil$ - 212 gültigen Bits macht reale Ver- und Entschlüsselungsoperationen aufwendig. Insbesondere im schnellen Datentransfer von mehr als 10 Megabits/Sekunde in der Satellitenkommunikation oder der lokalen Datenkommunikation (vgl. [Spaniol 83]) kann dies zu zeitintensiv sein. Deshalb muß dort häufig auf klassische, d. h. symmetrische Kryptosysteme zurückgegriffen werden. Dies erfordert von Public-Key-Kryptosystemen eine schnelle Durchführbarkeit, die z. B. im RSA-Verfahren und dem Verfahren von ElGamal nicht gegeben ist. Ansätze in diese Richtung wurden im Verfahren von Lu und Lee verwirklicht, zu dem aber in [Kochanski 80] und [Goethals und Couvreur 80] Brechungsansätze vorgestellt wurden.

Einen anderen Ausweg liefern spezielle Systeme zum Schlüsselaustausch über ein unsicheres Medium wie das Pohlig-Hellman-Verfahren (vgl. [Pohlig und Hellman 78]) oder auch zum Schlüsselaustausch eingesetzte Public-Key-Kryptosysteme.

iii) Aufgrund von ii) und (1.1.6) erscheint daher eine Einschränkung der Nachrichtenraummächtigkeit auf $2^{10^{10}}$ notwendig und für diese Arbeit bindend, da Berechnungen mit 10^{10} und mehr gültigen Bits wegen des hohen Datenvolumens und der benötigten Ausführungszeiten für effektive Ver- und Entschlüsselungsoperationen nicht sinnvoll erscheinen.

1.2 Definition des AR-Systems

Für die weiteren Untersuchungen wird die Restriktion, daß man in Public-Key-Kryptosystemen ausschließlich mit ganzen Zahlen arbeitet, fallen gelassen. Stattdessen werden rationale und reelle Zahlen zugelassen, und dementsprechend können auch reellwertige Funktionen benutzt werden (bezüglich der Implementation reeller Zahlen siehe [Rump 86]). Dies eröffnet einen neuen Ansatz für ein Public-Key-Kryptosystem, der jedoch zunächst die Definition einer Approximationsfolge auf einem Nachrichtenraum benötigt.

(1.2.1) Definition

Gegeben seien eine Funktion $f:\mathbb{R}\to\mathbb{R}$ und ein Nachrichtenraum $W\subset\mathbb{R}$. Eine Folge $\{f_n\}_{n\in\mathbb{N}}$ von Funktionen $f_n:\mathbb{R}\to\mathbb{R}$, $n\in\mathbb{N}$, heißt Approximationsfolge von f auf W, falls gilt:

$$\lim_{n\to\infty} \left| f(w) - f_n(w) \right| = 0 \quad \forall\ w\in W.$$

Damit läßt sich das angekündigte Modell eines approximativen reellwertigen Public-Key-Kryptosystems definieren.

(1.2.2) Definition

Das approximative reellwertige Public-Key-Kryptosystem, welches im folgenden mit AR-System abgekürzt wird, sei definiert durch:

Voraussetzungen:

1)   Der Nachrichtenraum ist gegeben durch eine Menge W mit $W\subset\mathbb{R}$ und $1 < |W| < \infty$. Der Schlüsseltextraum V ist ebenfalls eine Teilmenge der reellen Zahlen.
Ein Benutzer wählt zwei Funktionen $f:W\to\mathbb{R}$ und $g:\mathbb{R}\to\mathbb{R}$ mit der Eigenschaft $g(f(w)) = w\ \forall w\in W$. Dann bestimmt er eine Approximationsfolge $\{f_n\}_{n\in\mathbb{N}}$ von f auf W und eine Auswahlfunktion $h:W\to\mathbb{N}$, so daß die Eigenschaft

$$g(f_{h(w)}(w)) = w\ \forall\ w\in W$$

erfüllt ist.

2)   Öffentlich bekannt sind die Auswahlfunktion h und die Funktionsmenge $\{f_j | j \in h(W)\}$. Geheim ist die Funktion g und ggf. die Funktion f.

<u>Chiffrierfunktionen:</u>

3)   Verschlüsselungsoperation: $\mathfrak{C}: W \to \mathfrak{C}(W)$.

Sei $w \in W$ eine Nachricht, dann ist der Schlüsseltext zu w gegeben durch $\mathfrak{C}(w) = f_{h(w)}(w)$.

4)   Entschlüsselungsoperation: $\mathfrak{D}: \mathfrak{C}(W) \to W$.

Sei $v \in V$ ein Schlüsseltext, dann ist der Klartext zu v gegeben durch $w = g(v) = \mathfrak{D}(v)$.

5)   Aufgrund von 1) gilt: $\mathfrak{D}(\mathfrak{C}(w)) = w \quad \forall \; w \in W$.

<u>Schlüssel:</u>

6)   Zum Verschlüsseln: h, $\{f_j \mid j \in h(W)\}$ öffentlich.

7)   Zum Entschlüsseln: g geheim.

<u>(1.2.3) Bemerkung</u>

Grundsätzlich sollen zwei verschiedene Anwendungsweisen anhand des Modells des AR-Systems untersucht werden:

1) Man gibt nur die Approximation $f_{h(\cdot)}(\cdot)$ einer auf W umkehrbaren Funktion f bekannt, wobei deren Umkehrfunktion g auch zu dieser Approximation eine Umkehrfunktion auf dem Nachrichtenraum bildet. Die Sicherheit soll dadurch erreicht werden, daß man aus der Approximation nicht auf die geheimen Funktionen f und g schließen kann. Die Approximation muß also auf der einen Seite so genau sein, daß die Umkehrbarkeit durch die Funktion g gewährleistet ist, sollte aber auf der anderen Seite möglichst ungenau sein, damit nicht zuviel Informationen über f bekanntgegeben werden. Damit kann anhand des Modells des AR-Systems untersucht werden, inwiefern man eine Funktion und deren Umkehrfunktion geheimhalten kann, wenn man nur eine Approximation der Funktion bekanntgibt.

2) Man nimmt einen übergeordneten Sicherheitsmechanismus an und benutzt die Approximation $f_{h(\cdot)}(\cdot)$ lediglich zur realen Berechnung der Funktion f. Zu untersuchen ist in diesem Fall, welche reellen Funktionen geeignet sind und welche Art der Approximation in Frage kommt oder auch zwangsläufig die Unsicherheit eines AR-Systems nach sich zieht.

1.3 Approximationstheoretische Optimierung

Den Ausgangspunkt für die weiteren Überlegungen bildet das AR-System, welches gemäß (1.2.3) 1) und 2) untersucht wird. Gesucht ist eine Vorgehensweise, die Umkehrfunktion g und die Auswahlfunktion h so zu definieren, daß $|h(W)|$ und der Informationsgehalt von $\{ f_j \mid j \in h(W)\}$ über f möglichst gering sind. Dazu dient folgende Definition.

(1.3.1) Definition

Gegeben seien zwei Funktionen f, $g: \mathbb{R} \to \mathbb{R}$ und eine Menge $W \subset \mathbb{R}$ mit $1 < |W| < \infty$. Weiter gelte: $g(f(w)) = w \ \forall \ w \in W$.

Zusätzlich ist zu f auf W eine Approximationsfolge $\{f_n\}_{n \in \mathbb{N}}$ gemäß (1.2.1) bekannt. Dann sei definiert:

i) Die Umkehrindizes $u(f,g,w,\{f_n\}_{n \in \mathbb{N}})$ von f und g an der Stelle $w \in W$ zu der Approximationsfolge $\{f_n\}_{n \in \mathbb{N}}$ sind gegeben durch
$$u(f,g,w,\{f_n\}_{n \in \mathbb{N}}) = \{ \ k \in \mathbb{N} \mid g(f_k(w)) = w \ \}.$$

ii) Die Umkehrindizes $U(f,g,A,\{f_n\}_{n \in \mathbb{N}})$ von f und g auf $A \subset W$ zu der Approximationsfolge $\{f_n\}_{n \in \mathbb{N}}$ sind gegeben durch
$$U(f,g,A,\{f_n\}_{n \in \mathbb{N}}) = \{ \ k \in \mathbb{N} \mid g(f_k(w)) = w \quad \forall \ w \in A \ \}.$$

Aussagen über den Zusammenhang der Umkehrindizes und der gesuchten Auswahlfunktion sind im folgenden Korollar zusammengestellt:

(1.3.2) Korollar

Gegeben sei ein AR-System gemäß (1.2.2) mit $A \subset W$. Dann gilt:

i) $U(f,g,A,\{f_n\}_{n \in \mathbb{N}}) = \bigcap_{w \in A} u(f,g,w,\{f_n\}_{n \in \mathbb{N}})$.

ii) Sei $w \in W$. Es gilt: $h(w) \in u(f,g,w,\{f_n\}_{n \in \mathbb{N}}) \ \Leftrightarrow \ g(f_{h(w)}(w)) = w$.

iii) Es gilt: $h(A) \subset U(f,g,A,\{f_n\}_{n \in \mathbb{N}}) \ \Rightarrow \ g(f_{h(w)}(w)) = w \quad \forall \ w \in A$.

Zur Erläuterung der Begriffe sei das folgende Beispiel angeführt:

(1.3.3) Beispiel

Es sei $W = \{0, 1\}$ und $f: \mathbb{R} \to \mathbb{R}$ mit $f(x) = 5x - 2$. Gegeben sei weiter die Approximationsfolge $\{f_n\}_{n \in \mathbb{N}}$ zu f auf W mit $f_n(x) = (5 - \frac{1}{n+1})x - 2$, für die gilt:

$$\max_{w \in W} \ |f(w) - f_n(w)| = |f(1) - f_n(1)| = \frac{1}{n+1} \to 0, \ n \to \infty.$$

Sei $g_1(x) = (x+2)/5$, d. h. $g_1(f(x)) = x$ $\forall$ $x \in \mathbb{R}$. Für g_1 ergibt sich:

$u(f,g_1,0,\{f_n\}_{n \in \mathbb{N}}) = \mathbb{N}$, da $f_n(0) = -2 = f(0)$ $\forall$ $n \in \mathbb{N}$,

$u(f,g_1,1,\{f_n\}_{n \in \mathbb{N}}) = \emptyset$, da $g_1(f_n(1)) = 1 - \dfrac{1}{5(n+1)} \neq 1$ $\forall$ $n \in \mathbb{N}$.

$\Rightarrow U(f,g_1,W,\{f_n\}_{n \in \mathbb{N}}) = \emptyset$, d. h. insbesondere kann keine Auswahlfunktion h angegeben werden mit $g_1(f_{h(w)}(w)) = w$ $\forall$ $w \in W$.

Nun betrachte man stattdessen $g_2(x) = \dfrac{1}{5}\left(\lfloor x + \dfrac{1}{2} \rfloor + 2 \right)$. Es ergibt sich:

$u(f,g,0,\{f_n\}_{n \in \mathbb{N}}) = \mathbb{N}$, da $f_n(0) = -2 = f(0)$ und $g_2(f(0)) = 0$ $\forall$ $n \in \mathbb{N}$.

$u(f,g,1,\{f_n\}_{n \in \mathbb{N}}) = \mathbb{N}+1$, da $g_2(f_0(1)) = \dfrac{4}{5} \neq 1$ und $g_2(f_n(1)) = 1$ $\forall$ $n \in \mathbb{N}+1$.

$\Rightarrow U(f,g,W,\{f_n\}_{n \in \mathbb{N}}) = \mathbb{N} \cap (\mathbb{N}+1) = \mathbb{N}+1$.

Eine gültige Auswahlfunktion h kann z. B. $h(w) = 1$ sein.

Man erkennt, daß die Umkehrindizes einer Funktion f abgesehen von f und der Approximationsfolge entscheidend von der Gestalt der Umkehrfunktion abhängen. Dabei spielt die 'Empfindlichkeit' der Umkehrfunktion gegenüber kleinen Abweichungen der Eingabe eine Rolle. Im folgenden soll untersucht werden, wie man eine Umkehrfunktion wählt, die in bezug auf 'Fehlertoleranz' optimal ist. Dazu kann man ausnutzen, daß in einem AR-System der Nachrichtenraum W fest vorgegeben und insbesondere endlich ist.

(1.3.4) Definition

Seien f, g und W wie in (1.3.1) gegeben. Weiter sei $z \in f(W)$ und

$$\varepsilon_l(g,z) = \max\{ a \in \mathbb{R}^+ \cup \{0\} \mid g(z) = g(x) \; \forall \; x \in (z-a,z] \},$$
$$\varepsilon_r(g,z) = \max\{ b \in \mathbb{R}^+ \cup \{0\} \mid g(z) = g(x) \; \forall \; x \in [z,z+b) \},$$

dann ist die Fehlertoleranz von g - $\mathfrak{F}(g)$ definiert durch

$$\mathfrak{F}(g) = \min_{z \in f(W)} \{ \varepsilon_l(g,z), \varepsilon_r(g,z) \}.$$

Im folgenden seien wichtige Eigenschaften der Fehlertoleranz vorgestellt.

(1.3.5) Korollar

Es gelten mit den Voraussetzungen aus Definition (1.3.4) die Aussagen:

i) $(z-\varepsilon_l(g,z), z+\varepsilon_r(g,z))$ ist das maximale Intervall um $z \in f(W)$, auf dem die Funktion g konstant ist.

ii) Für $|\delta| < \mathfrak{F}(g)$ gilt: $g(z+\delta) = g(z)$ $\forall$ $z \in f(W)$.

(1.3.6) Lemma

Unter den Voraussetzungen von (1.3.4) bezeichne $\mu(f(W))$ den minimalen Abstand zweier verschiedener Elemente aus $f(W)$ bezüglich der Metrik $|x-y|$, dann gilt:

$$0 \leq \mathfrak{F}(g) \leq \frac{1}{2} \, \mu(f(W)).$$

Beweis

Da g die Umkehrfunktion zu f auf W ist, gilt $1 < |f(W)| < \infty \Rightarrow \mu(f(W)) > 0$.

$\Rightarrow \exists \; x, \; y \in f(W)$ mit $x \neq y$ und $y - x = \mu(f(W))$.

Annahme: $\mathfrak{F}(g) > \frac{1}{2}\mu(f(W))$.

Mit (1.3.5) ii) und der Annahme folgt aber

$$g(x) = g(x + \tfrac{1}{2}\mu(f(W))) = g(y - \tfrac{1}{2}\mu(f(W))) = g(y).$$

$\Rightarrow$ Widerspruch zu $x \neq y$ und $g(x) = g(y)$, da g als Umkehrfunktion zu f auf W injektiv ist.

Da $\mathfrak{F}(g)$ nach Definition (1.3.4) nicht negativ ist, folgt damit die Behauptung. $\square$

(1.3.7) Bemerkung

Im Beweis von (1.3.6) wird explizit ausgenutzt, daß $f(W)$ eine endliche Menge ist und daß aufgrund der Umkehrbarkeit $\mu(f(W)) > 0$ gelten muß. Wäre W eine unendliche Menge, so könnte dieser Schluß nicht gezogen werden, denn falls $f(W)$ beschränkt wäre (z. B. $W = \mathbb{N}$ und $f(x) = 1 + \frac{1}{x+1}$ mit $f(W) \subset [1,2]$), so gäbe es einen Häufungspunkt in der Menge $f(W)$ und das Minimum in der Bildung von $\mu(f(W))$ müßte durch ein Infimum ersetzt werden, das den Wert Null hätte.

Diese Tatsache, daß unter den gemachten Voraussetzungen die endliche Menge $f(W)$ bekannt ist, kann ausgenutzt werden, um eine in bezug auf die Fehlertoleranz optimale Umkehrfunktion zu finden.

(1.3.8) Satz

Seien f, $g : \mathbb{R} \to \mathbb{R}$ und $W \subset \mathbb{R}$ mit $1 < |W| < \infty$ und es gelte $g(f(w)) = w \; \forall \; w \in W$. Definiert man

$$g_1(x) = g(\, \max \{z \mid z \in f(W) \text{ und } |x-z| = \min_{y \in f(W)} |x-y| \} \,),$$

so gilt:

i) g_1 ist eine Abbildung von $\mathbb{R}$ auf W.

ii)   Für alle $w \in W$ gilt: $g_1(f(w)) = g(f(w)) = w$.

iii) $\mathfrak{F}(g_1) = \frac{1}{2}\mu(f(W))$.

iv) $\mathfrak{F}(g_1) \geq \mathfrak{F}(g_2)$ für alle Funktionen g_2, die die Voraussetzungen von g erfüllen.

Beweis

i) $g_1(x) = g(z)$, wobei z das größte der dem x nächsten Elemente aus $f(W)$ ist. Da $f(W) \subset \mathbb{R}$ ist und deshalb totalgeordnet ist, kann es zu x höchstens zwei Elemente aus $f(W)$ geben, die den minimalen Abstand bezüglich der Metrik $|x-y|$ haben. Davon existiert ein eindeutig Größtes. Daß $g_1(\mathbb{R}) = W$ gilt, ergibt sich aus ii).

ii) Ist $w \in W$ und $x = f(w)$, so gilt: $\min_{y \in f(W)} |x-y| = 0$ und somit

$$x = \max\{\, z \in f(W)\mid\ |x-z| = \min_{y \in f(W)} |x-y| = 0 \,\} \Rightarrow g_1(f(w)) = g(f(w)) = w.$$

iii) Sei $f(W) = \{z_i\}_{i \in [1:|W|]}$ mit der Ordnung $z_i < z_{i+1}$, $i \in [1:|W|-1]$. Dann gilt nach Definition von g_1:

$$\varepsilon_l(g_1, z_1) = \infty, \quad \varepsilon_l(g_1, z_i) = \tfrac{1}{2}|z_i - z_{i-1}|, \quad i = 2,\dots,|W|,$$

$$\varepsilon_r(g_1, z_i) = \tfrac{1}{2}|z_{i+1} - z_i|, \quad i = 1,\dots,|W|-1, \quad \varepsilon_r(g_1, z_{|W|}) = \infty$$

$$\Rightarrow \mathfrak{F}(g_1) = \min\{\,\infty, \tfrac{1}{2}|z_{i+1} - z_i| \mid i = 1,\dots,|W|-1\} = \tfrac{1}{2}\,\mu(f(W)).$$

iv) Folgt aus ii) und Lemma (1.3.6). □

Genügt der Wertebereich $f(W)$ aus (1.3.8) gewissen Bedingungen, so kann die Funktion g_1 in einfacher Weise angegeben werden.

(1.3.9) Folgerung

Seien f, g, W und g_1 wie in (1.3.8) gegeben und es gilt für n_1, $n_2 \in \mathbb{Z}$, $n_1 < n_2$, $f(W) = [n_1 \cdot a, n_2 \cdot a] \cap a\mathbb{Z}$ mit $a \in \mathbb{R}^+$, so ist die Funktion g_1 gegeben durch

$$g_1(x) = \begin{cases} g(n_1 \cdot a), & x < n_1 \cdot a \\[4pt] g(a\lfloor \tfrac{x}{a} + \tfrac{1}{2}\rfloor), & n_1 \cdot a \leq x \leq n_2 \cdot a \\[4pt] g(n_2 \cdot a), & x > n_2 \cdot a. \end{cases}$$

und es gilt: $\mathfrak{F}(g_1) = \tfrac{1}{2} \cdot a$.

Es wird also aus der gegebenen Umkehrfunktion g eine fehlertolerierende Umkehrfunktion g_1 konstruiert, die stückweise konstant ist. Verdeutlicht werden soll dies an folgendem Beispiel:

Gegeben sei der Nachrichtenraum $W = \{1, 2, 3, 4, 5\}$ und die Funktion f mit $f(x) = x/2 + 1$. Dazu ist die Umkehrfunktion g definiert durch $g(x) = 2(x-1)$. Die bezüglich einer maximalen Fehlertoleranz optimale Umkehrfunktion ist nach (1.3.9) gegeben durch

$$g_1(x) = \begin{cases} g(3/2), & x < 3/2 \\ g(\frac{1}{2}\lfloor 2x + 1/2 \rfloor), & 3/2 \leq x \leq 7/2 \\ g(7/2), & x > 7/2. \end{cases}$$

Die grafische Darstellung dieser Funktionen stellen folgende Skizzen dar:

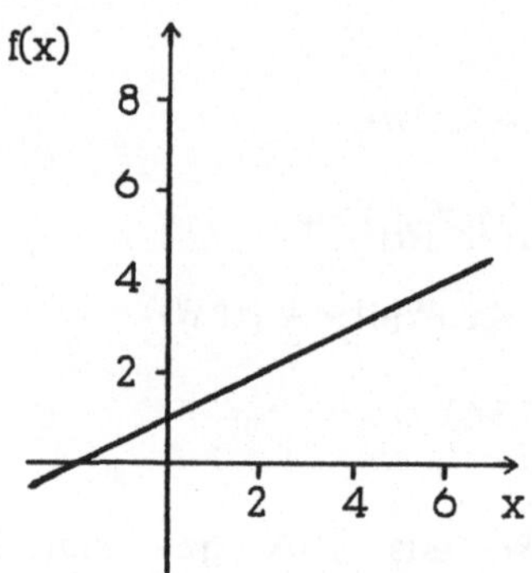

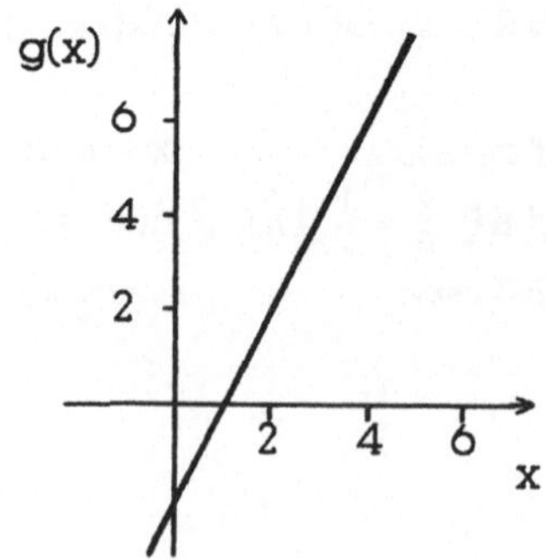

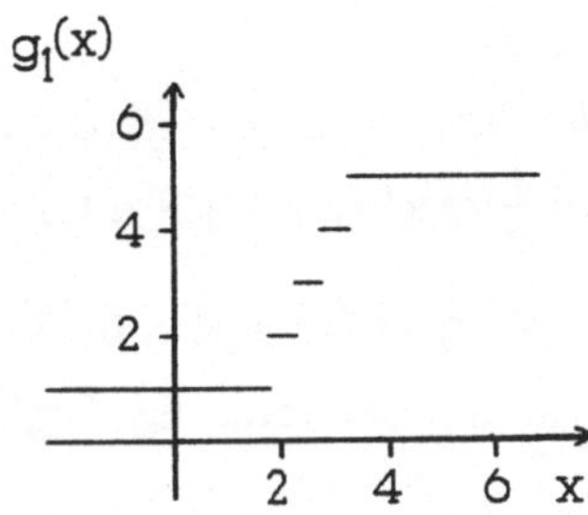

(1.3.10) Bemerkung

Seien f, g und W wie in (1.3.8) gegeben. Für den Fall, daß der Schlüsseltextraum f(W) eine Teilmenge einer äquidistanten Menge ist, d. h. $f(W) \subset a\mathbb{Z}$, $a > 0$, kann man eine günstige Umkehrfunktion g_3 erhalten, indem man definiert

$$g_3(x) = g(a \lfloor \tfrac{1}{a} \cdot x + \tfrac{1}{2} \rfloor),$$

Dafür gilt $\mathfrak{F}(g_3) \geq \tfrac{1}{2} \cdot a$.

Auch für den interessanten Fall äquidistanter Nachrichtenräume kann man geeignete Umkehrfunktionen angeben.

(1.3.11) Bemerkung

Seien f, g und W wie in (1.3.8) gegeben. Ist der Nachrichtenraum W eine Teilmenge einer äquidistanten Menge, d. h. $W \subset a\mathbb{Z}$, $a > 0$, so ist es in bezug auf die Mächtigkeit der Menge der Umkehrindizes $U(f,g,W,\{f_n\}_{n \in \mathbb{N}})$ günstig, folgende Umkehrfunktion zu wählen:

$$g_4(x) = a \lfloor \tfrac{1}{a} g(x) + \tfrac{1}{2} \rfloor.$$

Diese Setzung sichert darüberhinaus bei realer Rechnung mit endlicher Genauigkeit exakte Ergebnisse.

Hat die Umkehrfunktion g gewisse Eigenschaften, so kann man die Fehlertoleranz von g_4 abschätzen, wie es das folgende Lemma zeigt.

(1.3.12) Lemma

Seien f, g und W wie in (1.3.8) gegeben. Weiter sei $W \subset a\mathbb{Z}$, $a > 0$ und $g_4(x) \cdot a \cdot \lfloor \tfrac{1}{a} g(x) + \tfrac{1}{2} \rfloor$. Gilt $f(W) \subset [b,c]$, $g \in C^1[b,c]$ mit $0 < \|g'\|_{C[b,c]} \leq M < \infty$, $b - \min\{f(W)\} > \tfrac{a}{2M}$ und $c - \max\{f(W)\} > \tfrac{a}{2M}$, so folgt

$$\mathfrak{F}(g_4) \geq \tfrac{1}{2} \cdot a \cdot \tfrac{1}{M}.$$

Beweis

Sei $a \cdot k \in W$, $k \in \mathbb{Z}$ und $x = f(a \cdot k) \in f(W)$. Weiter sei $\varepsilon = g(x+h) - g(x)$ und $|\varepsilon| < \frac{a}{2}$, dann gilt:

$$g_4(x+h) = a \cdot \lfloor \frac{1}{a} g(x+h) + \frac{1}{2} \rfloor = a \cdot \lfloor \frac{1}{a}(g(x)+\varepsilon) + \frac{1}{2} \rfloor = a \cdot \lfloor \frac{1}{a}(a \cdot k + \varepsilon) + \frac{1}{2} \rfloor$$

$$= a \cdot \lfloor k + \frac{\varepsilon}{a} + \frac{1}{2} \rfloor = a \cdot k = a \cdot \lfloor \frac{1}{a} g(x) + \frac{1}{2} \rfloor = g_4(x).$$

Nach dem Mittelwertsatz der Differentialrechnung (vgl. [Bronstein und Semendjajew 80, S.321]) gilt:

$$|g(x+h)-g(x)| = |h| \cdot |g'(\Theta)| \qquad (\ \Theta \text{ zwischen } x \text{ und } x+h)$$

$$\leq |h| \cdot M, \text{ falls } x + h \in [b,c] \text{ ist.}$$

$\Rightarrow$ Für $|h| < \frac{1}{2} \cdot a \cdot \frac{1}{M}$ gilt $|g(x+h)-g(x)| < \frac{1}{2} \cdot a$ und $x + h \in [b,c]$.

Mit (1.3.5) i) folgt $\mathfrak{F}(g_4) \geq \frac{1}{2} \cdot a \cdot \frac{1}{M}$. $\square$

Wie sich in folgenden Überlegungen zeigen wird, vereinfacht die Kenntnis der Fehlertoleranz die Bestimmung der Umkehrindizes und damit in Zusammenhang mit (1.3.2) die Ermittlung der Auswahlfunktion h.

(1.3.13) Folgerung

Seien f, g und W wie in (1.3.8) gegeben und $\{f_n\}_{n \in \mathbb{N}}$ sei eine Approximationsfolge von f auf W. Dann gilt:

i)   Sei $w \in W$ und $f_n(w) \in (f(w)-\varepsilon_l(g,f(w)), f(w)+\varepsilon_r(g,f(w))) \Rightarrow n \in u(f,g,w,\{f_n\}_{n \in \mathbb{N}})$.

ii)   Aus $\max\limits_{w \in A} |f(w)-f_n(w)| < \mathfrak{F}(g)$ folgt $n \in U(f,g,A,\{f_n\}_{n \in \mathbb{N}})$, $A \subset W$.

iii)   Gilt für ein $w \in W$: $|f(w)-f_n(w)| \geq |f(w)-f_{n+1}(w)| \ \forall \ n \in \mathbb{N}$ und

           $f_i(w) \in (f(w)-\varepsilon_l(g,f(w)), f(w)+\varepsilon_r(g,f(w))) \Rightarrow \mathbb{N}+i \subset u(f,g,w,\{f_n\}_{n \in \mathbb{N}})$.

iv)   Gilt für alle $w \in A \subset W$: $|f(w)-f_n(w)| \geq |f(w)-f_{n+1}(w)| \ \forall \ n \in \mathbb{N}$ und

           $\max\limits_{w \in A} |f(w)-f_i(w)| < \mathfrak{F}(g) \Rightarrow \mathbb{N}+i \subset U(f,g,A,\{f_n\}_{n \in \mathbb{N}})$.

(1.3.14) Zusammenfassung

Mit den hier gefundenen Ergebnissen ist es jetzt möglich, zu den in (1.2.2) 1) vorausgesetzten Funktionen f und g eine Umkehrfunktion g_1 auf W mit maximaler Fehlertoleranz anzugeben. Mit Hilfe von Folgerung (1.3.13) kann man die Umkehrindizes finden, mit deren Hilfe dann mit (1.3.2) die Auswahlfunktion h so bestimmt werden kann, daß mit dem Schlüssel $\{f_j | j \in h(W)\}$ möglichst wenig Informationen über die damit approximierte Funktion f bekanntgegeben werden.

1.4 Beispiel eines AR-Systems mit Taylor-Approximation

Nachfolgend wird ein Beispiel eines AR-Systems angegeben, anhand dessen aufgezeigt werden soll, an welchen Stellen Brechungsalgorithmen ansetzen können,
die aus verschiedenen Gebieten der Mathematik wie der Analysis, der Numerik,
der Approximationstheorie oder auch dem Gebiet der Suchalgorithmen für geord-
nete Felder resultieren können. Zur Gewinnung einer Approximationsfolge wird
auf das bekannte Verfahren der Taylor-Approximation zurückgegriffen.

(1.4.1) Satz

Sei $f \in C^{n+1}$ [a,a+h] , h>0, dann gilt:

$$f(a+h) = \sum_{k=0}^{n} f^{(k)}(a) \cdot \frac{h^k}{k!} + R_n f(a,h)$$

mit den Restgliedern

$$R_n f(a,h) = \frac{1}{n!} \int_{0}^{h} (h-t)^n f^{(n+1)}(a+t)\, dt$$

$$= \frac{h^{n+1}}{(n+1)!} \cdot f^{(n+1)}(a+\delta h) \quad \text{für ein } \delta \text{ mit } 0<\delta<1.$$

Dabei wird das Polynom $\sum_{k=0}^{n} f^{(k)}(a) \cdot \frac{1}{k!} \cdot (x-a)^k$ als das n-te Taylorpolymon von f an
der Stelle a bezeichnet.

Beweis

Siehe [Endl und Luh 86]. □

In (1.3.2) und (1.3.13) zeigte sich, daß für die Bestimmung der für das AR-System
notwendigen Auswahlfunktion h die Berechnung der Umkehrindizes die Grundlage
bildet. Dazu ist es erforderlich, das Verhalten des Approximationsfehlers $|f(w)-f_n(w)|$
in bezug auf w und n zu kennen. Für den speziellen Fall einer Approximationsfolge aus Taylorpolynomen kann dazu der folgende Satz benutzt werden.

(1.4.2) Satz

Sei $f \in C^\infty$[a,b], $\{f_n\}_{n \in \mathbb{N}}$ bezeichne die Folge der Taylorpolynome der Entwicklung
von f im Punkt a. Weiter sei $0 < \|f^{(n)}\|_{C[a,b]} \leq M < \infty \; \forall \; n \in \mathbb{N}$ (es reicht aus, die

Bedingung für alle $n \leq m$ zu fordern, wenn m genügend groß ist). Dann gilt für $h > 0$, $a+h < b$ und $\varepsilon > 0$:

Sei s die Lösung von $y \cdot e^y = \frac{1}{h \cdot e} \cdot \log_e \left(\frac{M}{\varepsilon \sqrt{2\pi}} \right)$ und $n \geq h \cdot e^{s+1} - 1$, dann gilt:

$$|f(a+h_1) - f_n(a+h_1)| < \varepsilon \quad \forall \; 0 < h_1 \leq h.$$

D. h. zu gegebenem Fehler ε kann n so bestimmt werden, daß der Fehler der Taylor-Approximation vom Grad n auf dem Intervall $[a, a+h]$ kleiner als ε ist.

<u>Beweis</u>

Aus der Voraussetzung folgt die Anwendbarkeit von Satz (1.4.1).

$\Rightarrow \qquad |f(a+h) - f_n(a+h)| = |R_n f(a,h)|.$

D. h. n ist so zu bestimmen, daß $|R_n f(a,h)| < \varepsilon$ gilt.

$$|R_n f(a,h)| = \frac{h^{n+1}}{(n+1)!} \, |f^{(n+1)}(a+\delta h)|$$

$$\leq \frac{h^{n+1}}{(n+1)!} \, \|f^{(n+1)}\|_{C[a,b]}$$

$$\leq \frac{h^{n+1}}{(n+1)!} \cdot M.$$

Daraus folgt insbesondere $|R_n f(a,h_1)| \leq \frac{h^{n+1}}{(n+1)!} \cdot M$ für $0 < h_1 \leq h$.

$\Rightarrow \qquad \frac{h^{n+1}}{(n+1)!} < \frac{\varepsilon}{M}$ ist nach n aufzulösen.

In [Abramowitz und Stegun 70, S.257] findet man die folgende Form der Stirling-Formel:

$$n! = \frac{n^n}{e^n} \sqrt{2\pi n} \; \exp\left(\frac{\Theta}{12n} \right) \text{ für ein geeignetes } \Theta \text{ mit } 0 < \Theta < 1.$$

$\Rightarrow \qquad \frac{h^{n+1}}{(n+1)!} \leq \frac{h^{n+1} \cdot e^{n+1}}{(n+1)^{n+1} \cdot \sqrt{2\pi(n+1)}}$

$\Rightarrow \qquad$ löse $\left(\frac{h}{n+1} \right)^{n+1} \cdot \frac{e^{n+1}}{\sqrt{2\pi(n+1)}} < \frac{\varepsilon}{M}$ nach n auf.

Dies ist äquivalent zu

$$(n+1)[\log_e(h) - \log_e(n+1)] + n + 1 - \tfrac{1}{2} \log_e(2\pi(n+1)) < \log_e\left(\tfrac{\varepsilon}{M}\right)$$

$$\Leftrightarrow \quad (n+1)\left[\frac{2n+3}{2n+2} \log_e(n+1) - \log_e(h\cdot e)\right] > \log_e\left(\frac{M}{\varepsilon\sqrt{2\pi}}\right) .$$

Gilt für ein bestimmtes n

i) $\frac{2n+3}{2n+2} \log_e(n+1) - \log_e(h\cdot e) > s$ für ein festes $s > 0$,

ii) $(n+1)s > \log_e\left(\frac{M}{\varepsilon\sqrt{2\pi}}\right)$,

so erfüllt n obige Bedingung. Schätzt man i) und ii) ab mit

i)' $\log_e(n+1) > s + \log_e(h\cdot e) \Leftrightarrow n > \exp(s+\log_e(h\cdot e)) - 1$
$$\Leftrightarrow \quad n > h\cdot e^{s+1} - 1,$$

ii)' $n > \frac{1}{s} \log_e\left(\frac{M}{\varepsilon\sqrt{2\pi}}\right) - 1$,

so ergibt sich: $\forall\ s > 0$ gilt:

Aus $n > \max\left\{ h\cdot e^{s+1} - 1, \frac{1}{s} \log_e\left(\frac{M}{\varepsilon\sqrt{2\pi}}\right) - 1 \right\}$ folgt $\frac{h^{n+1}}{(n+1)!} < \frac{\varepsilon}{M}$.

Sucht man das Minimum über alle $s > 0$ von

$$\max\left\{ h\cdot e^{s+1} - 1, \frac{1}{s} \log_e\left(\frac{M}{\varepsilon\sqrt{2\pi}}\right) - 1 \right\},$$

so kann man ausnutzen, daß $h\cdot e^{s+1} - 1$ monoton in s steigt, wohingegen $\frac{1}{s} \log_e\left(\frac{M}{\varepsilon\sqrt{2\pi}}\right) - 1$ monoton in s fällt. Der Schnittpunkt dieser Funktionen ergibt dann das Minimum mit dem gesuchten Punkt s:

$$h\cdot e^{s+1} - 1 = \frac{1}{s} \log_e\left(\frac{M}{\varepsilon\sqrt{2\pi}}\right) - 1$$

$$\Leftrightarrow \quad s\cdot e^{s} = \frac{1}{h\cdot e} \log_e\left(\frac{M}{\varepsilon\sqrt{2\pi}}\right). \quad \square$$

(1.4.3) Lemma

Seien h, M und $\varepsilon \in \mathbb{R}^+$, dann gilt:

Setzt man $x = \frac{1}{h\cdot e} \log_e\left(\frac{M}{\varepsilon\sqrt{2\pi}}\right)$ und es gilt $x < \frac{1}{e}$, so ist die Lösung von $y\cdot e^y = x$ gegeben durch

$$y = \sum_{n=1}^{\infty} \frac{(-1)^{n-1}}{n!} \cdot n^{n-1} \cdot x^n .$$

Beweis

Siehe [Carr 70]. $\square$

(1.4.4) Folgerung

Seien f, g und W wie in (1.3.8) gegeben. Weiter sei erfüllt: $W \subset [a,b]$, $\mathfrak{F}(g) = \varepsilon$ und

$f \in C^{\infty}[a,b]$ mit $0 < \| f^{(n)} \|_{C[a,b]} \leq M < \infty$ $\forall$ $n \in \mathbb{N}$. $\{f_n\}_{n \in \mathbb{N}}$ bezeichne die Folge der Taylorpolynome von f in a. Dann ergibt sich:

Ist $w = a + h$, $w \in W$, und s die Lösung von $y \cdot e^y = \frac{1}{h \cdot e} \log_e \left(\frac{M}{\varepsilon \sqrt{2\pi}} \right)$, so gilt

$\mathbb{N} + \lceil h \cdot e^{s+1} - 1 \rceil \subset u(f,g,w,\{f_n\}_{n \in \mathbb{N}})$ und $\mathbb{N} + \lceil (b-a) \cdot e^{s+1} - 1 \rceil \subset U(f,g,W,\{f_n\}_{n \in \mathbb{N}})$.

Beweis

Folgt aus (1.4.2) und (1.3.13) i), ii). $\square$

(1.4.5) Beispiel

Mit Hilfe der Taylor-Approximation soll ein Beispiel eines AR-Systems erzeugt werden. Analog zu (1.2.2) wählen wir:

1) Der Nachrichtenraum sei $W = \{ \frac{1}{5} + k \cdot 10^{-8} \mid k \in [0 : 8 \cdot 10^7] \}$ (die Verschlüsselung eines Textes kann z. B. durch Transformation von Buchstabengruppen in W vorgenommen werden, vgl. [Horster 85, S.34-72]). Zur Vereinfachung ist die Mächtigkeit des Nachrichtenraums im Vergleich mit (1.1.5) klein gehalten.

Als Funktion f wählt man $f(x) = \sin((\frac{x}{a})^2) + \frac{1}{b}$ mit $a = 7$ und $b = 5$. Dementsprechend ist die Umkehrfunktion g gegeben durch

$$g(x) = 7 \sqrt{\arcsin(x - \tfrac{1}{5})} .$$

Unter Berücksichtigung der endlichen Rechengenauigkeit eines Computers, des äquidistanten Nachrichtenraums und Lemma (1.3.12) wählt man zweckmäßigerweise:

$$g_1(x) : [f(\tfrac{1}{5}) - 10^{-8}, f(1) + 10^{-8}] \to \mathbb{R} \ \text{mit} \ g_1(x) = 10^{-8} \lfloor 10^8 \cdot 7 \sqrt{\arcsin(x - \tfrac{1}{5})} + \tfrac{1}{2} \rfloor.$$

Mit Lemma (1.3.12) kann man die Fehlertoleranz von g_1 bestimmen durch:

$$g'(x) = \frac{7}{2 \sqrt{\arcsin(x - \tfrac{1}{5})}} \cdot \frac{1}{\sqrt{1 - (x - \tfrac{1}{5})^2}}$$

$$\Rightarrow \| g' \|_{C[f(\tfrac{1}{5}) - 10^{-8}, f(1) + 10^{-8}]} \leq \frac{7}{2 \sqrt{\arcsin(f(\tfrac{1}{5}) - 10^{-8} - \tfrac{1}{5})}} \cdot \frac{1}{\sqrt{1 - (f(1) + 10^{-8} - \tfrac{1}{5})^2}}$$

$$\leq 122,53 .$$

$$\Rightarrow \quad \mathcal{S}(g_1) \geq \frac{1}{2} \cdot 10^{-8} \cdot \frac{1}{122,53} \geq 4,0806 \cdot 10^{-11} .$$

Da nach Lemma (1.3.6) $\mathcal{S}(g_1)$ durch $\frac{1}{2} \cdot \mu(f(W))$ beschränkt ist, soll nachfolgend $\mu(f(W))$ zum Vergleich berechnet werden:

$$f'(x) = \cos \left(\frac{x^2}{49} \right) \cdot \frac{2}{49} \cdot x \qquad \forall \ x \in [\tfrac{1}{5}, 1],$$

$$f''(x) = \frac{2}{49} \cdot \left[\, \cos\!\left(\frac{x^2}{49}\right) - \frac{2x^2}{49} \sin\!\left(\frac{x^2}{49}\right)\right] > 0 \quad \forall\ x \in [\tfrac{1}{5},1].$$

$\Rightarrow$ f ist konvex auf dem Intervall $[\tfrac{1}{5},1]$.

$\Rightarrow$ $\mu(f(W)) = |f(0{,}2) - f(0{,}2{+}10^{-8})| = 8{,}16326279 \cdot 10^{-11}$.

Da sich $\mathfrak{F}(g_1)$ und $\frac{1}{2} \cdot \mu(f(W))$ nur minimal unterscheiden, ist g_1 eine gute Näherung der optimalen Umkehrfunktion g_1 aus Satz (1.3.8).

Als Approximationsfolge von f sollen die Taylorpolynome gewählt werden. Dazu betrachtet man die Reihenentwicklung

$$f(x) = \sum_{k=0}^{\infty} x^{4k+2} \, \frac{(-1)^k}{(2k+1)!\ 7^{4k+2}} \ + \frac{1}{5} \,.$$

Daraus ergibt sich die Folge $\{f_n\}_{n \in \mathbb{N}}$ mit $f_n(x) = \sum_{k=0}^{\infty} c_k \cdot x^k$ und

$$c_k = \begin{cases} \dfrac{1}{5}, & k=0 \\[1ex] 0, & k=1 \text{ und } k=3 \\[1ex] \dfrac{1}{49}, & k=2 \\[1ex] 0, & k \in \{4m, 4m{+}1, 4m{+}3 \mid m \in \mathbb{N}{+}1\} \\[1ex] (-1)^{(k-2)/4} \, \dfrac{1}{(\frac{k}{2})!\ 7^k}, & k \in \{4m{+}2 \mid m \in \mathbb{N}{+}1\}. \end{cases}$$

Um die Auswahlfunktion h zu bestimmen, kann man sich Folgerung (1.4.4) zunutze machen. Durch den Faktor $\frac{1}{49}$ in den Ableitungen von f kann man leicht abschätzen (z. B. durch Programme zur 'Symbolischen Manipulation mathematischer Ausdrücke'): $\| f^{(n)} \|_{C[0,1]} \le 1 \ \forall\ n \le 30.$

Mit den Parametern $\varepsilon = 4 \cdot 10^{-11} \le \mathfrak{F}(g_1)$, $M=1$ und $h=\frac{3}{10}$ ergibt sich $y_1 = 2{,}446$ als Lösung der Gleichung $y \cdot e^y = \frac{1}{h\,e} \log_e\!\left(\frac{M}{\varepsilon\sqrt{2\pi}}\right) = 28{,}2325.$

Für $h = 0{,}7$ ergibt sich $y_2 = 1{,}8682$ als Lösung, für $h = 1$ ergibt sich $y_3 = 1{,}6411$ als Lösung.

$\Rightarrow$ Für $n \ge 0{,}3 \cdot e^{y_1+1} - 1 \approx 8{,}41$ gilt $g_1(f_n(w)) = w$ $\forall\ w \in W$ mit $0{,}2 \le w \le 0{,}3$,

для für $n \ge 0{,}7 \cdot e^{y_2+1} - 1 \approx 11{,}32$ gilt $g_1(f_n(w)) = w$ $\forall\ w \in W$ mit $0{,}3 < w \le 0{,}7$,

für $n \ge 1{,}0 \cdot e^{y_3+1} - 1 \approx 13{,}02$ gilt $g_1(f_n(w)) = w$ $\forall\ w \in W$ mit $0{,}7 < w \le 1$.

$\Rightarrow \mathbb{N}{+}9 \subset u(f,g,w,\{f_n\}_{n\in\mathbb{N}})$ für alle $w\in W$ mit $0,2 \le w \le 0,3$,

$\mathbb{N}{+}12 \subset u(f,g,w,\{f_n\}_{n\in\mathbb{N}})$ für alle $w\in W$ mit $0,3 < w \le 0,7$,

$\mathbb{N}{+}14 \subset u(f,g,w,\{f_n\}_{n\in\mathbb{N}})$ für alle $w\in W$ mit $0,7 < w \le 1$.

Zweckmäßig definiert man die Auswahlfunktion h durch

$$h(w) = \begin{cases} 9, & 0,2 \le w \le 0,3 \\ 12, & 0,3 < w \le 0,7 \\ 14, & 0,7 < w \le 1 \ . \end{cases}$$

2) Öffentlich bekannt ist die Auswahlfunktion h und die Funktionsmenge $\{f_j \mid j\in\{9,12,14\}\}$. Geheim bleiben die Funktionen f, g und g_1.

3) Schlüssel zum Verschlüsseln:

$h, \ \{f_j \mid j\in\{9,12,14\}\}$ mit

$$f_9(x) = \frac{1}{5} + \frac{x^2}{49} - \frac{x^6}{705894} \ ,$$

$$f_{12}(x) = \frac{1}{5} + \frac{x^2}{49} - \frac{x^6}{705894} + \frac{x^{10}}{33897029880} \ ,$$

$$f_{14}(x) = \frac{1}{5} + \frac{x^2}{49} - \frac{x^6}{705894} + \frac{x^{10}}{33897029880} - \frac{x^{14}}{3418244287158960} \ .$$

4) Schlüssel zum Entschlüsseln:

$$g_1(x) = 10^{-8} \left\lfloor 7\cdot 10^8 \ \sqrt{\arc \sin(x-\tfrac{1}{5}) + \tfrac{1}{2}} \right\rfloor .$$

5) Verschlüsselungsfunktion: $\mathfrak{E}(w) = f_{h(w)}(w)$, d. h.

$$\mathfrak{E}(w) = \begin{cases} f_9(w), & 0,2 \le w \le 0,3 \\ f_{12}(w), & 0,3 < w \le 0,7 \\ f_{14}(w), & 0,7 < w \le 1 . \end{cases}$$

6) Entschlüsselungsfunktion $\mathfrak{D}(w) = g_1(w)$ mit $\mathfrak{D}(\mathfrak{E}(w)) = w \ \forall \ w\in W$.

7) Es sei die Nachricht $w_1 = 0,5$ gegeben. Der dazugehörige Schlüsseltext ist

$$c_1 = \mathfrak{E}(w_1) = f_{12}(w_1) = 0,2051020186813039019\ldots \ .$$

Dabei wird in bezug auf $(1.2.3)\,1)$ deutlich, daß es schwierig ist, aus den Approximationen f_9, f_{12} und f_{14} auf die Funktion f zu schließen. Dies gilt insbesondere dann, wenn die Koeffizienten der Polynome nur näherungsweise, z. B. in einer gerundeten Dezimaldarstellung bekanntgegeben werden.

2. Kryptoanalyse des AR-Systems

2.1 Abstrakte Brechungsansätze

Zur Kompromittierung des AR-Systems gibt es grundsätzlich zwei verschiedene Ansätze. Der erste besteht darin, den unbekannten Schlüssel zum Dechiffrieren zu finden, welcher in diesem Fall die Umkehrfunktionen g ist. Da nach (1.2.3) angenommen werden soll, daß dieser Ansatz nicht möglich ist, wird darauf nicht weiter eingegangen, zumal dies sowohl von der Funktion f und dem Nachrichtenraum W als auch der Art, wie eine Approximationsfolge gewonnen wird, abhängen kann. Der zweite Ansatz, der in diesem Kapitel weiter verfolgt wird, versucht aus einem gegebenem Schlüsseltext $c = \mathfrak{C}(w)$ den gesuchten Klartext w zu ermitteln. Dies ist gleichbedeutend damit, die Gleichung $\mathfrak{C}(x) = c$ nach x aufzulösen oder die Nullstelle w von $\mathfrak{C}(x) - c$ zu finden. Die Sicherheit des AR-Systems gegen eine solche Attacke läßt sich dann wie folgt charakterisieren.

(2.1.1) Lemma

Gegeben sei ein AR-System gemäß (1.2.2). Die Menge Z sei definiert durch

$$Z = \{w \in W \mid \mathfrak{R}(\text{finde die Nullstelle } w \text{ von } f_{h(x)}(x) - \mathfrak{C}(w)) \leq 10^{70}\},$$

wobei $\mathfrak{R}$ das Komplexitätsmaß aus (1.1.3) ii) ist. Dann folgt aus

$$\frac{|Z|}{|W|} < 10^{-70},$$

daß dieses AR-System sicher ist.

Beweis

Übertragung des Nullstellenproblems auf die Definition einer Einwegfunktion analog zu (1.1.2) und (1.1.2) ii), iii) in der Definition (1.1.4). □

Mit Hilfe des folgenden Satzes läßt sich ein erster abstrakter Brechungsansatz formulieren.

(2.1.2) Satz

Gegeben sei ein AR-System gemäß (1.2.2). Weiter sei $a = \min\{w \in W\}$, $b = \max\{w \in W\}$, d. h. $W \subset [a,b]$. Für die Funktionen $\{f_j \mid j \in h(W)\}$ des öffentlichen Schlüssels gelte außerdem $\{f_j \mid j \in h(W)\} \subset C^r[a,b]$ mit $r \in \mathbb{N}$ ($C^0[a,b] = C[a,b]$).
Dann existiert eine Funktion $F:[a,b] \to \mathbb{R}$ und eine Zerlegung des Intervalls $[a,b]$ in

disjunkte Teilintervalle mit

$$[a,b] = [a_1,a_2) \cup [a_2,a_3) \cup \ldots \cup [a_{n-1},a_n) \cup [a_n,a_{n+1}],$$

$$a = a_1 < a_2 < a_3 < \ldots < a_{n-1} < a_n < a_{n+1} = b \text{ und}$$

$$I_j = [a_j,a_{j+1}), \ j=1,\ldots,n\text{-}1, \ I_n = [a_n,a_{n+1}], \text{ so daß gilt:}$$

$$F \in C^I(I_j), \ j=1,\ldots,n \text{ und}$$

$$F(w) = f_{h(w)}(w) \quad \forall \ w \in W.$$

D. h. F ist eine Fortsetzung der Funktion $\mathcal{G}(w)=f_{h(w)}(w)$ von W auf [a,b], die auf Teilintervallen von [a,b] gewisse Stetigkeitsbedingungen erfüllt.

Beweis

Sei $W=\{w_i\}_{i \in [1:|W|]}$, wobei o. B. d. A. die Ordnung $w_i < w_{i+1}$, $i \in [1,|W|]$ vorausgesetzt sei. Da W nach Voraussetzung eine endliche Menge ist, kann man definieren:

$$J_1 = \left[w_1, \frac{w_2-w_1}{2} \right).$$

$$J_j = \left[w_j - \frac{w_j-w_{j-1}}{2}, \ w_j + \frac{w_{j+1}-w_j}{2} \right), \ j \in [2,|W|\text{-}1].$$

$$J_{|W|} = \left[w_{|W|-1} - \frac{w_{|W|}-w_{|W|-1}}{2}, \ w_{|W|} \right].$$

Nun definiert man eine Folge von Zahlen $\{k_1,\ldots,k_n\}$ durch:

$$k_1 = \max_{1 \leq m \leq |W|} \{ \ m \mid h(w_1) = h(w_i) \ \forall \ 1 \leq i \leq m \ \},$$

$$k_j = \max_{k_{j-1} < m \leq |W|} \{ \ m \mid h(w_{k_{j-1}+1}) = h(w_i) \ \forall \ k_{j-1}+1 \leq i \leq m \ \}, \ j \in \mathbb{N}+1.$$

Diese rekursive Definition der Zahlen k_j wird bis zu einem Index n durchgeführt, für den erstmals $k_n = |W|$ gilt.

Mit Hilfe dieser Zahlen und obigen Intervallen setzt man

$$I_1 = J_1 \cup J_2 \cup \ldots \cup J_{k_1},$$

$$I_j = J_{k_{j-1}+1} \cup J_{k_{j-1}+2} \cup \ldots \cup J_{k_j}, \ j \in [2:n].$$

Aus der Konstruktion ergibt sich:

a) $[a,b] = I_1 \cup I_2 \cup \ldots \cup I_n,$

b) $I_j \cap I_k = \emptyset$, $j \neq k,$

c) $\forall \ i \in [1:n]$ gilt: $h(w) = h(w_{k_i}) \ \forall \ w \in I_j.$

Man definiert die Funktion F wie folgt:

$$F(x) = f_{h(w_{k_j})}(x) \qquad \forall \ x \in I_j, \ j \in [1:n].$$

$\Rightarrow$ $F(w) = f_{h(w)}(w)$ $\forall$ $w \in W$ und $F \in C^I(I_j)$, $j \in [1:n]$. $\square$

(2.1.3) Erster abstrakter Brechungsansatz

Gegeben seien die Voraussetzungen von Satz (2.1.2). Der Brechungsansatz zu gegebenem Schlüsseltext $c = \mathfrak{E}(w)$ besteht aus folgenden Schritten:

1) Zerlege das Intervall $[a,b]$ gemäß (2.1.2) in disjunkte Teilintervalle $I_1,...,I_n$ und definiere die Fortsetzung F der Verschlüsselungsfunktion $\mathfrak{E}(w)$.

2) In jedem Intervall I_j bestimme man alle Nullstellen der Funktion $F(x)-c$ mit hinreichender Genauigkeit.

3) Sei $\mathfrak{N}(c)$ die Menge aller in 2) gefundenen Nullstellen. Bestimme aus $\mathfrak{N}(c)$ dasjenige Element $w \in W$, für das $\mathfrak{E}(w) = c$ gilt. Dies ist nach (1.2.2) eindeutig und kann gefunden werden, indem man $\mathfrak{N}(c) \cap W$ bildet.

(2.1.4) Bemerkung.

Aufgrund der endlichen Genauigkeit kann formal $\mathfrak{N}(c) \cap W = \varnothing$ gelten. Deshalb kann es notwendig sein, wie folgt vorzugehen:

Definiere $S = \{w \in W | \; \exists \; x \in \mathfrak{N}(c) \text{ mit } \min_{y \in W} |x-y| = |x-w|\}$ als Ersatz für $\mathfrak{N}(c) \cap W$ und chiffriere alle Elemente aus S mittels der Chiffrierfunktion $\mathfrak{E}(\cdot)$. Dasjenige Element, das $\mathfrak{E}(w) = c$ erfüllt, ist die gesuchte Lösung. Die in (2.1.3) 2) geforderte hinreichende Genauigkeit läßt sich dann so charakterisieren, daß der Fehler kleiner $\frac{1}{2} \mu(f(W))$ sein sollte.

Der zweite abstrakte Brechungsansatz benutzt keine Zerlegung gemäß (2.1.2), sondern geht von den Funktionen $\{f_j | j \in h(W)\}$ aus, die einen Teil des öffentlichen Schlüssels bilden. Für die Fälle (1.2.3)1) und 2) kann dabei die oft auftretende Eigenschaft ausgenutzt werden, daß eine Approximationsfunktion mit höherem Index einen kleineren Approximationsfehler hat als eine solche mit niedrigerem Index und deshalb als Approximation der Funktion mit niedrigerem Index aufgefaßt werden kann. Aufgrund dessen kann es angebracht sein, erst die Funktionen mit höherem Index zu untersuchen, da deren Lösungen von $f_n(x)-c = 0$ im Vergleich mit (2.1.4) Näherungslösungen der Gleichung $f_m(x)-c = 0$ mit $m < n$ sind.

(2.1.5) Zweiter abstrakter Brechungsansatz

Gegeben sei ein AR-System gemäß Definition (1.2.2). Dieser Brechungsansatz besteht bei einem gegebenen Schlüsseltext $c = \mathfrak{E}(w)$, $w \in W$, aus zwei Schritten:

1) Man ordne $h(W) = \{n_i\}_{i \in [1:k]}$ mit $n_i < n_{i+1}$, $i=1,...,k-1$. Dann bestimme man sämtliche

Nullstellen der Funktionen

$$f_{n_k}(x)-c, \ f_{n_{k-1}}(x)-c, \ \ldots, f_{n_1}(x)-c,$$

die im Intervall $[a,b]$ liegen, wobei $a=\min\{w\in W\}$ und $b=\max\{w\in W\}$ sei, mit hinreichender Genauigkeit.

2)   Es bezeichne $\mathfrak{R}_{n_j}(c)$ die Menge der Nullstellen der Funktion $f_{n_j}(x)-c$ in $[a,b]$. Man untersuche nun, ob in $\mathfrak{R}_{n_k}(c), \ \ldots, \ \mathfrak{R}_{n_1}(c)$ dasjenige Element $w\in W$ liegt, für das $\mathfrak{E}(w)=c$ gilt (vgl. (2.1.4)).

(2.1.6) Bemerkung

i) Da Teile der Brechungsansätze (2.1.3) und (2.1.5) untereinander unabhängig sind, ist eine Parallelausführung denkbar.

ii) (2.1.5) läßt sich auch anwenden, wenn die Zerlegung gemäß (2.1.2) zu fein ist, d. h. aus zahlreichen Teilintervallen besteht. Dies könnte z. B. durch $W=[0,10^{100}]$ und

$$h(w)=\begin{cases} n, & w \text{ gerade} \\ m, & w \text{ ungerade} \end{cases}$$

$(n,m\in\mathbb{N})$ leicht erzwungen werden.

2.2 Numerische Brechungsansätze

Wie sich im vorhergehenden Paragraphen zeigte, besteht der Kern der abstrakten Brechungsansätze (2.1.3) und (2.1.5) darin, von einer gegebenen Funktion die Nullstellen zu bestimmen. Für numerische Näherungsverfahren ist es dabei wichtig, daß diese Funktionen stetig oder differenzierbar sind, was durch (2.1.2) oder auch (2.1.5) gesichert ist. Insbesondere ist zu beachten, daß viele Approximationsverfahren in Hinblick auf (1.2.3) 1) und 2) versuchen, beliebige Funktionen durch möglichst 'glatte' Funktionen, z. B. Polynome, anzunähern. Stellvertretend für die Vielzahl numerischer Näherungsverfahren zur Nullstellenbestimmung seien drei bekannte Verfahren angegeben.

(2.2.1) Bemerkung

Numerische Näherungsverfahren zur Nullstellenbestimmung von $f \in C^r[a,b]$ ($r \in \mathbb{N}+1$), deren Iterationsvorschrift, Vor- und Nachteile sind:

i) Das Newton-Verfahren

Iteration: $x_{n+1} = x_n - \dfrac{f(x_n)}{f'(x_n)}$ bei geeignetem Startwert x_0.

Konvergenz: Die Konvergenzordnung ist 2, dazu siehe [Henrici 72].
Vorteilhaft ist die Konvergenzordnung, wobei aber pro Iterationsschritt eine Funktionsauswertung und eine Bestimmung der Ableitung notwendig ist.

ii) Das Steffensen-Verfahren

Iteration: Zu einem geeignet gewählten Startwert x_0 und $\Phi(x) = x - f(x)$ ist die Iterationsvorschrift gegeben durch

$$x_{n+1} = x_n - \frac{(\Phi(x_n) - x_n)^2}{\Phi(\Phi(x_n)) - 2 \cdot \Phi(x_n) + x_n}.$$

Konvergenz: Die Konvergenzordnung beträgt 2, vgl. [Jordan-Engeln und Reutter 76, S.231].
Vorteilhaft ist die Konvergenzordnung ohne die Berechnung einer Ableitung, jedoch erfordert ein Iterationsschritt auch zwei Funktionsauswertungen.

iii) Die Primitivform der Regula Falsi

Iteration: Zu den Startwerten x_0, x_1 mit $f(x_0) \cdot f(x_1) < 0$ ist die Iterationsvorschrift gegeben durch

$$x_{n+1} = x_n - \frac{x_m - x_n}{f(x_m) - f(x_n)} \cdot f(x_n), \quad n \in \mathbb{N}+1, \ m \in \mathbb{N}, \text{ wobei } m \text{ der größte Index unter-}$$

halb n ist, für den $f(x_m) \cdot f(x_n) < 0$ gilt.

Konvergenz: Die Konvergenzordnung ist 1, vgl. [Collatz 68].

Dem langsamen Konvergenzverhalten steht ausgleichend gegenüber, daß dieses Verfahren auch konvergiert, wenn die Funktion f nur stetig ist, wohingegen obige Verfahren Differenzierbarkeit voraussetzen.

<u>(2.2.2) Beispiel</u>

Untersucht werden soll das Beispiel (1.4.5). Der Klartextraum ist gegeben mit $W = \{0,2 + k \cdot 10^{-8} \mid k \in [0; 8 \cdot 10^7]\}$, die Verschlüsselungsfunktion durch

$$\mathfrak{C}(w) = \begin{cases} f_9(w), & 0,2 \leq w \leq 0,3 \\ f_{12}(w), & 0,3 < w \leq 0,7 \\ f_{14}(w), & 0,7 < w \leq 1. \end{cases}$$

Gesucht ist der Klartext $w \in W$ mit $\mathfrak{C}(w) = c = 0,205102018681...$. Als Näherungsverfahren sei hier das Newton-Verfahren gewählt.

Zunächst sei die Vorgehensweise gemäß (2.1.3) dargestellt:

Als Intervall $[a,b]$ mit $W \subset [a,b]$ wählt man $[\frac{1}{5}, 1]$. Dieses wird unterteilt in die disjunkten Teilintervalle

$$I_1 = [0,2, \ 0,3 + \tfrac{1}{2} \cdot 10^{-8}),$$

$$I_2 = [0,3 + \tfrac{1}{2} \cdot 10^{-8}, \ 0,7 + \tfrac{1}{2} \cdot 10^{-8}),$$

$$I_3 = [0,7 + \tfrac{1}{2} \cdot 10^{-8}, \ 1].$$

Als Fortsetzung der Verschlüsselungsfunktion $\mathfrak{C}:W \to \mathbb{R}$ definiert man

$$F:[0,2, \ 1] \to \mathbb{R} \ \text{mit} \ F(x) = \begin{cases} f_9(x), & x \in I_1 \\ f_{12}(x), & x \in I_2 \\ f_{14}(x), & x \in I_3. \end{cases}$$

mit $\quad f_9(x) = \dfrac{1}{5} + \dfrac{x^2}{49} - \dfrac{x^6}{705894},$

$$f_{12}(x) = \dfrac{1}{5} + \dfrac{x^2}{49} - \dfrac{x^6}{705894} + \dfrac{x^{10}}{33897029880},$$

$$f_{14}(x) = \dfrac{1}{5} + \dfrac{x^2}{49} - \dfrac{x^6}{705894} + \dfrac{x^{10}}{33897029880} - \dfrac{x^{14}}{3418244287158960}.$$

Mit Hilfe des Newton-Verfahrens soll nun die Nullstelle $w \in W$ von $F(x) - c$ mit dem Schlüsseltext $c = 0,20510201868...$ gefunden werden, wobei ausgenutzt wird, daß die Fortsetzung der diskreten Verschlüsselungsfunktion $\mathfrak{C}(w)$ auf den Intervallen I_i, $i = 1,2,3$, stetig differenzierbar ist.

Es ergibt sich, daß $f_9(x) - c$ im Intervall I_1 keine Lösung hat. Dies gilt ebenso für die Funktion $f_{14}(x)-c$ im Intervall I_3. Für die Funktion $f_{12}(x)-c$ ergibt sich für den Startwert x_0-0,3:

$$x_1 \text{ - } 0,566665386...\,,$$
$$x_2 \text{ - } 0,503921147...\,,$$
$$x_3 \text{ - } 0,500015251...\,,$$
$$x_4 \text{ - } 0,499999996...\,,$$
$$x_5 \text{ - } 0,499999999...\,.$$

Im Vergleich mit (2.1.4) ergibt sich die Nullstelle w-0,5, wobei durch Verschlüsselung von w verifiziert werden kann, daß $\mathscr{E}(w)$-c gilt. Damit konnte anhand des abstrakten Brechungsansatzes (2.1.3) mit Hilfe des Newton-Verfahrens das AR-System (1.4.5) gebrochen werden.

Auch der Ansatz (2.1.5) führt hier zum Ziel:

Zuerst untersucht man $f_{14}(x)-c$ auf dem Intervall $[\frac{1}{5},1]$ auf Nullstellen. Mit dem Startwert x_0 - 0,2 ergibt die Newton-Näherung:

$$x_1 \text{ - } 0,724997464...\,,$$
$$x_2 \text{ - } 0,534908393...\,,$$
$$x_3 \text{ - } 0,501138996...\,,$$
$$x_4 \text{ - } 0,500001290...\,,$$
$$x_5 \text{ - } 0,499999999...\,.$$

Analog zu oben kann man im Vergleich mit (2.1.4) daraus w - 0,5 ermitteln und die anschließende Verschlüsselung $\mathscr{E}(0,5)$-c verifiziert das Ergebnis. Damit erübrigt sich die Untersuchung der Funktionen $f_{12}(x)-c$ und $f_9(x)-c$. Man nutzt dabei aus, daß die Funktion f_{14} als Approximation der Funktion f_{12} aufgefaßt werden kann, da beide die Funktion $f(x) \text{ - } \sin((\frac{x}{7})^2)+0,2$ annähern. Dabei ist f_{14} eine so gute Näherung von f_{12}, daß die Nullstelle von f_{14}-c eine gute Annäherung an die Nullstelle von f_{12}-c darstellt. Im Vergleich mit (2.1.4) konnte damit die gesuchte Lösung gefunden werden. Der zweite abstrakte Brechungsansatz (2.1.5) führte also ebenso zum Brechen des Systems aus Beispiel (1.4.5).

(2.2.3) Bemerkung

i) Für die Sicherheit des AR-Systems ergibt sich die notwendige Bedingung, daß eine Nullstellenbestimmung von $\mathscr{E}(x)$-c mit Hilfe eines numerischen Verfahrens mit angemessener Komplexität nicht möglich sein darf. Dies kann man man z. B. erreichen, indem man die Funktionen $\{f_j | j \in h(W)\}$ nicht stetig wählt oder indem die Näherungsverfahren durch Nebenbedingungen instabil sind.

ii) Es sind Wahlen des Nachrichtenraums und einer Verschlüsselungsfunktion $\mathscr{E}(\cdot)$

denkbar, die die geeignete Wahl eines Startwertes eines Näherungsverfahrens verhindern. Möglich ist auch, daß ein Iterationsverfahren nicht den gewünschten Wert liefert, wenn zuviele Nullstellen ermittelt werden können oder sich Nullstellen häufen.

iii) Aus i) und ii) resultiert: die Komplexität eines numerischen Brechungsansatzes ist schwer abzuschätzen. Wie jedoch Beispiel (2.2.2) zeigte, können solche Ansätze trotzdem erfolgreich sein und müssen als potentielle Attacken beachtet werden.

2.3 Ein Brechungsansatz mit Hilfe des binären Suchens

Mit Rückgriff auf die Theorie des Suchens in geordneten Feldern läßt sich ein Brechungsansatz für AR-Systeme aufzeigen, in dessen Konsequenz die Funktionsmenge der Verschlüsselungsfunktionen eingeschränkt werden muß. Der eigentliche Brechungsansatz ergibt sich aus folgendem Satz.

(2.3.1) Satz:

Sei $W \subset \mathbb{R}$ mit $|W| < \infty$ und f eine Funktion mit $f : W \to \mathbb{R}$, die streng monoton ist, d. h. für alle x, $y \in W$ mit $x < y$ gilt $f(x) < f(y)$ (streng monoton wachsend) oder für alle x, $y \in W$ mit $x < y$ gilt $f(x) > f(y)$ (streng monoton fallend). Ist $w \in W$ und $f(w) = c$, so kann die Gleichung $f(x) = c$ mit $x \in W$ nur mit Kenntnis des Definitionsbereiches W, der Funktion f und dem Wert c in maximal $\lceil \log_2(|W|) \rceil$ Funktionsauswertungen der Funktion f eindeutig gelöst werden.

Beweis:

Da f auf W streng monoton ist, muß die gesuchte Lösung w eindeutig sein. Ebenso folgt aus der strengen Monotonie, daß der Wertebereich $f(W)$ der Größe nach geordnet ist. Sei o. B. d. A. f streng monoton steigend und $W = \{w_i\}_{i \in [1:|W|]}$ mit der Ordnung $w_i < w_j$ für $i < j$.

$\Rightarrow$ $\{f(w_i)\}_{i \in [1:|W|]}$ bildet ein geordnetes Feld. Gesucht ist nun der Index i mit $f(w_i) = c$. Dies ist gleichbedeutend mit dem Suchen des Elementes c in obigem Feld. Unter Anwendung der Methode des binären Suchens (vgl. [Wirth 79, S.331]) kann dann das gesuchte Element gefunden werden (man beachte, daß bei gleichverteilten $w \in W$ ein binärer Baum ein optimaler Suchbaum ist, dazu siehe [Wirth 79, S.303 ff.]). Der benutzte Algorithmus läßt sich in einer PASCAL-ähnlichen Notation wie folgt angeben:

```
k:=1; j:=|W|;
repeat i:=(k+j) div 2;
x:=f(w_i);
if c>x then k:=i+1 else j:=i-1;
until x=c; {nach Voraussetzung existiert ein solches w_i}
writeln(w_i);
```

Offensichtlich ist die Anzahl der Schleifendurchläufe und damit die Anzahl der Funktionsauswertungen durch $\lceil \log_2(|W|) \rceil$ beschränkt, da in jedem Schleifendurchlauf das restliche zu durchsuchende Feld halbiert wird. □

(2.3.2) Satz:

Sei $W \subset \mathbb{R}$ mit $1 < |W| < \infty$, $f:W \rightarrow \mathbb{R}$, $g:\mathbb{R} \rightarrow \mathbb{R}$ mit $g(f(w)) = w$ $\forall$ $w \in W$. Weiter sei $h:W \rightarrow \mathbb{N}$ eine Auswahlfunktion und $\{f_j\}_{j \in \mathbb{N}}$ eine Approximationsfolge von f auf W. Es gelte eine der folgenden Aussagen:

i) $g_1(x) = g(\max \{z \mid z \in f(W) \text{ und } |x-z| = \min\limits_{y \in f(W)} |x-y|\})$ (vgl. (1.3.8)) und
$g_1(f_{h(w)}(w)) = w$ $\forall$ $w \in W$.

ii) $g_1(f_{h(w)}(w)) = w$ $\forall$ $w \in W$ und g_1 ist monoton auf dem Intervall $[a,b]$ mit
$\{f_{h(w)}(w) \mid w \in W\} \subset [a,b]$.

iii) g ist monoton auf $[a,b]$ mit $\{f_{h(w)}(w) \mid w \in W\} \subset [a,b]$ und $g_1(x) = a \cdot \lfloor \frac{1}{a} g(x) + \frac{1}{2} \rfloor$
mit $g_1(f_{h(w)}(w)) = w$ $\forall$ $w \in W$ (vgl. (1.3.11)).

iv) g ist monoton auf $[a,b+a]$ mit $\{f_{h(w)}(w) \mid w \in W\} \subset [a,b]$ und $g_1(x) = g(a \cdot \lfloor \frac{1}{a} \cdot x + \frac{1}{2} \rfloor)$
mit $g_1(f_{h(w)}(w)) = w$ $\forall$ $w \in W$ (vgl. (1.3.10)).

Ist die Funktion f auf W monoton, so ist auch die Funktion $\mathfrak{E}(\cdot) = f_{h(\cdot)}(\cdot)$ auf W monoton.

Beweis:

Sei $W = \{w_i \mid i \in [1:|W|]\}$, wobei o. B. d. A. $w_i < w_{i+1}$, $i = 1,...,|W|-1$ gelte. Die Funktion f sei monoton wachsend (der Fall, daß f monoton fällt, kann analog bewiesen werden).

$\Rightarrow$ $\{f(w_i)\}_{i \in [1:|W|]}$ ist auch der Größe nach geordnet, das heißt
$$f(w_i) < f(w_{i+1}) \text{ für } i = 1,...,|W|-1.$$

Da die Funktion f monoton wachsend auf W ist, muß auch g auf $f(W)$ monoton wachsend sein. Für die Funktion g_1 aus den Fällen i), iii) und iv) ergibt sich damit, daß sie auf einem Intervall $[a,b]$ monoton wächst, wobei $\{f_{h(w)}(w) \mid w \in W\} \subset [a,b]$ erfüllt ist.

Damit gilt: $f_{h(w_i)}(w_i) < f_{h(w_{i+1})}(w_{i+1})$ für $i = 1,...,|W|-1$.

Annahme: $\exists$ w_i, $w_j \in W$, $i<j$ mit $f_{h(w_i)}(w_i) > f_{h(w_j)}(w_j)$.

$\Rightarrow$ $g_1(f_{h(w_i)}(w_i)) = w_i < w_j = g_1(f_{h(w_j)}(w_j))$.

$\Rightarrow$ Widerspruch dazu, daß g_1 monoton wachsend ist auf $[a,b]$. Damit ist die Funktion $\mathfrak{E}(w) = f_{h(w)}(w)$ auf W monoton. □

(2.3.3) Folgerung:

Gegeben sei ein AR-System gemäß (1.2.2). Ist die Verschlüsselungsfunktion $\mathfrak{E}(w)$ monoton (siehe (2.3.2)), so ist das System unsicher.

Beweis:

Aus der Umkehrbarkeit der Funktion $\mathfrak{E}(w)$ folgt, daß sie streng monoton ist und damit ist Satz (2.3.1) anwendbar. Da nach (1.1.4) die Berechnung der Funktion $\mathfrak{E}(w)$ eine Komplexität geringer als 10^6 hat, ist der in (2.3.1) dargestellte Brechungsansatz von der Komplexität $(10^6{+}5)\cdot\lceil\log_2(|W|)\rceil$. Nach (1.1.4) wiederum muß gelten:

$$(10^6{+}5)\cdot\lceil\log_2(|W|)\rceil > 10^{70}.$$

$$\Rightarrow \qquad\qquad |W| \geq 2^{10^{63}}.$$

Nach (1.1.7) iii) ist dies jedoch unmöglich. In diesem Sinne ist $\mathfrak{E}(\cdot)$ nach (1.1.2) und (1.1.3) keine Einwegfunktion und das zugrundeliegende AR-System unsicher. $\square$

(2.3.4) Bemerkung:

i) Seien $f,\ g{:}\mathbb{R}\to\mathbb{R}$ mit $g(f(w)){=}w \ \forall\ w\in[a,b]$. Konstruiert man aus f und g gemäß (1.3.8), (1.2.2) und (1.2.3) ein AR-System mit $W\subset[a,b]$ und ist die Funktion f auf $[a,b]$ stetig, so ist das AR-System unsicher, da aus der Stetigkeit und der Umkehrbarkeit die Monotonie folgt und nach (2.3.2) und (2.3.3) das System unsicher ist.

ii) Mit i) scheiden alle 'üblichen' umkehrbaren stetigen Funktionen für f zur Bildung eines AR-Systems aus.

iii) Der Brechungsansatz aus (2.3.1) ließe sich in ähnlicher Weise und mit vergleichbarer Komplexität auch durchführen, wenn die Funktion f nur stückweise monoton ist, wobei die Monotonieintervalle 'groß' sind.

iv) Mit i) läßt sich zeigen, daß das System aus Beispiel (1.4.5) unsicher ist, denn auf dem Intervall $[1/5,1]$ ist die Funktion $f(x)=\sin(\frac{x}{7})^2 + 0{,}2$ und die Umkehrfunktion $g_1(x) = 10^{-8}\lfloor 10^8{\cdot}7\cdot \sqrt{\arcsin(x{-}0{,}2)} + 0{,}5\rfloor$ monoton. Somit kann das System mit (2.3.1) gebrochen werden.

v) Wesentlich für den Brechungsansatz gemäß i) und (2.3.1) ist, daß der Nachrichtenraum W endlich und öffentlich bekannt ist.

vi) Für ein Public-Key-Kryptosystem ist es denkbar, daß es keine Dechiffrierfunktion besitzt im Sinne von (1.1.4) i), sondern daß durch eine Transformation die Verschlüsselungsfunktion monoton wird und die Dechiffrierung mit Hilfe des binären Suchens analog zu (2.3.1) vorgenommen wird. Als geheimer Schlüssel würde dann die Transformation dienen. Ein vergleichbares Verhalten zeigt die Entschlüsselungsfunktion des Merkle-Hellman-Verfahrens auf der Basis von simplen Knapsack-Problemen (vgl. [Merkle und Hellman 78]).

2.4 Analytische und approximationstheoretische Brechungsansätze

In Hinblick auf (1.2.3) 1) und 2) ist es für die Bildung eines AR-Systems bedeutend, daß man nach dem Satz von Weierstraß (vgl. [Bronstein und Semendjajew 80, S.791]) zu jeder stetigen Funktion eine Approximationsfolge finden kann, die aus algebraischen Polynomen besteht. Aufgrund der vielen bekannten polynomialen Approximationsarten ist es interessant zu untersuchen, ob die Sicherheit eines AR-Systems gewährleistet werden kann, wenn die Funktionen $\{f_j | j \in h(W)\}$ Polynome sind und die Verschlüsselungsfunktion $\mathfrak{E}(w)$ somit stückweise polynomial ist.

(2.4.1) Definition

Sei $\{a_0, a_1, a_2, ..., a_n\} \subset \mathbb{R}$. Eine Funktion

$$f(x) = a_0 + a_1 \cdot x + a_2 \cdot x^2 + a_3 \cdot x^3 + ... + a_n \cdot x^n = \sum_{k=0}^{n} a_k \cdot x^k$$

bezeichnet ein reelles Polynom mit den Koeffizienten $(a_0, ..., a_n)$. Als Grad des Polynoms bezeichnet man $\mathrm{Grad}(f) = \max\{i \in [0{:}n] \mid a_i \neq 0\}$. Die Menge aller reellen Polynome bildet einen euklidischen Ring, der mit $\mathbb{R}[x]$ bezeichnet werden soll (vgl. [Meyberg 80, S.133 ff.]).

Da die Komplexität der Verschlüsselungsfunktion eines AR-Systems aufgrund von (1.1.4) iv) durch 10^6 beschränkt sein soll und da der für den öffentlichen Schlüssel $\{f_j | j \in h(W)\}$ benötigte Speicherplatz ebenso durch 10^6 beschränkt sein soll, ist eine Einschränkung des höchsten zulässigen Grades eines Polynoms und der Mächtigkeit von $|h(W)|$ sinnvoll. Dazu ist der folgende Satz von Interesse.

(2.4.2) Satz

Jedes geradlinige Verfahren (d. h. nur Anweisungen der Form a=b op c mit $op \in \{+, -, \cdot, /\}$) zur Auswertung eines durch seine Koeffizienten gegebenen Polynoms vom Grad n benötigt mindestens n Additionen oder Subtraktionen und n Multiplikationen oder Divisionen. Ein Verfahren, welches dies realisiert, ist das vereinfachte Hornerschema.

Beweis

Siehe [Pan 66], [Schmeißer und Schirmeier 76, S.50f.], [Jordan-Engeln und Reutter 76, S.26]. $\square$

(2.4.3) Bemerkung

i) Aufgrund des Satzes (2.4.2) sind folgende Einschränkungen eines polynomialen AR-Systems sinnvoll: Sei h, $\{f_j | j \epsilon h(W)\}$ der öffentliche Schlüssel, dann soll gelten:

$$\text{Grad } (f_j) \leq \frac{1}{2} \cdot 10^6 \ \forall \ j \epsilon h(W),$$

$$|h(W)| \leq 10^6 .$$

ii) Wenn man die praktische Durchführbarkeit eines AR-Systems betrachtet, so sind die Einschränkungen aus i) nicht bedeutend.

iii) Der maximale Grad eines Polynoms, welches mit 10^6 Operationen ausgewertet werden kann, liegt höher als $\frac{1}{2} 10^6$, wenn man die Methode des 'Repeated Squaring and Multiplying' (vgl. [Horster 85, S.297-299]) benutzt. Dies soll nicht weiter betrachtet werden, da die dafür benötigte Rechengenauigkeit die Einschränkungen aus i) sinnvoll erscheinen läßt.

Die abstrakten Brechungsansätze (2.1.3) und (2.1.5) bestehen zu einem Schlüsseltext c im wesentlichen aus Nullstellenbestimmungen eines Polynoms f_n-c. Einen Überblick über die Problematik der Nullstellenbestimmung von Polynomen mit speziellen Verfahren wie dem Newton-Verfahren für Polynome oder dem Graeffe-Verfahren findet man in [Schmeißer und Schirmeier 76, S.49-76] und [Young und Gregory 72]. Ein der Problemstellung dieses Kapitels angepaßtes neues Verfahren soll im folgenden dargestellt werden. Es nutzt insbesondere aus, daß der endliche Nachrichtenraum W öffentlich bekannt ist. Die Grundlagen dazu bilden Kenntnisse über die Lage der Nullstellen von reellen Polynomen.

(2.4.4) Satz

Gegeben sei ein Polynom $f_n(x) = a_0 + a_1 \cdot x + a_2 \cdot x^2 + \ldots + a_n \cdot x^n$ mit $a_0 \cdot a_n \neq 0$. Bezeichnet man

$$\alpha = \max_{0 \leq i \leq n-1} \left\{ \left| \frac{a_i}{a_n} \right|^{\frac{1}{n-i}} \right\}, \quad \beta = \max_{0 \leq i \leq n-1} \left\{ \left| \frac{a_i}{a_n} \right| \right\},$$

so gilt: Ist x eine (reelle) Nullstelle von f_n, so erfüllt x die Ungleichung

$$|x| < \min \{2\alpha, 1+\beta \}.$$

Beweis

Siehe [Schmeißer und Schirmeier 76, S.54]. □

Dieser Satz sagt aus, daß die Nullstellen eines Polynoms nur einen maximalen Abstand vom Nullpunkt haben können, der sich aus den Koeffizienten des Polynoms ergibt. D. h. die Suche nach Nullstellen des Polynoms kann auf ein entsprechendes Intervall eingeschränkt werden.

Beispiel:

Man betrachte das Polynom $f(x) = x^5 - 2 \cdot x^4 - 9 \cdot x^3 + 14 \cdot x^2 + 20 \cdot x - 24$. Dann ergibt sich $\alpha = 3$ und $\beta = 24$. Folglich liegen alle reellen Nullstellen in dem Intervall $(-6, 6)$.

In der gegebenen Problemstellung ist aber nur von Interesse, eine Nullstelle w eines Polynoms f_n zu bestimmen, unabhängig davon, welche Vielfachheit sie hat. Deshalb kann die gestellte Aufgabe dahingehend modifiziert werden, die Nullstelle w in einem Polynom t zu suchen, wobei t und f_n dieselben reellen Nullstellen haben, nur daß sie in t die Vielfachheit 1 haben. Dadurch erreicht man, daß das zu untersuchende Polynom einen niedrigeren Grad als f_n haben kann und dementsprechend die Untersuchung einfacher ist. Das Polynom t läßt sich mit folgendem Satz bestimmen.

(2.4.5) Satz

Man betrachte den euklidischen Ring der Polynome über $\mathbb{R}$, aus dem ein Polynom $f_n(x) = a_0 + a_1 \cdot x + a_2 \cdot x^2 + \ldots + a_n \cdot x^n$ gegeben ist. Dazu sei $u(x) = \text{ggT}(f_n, f_n')$, d. h. $u(x)$ ist ein Polynom und der größte gemeinsame Teiler von f_n und der Ableitung f_n', wobei $u(x)$ mit dem Euklidischen Algorithmus im Polynomring $\mathbb{R}[x]$ ermittelt werden kann.

Setzt man $t(x) = f_n(x) / u(x)$, so gilt: $t(x)$ ist ein Polynom und besitzt ausschließlich einfache Nullstellen, die genau die paarweise verschiedenen Nullstellen von f_n sind.

Beweis

Siehe [Schmeißer und Schirmeier 76, S.49-50]. □

Beispiel:

Für $f(x) = x^5 - 2 \cdot x^4 - 9 \cdot x^3 + 14 \cdot x^2 + 20 \cdot x - 24$ gilt $f'(x) = 5 \cdot x^4 - 8 \cdot x^3 - 27 \cdot x^2 + 28 \cdot x + 20$. Der größte gemeinsame Teiler von f und f' berechnet sich zu $x + 2$. Damit hat das Polynom $t(x) = f(x) / (x+2)$ mit $t(x) = x^4 - 4 \cdot x^3 - x^2 + 16 \cdot x - 12$ nur einfache Nullstellen, die die paarweise verschiedenen Nullstellen von $f(x)$ sind.

Der erforderliche Aufwand zur Bestimmung des Polynoms t hängt wesentlich von der Komplexität der Bestimmung des größten gemeinsamen Teilers zweier Polynome und der Komplexität der Division zweier Polynome ab. Dazu findet man folgende Aussagen.

(2.4.6) Satz

Seien s und t Polynome aus dem Ring $\mathbb{R}[x]$ mit $n = \text{Grad}(s) > \text{Grad}(t)$. Dann gilt:

i)   Eine Zerlegung $s = q \cdot t + r$ mit q, $r \in \mathbb{R}[x]$ und $\text{Grad}(r) < \text{Grad}(t)$ ist mit $O(n \cdot \log_2(n))$ Operationen möglich.

ii) Die Berechnung des größten gemeinsamen Teilers von s und t läßt sich durchführen mit $O(n \cdot (\log_2(n))^2)$ Operationen.

Beweis

i) Siehe [Borodin und Munro 75].
ii) Siehe [Aho et al. 75]. □

Eine präzise Angabe der Anzahl der einfach gezählten reellen Nullstellen in einem beliebig gewählten Intervall ermöglicht der nächste Satz.

(2.4.7) Satz

Sei $t \in \mathbb{R}[x]$ und $a < b$ mit $t(a) \cdot t(b) \neq 0$. Man führt die folgenden Bezeichnungen ein:

$$t_0(x) = t(x),$$
$$t_1(x) = \frac{d}{dx}\, t(x),$$
$$t_{i+2}(x) = q_i(x) \cdot t_{i+1}(x) - t_i(x)\ ,$$

wobei q_i, t_{i+1} und t_{i+2} Polynome sind mit $0 \leq \text{Grad}(t_{i+2}) < \text{Grad}(t_{i+1})$, $0 \leq i \leq m-2$.

$$t_{m-1}(x) = q_{m-1}(x) \cdot t_m(x),$$

wobei q_{m-1} und t_m Polynome sind mit $\text{Grad}(t_m) \geq 0$. (Man beachte die Analogie zum Euklidischen Algorithmus, $t_m = \text{ggT}(t,t')$).
Die Folge $(t_0, t_1, \dots, t_m)$ bezeichnet man als Sturmsche Kette. Sei $V_t(x)$ die Anzahl der Vorzeichenwechsel in der Folge $(t_0(x), t_1(x), \dots, t_m(x))$, wobei Nullwerte nicht berücksichtigt werden. Dann gilt:
Die Anzahl der einfach gezählten reellen Nullstellen von t in dem Intervall $[a,b]$ ist $V_t(a) - V_t(b)$.

Beweis

Siehe [Schmeißer und Schirmeier 76, S.59-61]. □

(2.4.8) Bemerkung

i) Da für die Auswertung der Funktion $V_t(x)$ letztendlich nur das Vorzeichen von $t_i(x)$ entscheidend ist, kann man die Polynome $t_i(x)$ mit beliebigen positiven Zahlen multiplizieren. So kann z. B. eine Normierung vorgenommen werden, so daß alle auftretenden Koeffizienten ganzzahlig sind, was für exakte Berechnungen nützlich sein kann.

ii) Der Aufwand zur Berechnung der Sturmschen Kette läßt sich nicht durch Satz (2.4.6) abschätzen, da dort u. U. nicht alle Polynome der Sturmschen Kette berechnet werden.

iii) Um die Berechnung von $V_t(x)$ zu vereinfachen, sollte man $t(x)$ nach (2.4.5) modifizieren, so daß keine mehrfachen Nullstellen auftreten. Durch die Division durch den $ggT(t,t')$ kann der Grad des Polynoms $t(x)$ u. U. kleiner werden. Dies wiederum kann die Auswertung der Funktion $V_t(x)$ vereinfachen.

Beispiel:

Die Sturmsche Kette des Polynoms $t_0(x) = x^4 - 4 \cdot x^3 - x^2 + 16 \cdot x - 12$ ergibt sich unter Beachtung von (2.4.8) i) zu $(t_0, t_1, t_2, t_3, t_4)$ mit den Polynomen

$$t_1(x) = 4 \cdot x^3 - 12 \cdot x^2 - 2 \cdot x + 16,$$
$$t_2(x) = 7 \cdot x^2 - 23 \cdot x + 16,$$
$$t_3(x) = 362 \cdot x - 656,$$
$$t_4(x) = 1.$$

$\Rightarrow V_t(-6) = 4$, $V_t(6) = 0$, also hat das Polynom t_0 im Intervall $[-6, 6]$ genau 4 einfach gezählte reelle Nullstellen.

Im folgenden soll abgeschätzt werden, welche Komplexität die Bildung einer Sturmschen Kette hat. Dazu benötigt man die Komplexität der Division zweier Polynome. Die Größenordnung ist zwar nach (2.4.6) bekannt, da die $O(\cdot)$-Konstante jedoch unbekannt ist, soll als Abschätzung der nächste Satz genügen.

(2.4.9) Satz

Sind s, $t \in \mathbb{R}[x]$ mit $Grad(s) = n$ und $Grad(t) = m$ und $n > m \geq 1$, so ist eine Zerlegung $s = q \cdot t + r$ mit q, $r \in \mathbb{R}[x]$ und $Grad(r) < Grad(t)$ mit maximal $(2m+1)(n-m+1)$ elementaren Operationen möglich.

Beweis

Sei $s(x) = \sum\limits_{k=0}^{n} a_k \cdot x^k$, $t(x) = \sum\limits_{k=0}^{m} b_k \cdot x^k$, dann gilt:

$$\frac{s}{t} = \frac{a_n}{b_m} \cdot x^{n-m} + \frac{s - \frac{a_n}{b_m} \cdot x^{n-m} \cdot t}{t}$$

mit $\mathrm{Grad}\left(s - \frac{a_n}{b_m} \cdot x^{n-m} \cdot t \right) \leq n-1$.

Führt man diesen Reduktionsschritt n-m+1-malig aus, so gilt:

$$s = q \cdot t + r \text{ mit } q, \ r \in \mathbb{R}[x] \text{ mit } \mathrm{Grad}(q) = n-m \text{ und } \mathrm{Grad}(r) \leq m-1.$$

Jeder Reduktionsschritt benötigt dabei 1 Division, m Multiplikationen und m Subtraktionen.

$\Rightarrow$ Insgesamt benötigt man (n-m+1)(2m+1) Operationen. $\square$

Für die Komplexität der Berechnung der Sturmschen Kette ergibt sich damit folgende Aussage.

(2.4.10) Satz

Sei $t \in \mathbb{R}[x]$ mit $\mathrm{Grad}(t) = n$, dann gilt:

i) Der Aufwand zur Erstellung der Sturmschen Kette von t ist beschränkt durch $2n^2$ Operationen. Dabei werden zur Speicherung der auftretenden Koeffizienten maximal $\frac{1}{2} \cdot (n+2)^2$ Speicherplätze benötigt.

ii) Die Auswertung der Sturmschen Kette von t, also die Berechnung der Funktion $V_t(x)$, kann mit n(n+4) seriellen Operationen durchgeführt werden. Stehen $\frac{1}{2}n(n+1)$ parallel arbeitende Prozessoren zur Verfügung, so kann dies mit $6 \cdot \lceil \log_2(n+1) \rceil + 1$ parallelen Operationen durchgeführt werden.

Beweis

i) Durch den Euklidischen Algorithmus ist sichergestellt, daß in der Sturmschen Kette $(t_0, t_1, \ldots, t_m)$ gilt: $\mathrm{Grad}(t_i) \geq \mathrm{Grad}(t_{i+1}) + 1$, $i=0,\ldots,m-1$. Damit hat die Sturmsche Kette eine maximale Länge von $\mathrm{Grad}(t)+1$. Für diesen Maximalfall gilt dann:

$$\mathrm{Grad}(t_i) = \mathrm{Grad}(t_{i+1}) + 1 = n-i \ , \ i=0,\ldots,n-1.$$

Seien $u_i \in \mathbb{R}[x]$, $i \in [0:m+1]$ und $u_i = q_{i+1} \cdot u_{i+1} + u_{i+2}$, $i=0,\ldots,m-1$ $(m>0)$ und $\mathrm{Grad}(u_i) = n-i$. Die Anzahl der für diese Zerlegungen benötigten Operationen ist nach (2.4.9) gegeben durch:

$$\sum_{k=1}^{m} (2(n-k)+1)\,((n-k+1)-n+k+1) = 4 \cdot n \cdot m - 2 \cdot m^2 .$$

Sei nun $s=q \cdot u + r$ mit $s, q, u, r \in \mathbb{R}[x]$ und $\mathrm{Grad}(s)=n$, $\mathrm{Grad}(u)=m$ und $\mathrm{Grad}(r)<m$. Für eine solche Zerlegung benötigt man nach (2.4.9) $2 \cdot n \cdot m - 2 \cdot m^2 + m + n + 1$ Operationen. Für $n \in \mathbb{N}+2$, $m \in [1 : n-1]$ gilt aber:

$$4 \cdot n \cdot m - 2 \cdot m^2 > 2 \cdot n \cdot m - 2 \cdot m^2 + m + n + 1 .$$

$\Rightarrow$ Der maximale Aufwand zur Erstellung der Sturmschen Kette ergibt sich für den oben angegebenen Maximalfall. Dies sind

$$\sum_{k=1}^{n-1} [(2(n-k)+1)(n-k+1-n+k+1)] + 2 \quad (t_{n-1}=x \cdot t_n \text{ mit } x \in \mathbb{R} \text{ benötigt 2 Operationen})$$

$$= 4 \cdot n \cdot (n-1) - 2 \cdot (n-1)^2 + 2 = 2 \cdot n^2 \text{ Operationen.}$$

Da ein Polynom vom Grad n genau n+1 Koeffizienten hat, ist die Gesamtzahl der Koeffizienten der Sturmschen Kette durch

$$\sum_{i=0}^{n} (i+1) = \frac{1}{2} \cdot (n+1) \cdot (n+2) \le \frac{1}{2} (n+2)^2$$

beschränkt.

ii) Nach (2.4.2) kann ein Polynom vom Grad n mit 2n Operationen ausgewertet werden, wenn man eine serielle Berechnung zugrundelegt. Für den 'worst case', der dem Maximalfall aus i) entspricht, benötigt die Auswertung der Polynome $t_i(x)$, $i=0,...,n$ genau

$$\sum_{k=0}^{n} 2(n-k) = 2 \cdot \frac{1}{2} \cdot (n+1) \cdot n = n(n+1)$$

Operationen. Daraus läßt sich die Funktion $V_t(x)$ mit $3 \cdot n$ Operationen berechnen. Dies ergibt bei serieller Berechnung $n \cdot (n+4)$ Operationen.

Sei im folgenden der Maximalfall aus i) vorausgesetzt. Für die Auswertung jedes Polynoms $t_i(x)$, $i \in [0:n]$ sollen $n-i$ Prozessoren zur Verfügung stehen, die mit einem Netzwerk verbunden sind und parallel arbeiten können, d. h. es sind insgesamt $\frac{1}{2} n \cdot (n+1)$ Prozessoren vorhanden. Mit der Methode des 'Repeated Squaring and Multiplying' kann ein Faktor $a_{i,j} \cdot x^j$ in $2 \lfloor \log_2(n) \rfloor + 1$ Operationen berechnet werden (siehe [Horster 85, S.297f.], vgl. auch [Kung 74]). Die Auswertung des Polynoms $t_i(x)$ kann dann anschließend mit der Methode des rekursiven Doppelns (vgl. [Hoßfeld und Weidner 83]) in $\lceil \log_2(i+1) \rceil$ Operationen ausgewertet werden. Damit stehen nach $2 \lfloor \log_2(n) \rfloor + 1 + \lceil \log_2(n+1) \rceil$ parallelen Operationen die Werte der Polynome $t_i(x)$, $i=0,...,n$ zur Verfügung. Wieder mit der Methode des rekursiven Doppelns kann dann die Funktion $V_t(x)$ in $3 \cdot \lceil \log_2(n+1) \rceil$ parallelen Operationen berechnet werden. Insgesamt läßt sich der Aufwand dann durch $6 \cdot \lceil \log_2(n+1) \rceil + 1$ parallele Operationen abschätzen. Dabei soll vorausgesetzt werden, daß durch eine geeignete Speichertechnik (z. B. die Koeffizienten des Polynoms t_i in der i-ten Speicherbank eines verschränkten Speichers) ein konfliktfreier Zugriff auf die Koeffizienten möglich ist. $\square$

(2.4.11) Lemma

i) Wenn eine Berechnung aus q Operationen besteht und in t parallelen Schritten durchgeführt werden kann, wobei eine unbegrenzte Prozessorzahl vorausgesetzt ist, dann kann diese Berechnung mit einem System aus nur k Prozessoren in einer Weise durchgeführt werden, die $t+(q-t)/k$ parallele Schritte erfordert.

ii) Stehen für die Berechnung von $V_t(x)$ nur $k < \frac{1}{2} n(n+1)$ Prozessoren zur Verfügung, so kann mit

$$6 \cdot \lceil \log_2(n+1) \rceil + 1 + \frac{n(n+4) - 6 \cdot \lceil \log_2(n+1) \rceil - 1}{k}$$

parallelen Operationen $V_t(x)$ berechnet werden.

Beweis

i) Siehe [Brent 74].

ii) Folgt aus i) und (2.4.10) ii). $\square$

Damit ist es möglich, den eingangs erwähnten Brechungsalgorithmus für Polynome zu beschreiben und seine Komplexität abzuschätzen.

(2.4.12) Analytischer Brechungsansatz für Polynome

Gegeben sei ein Polynom $f \in \mathbb{R}[x]$ vom Grad n und eine endliche Menge $W \subset \mathbb{R}$, auf der f injektiv ist. Weiterhin sei zu dem Klartext $w \in W$ der Schlüsseltext $c = f(w)$ gegeben. Der nachfolgende Algorithmus soll aus Kenntnis von f, c und W den Klartext $w \in W$ ermitteln:

1) Initialisierung:

i) Setze $t = (f-c)/\mathrm{ggT}(f-c, f')$ gemäß (2.4.5).

ii) Bestimme zu t die Sturmsche Kette $(t_0, t_1, \ldots, t_m)$.

iii)   Sei $t(x)=a_0+a_1\cdot x+a_2\cdot x^2+...+a_r\cdot x^r$. Bestimme den Nullstellenradius Ω gemäß (2.4.4) mit

$$\Omega = \min\left\{ 2\cdot \max_{0\le i\le r-1}\left\{\left|\frac{a_i}{a_r}\right|^{\frac{1}{r-i}}\right\}, \; 1+\max_{0\le i\le r-1}\left\{\left|\frac{a_i}{a_r}\right|\right\}\right\}.$$

iv)   Setze $V = W\cap(-\Omega,\Omega) = \{v_1,...,v_{|V|}\}$ mit der Ordnung $v_i<v_{i+1}$, $i=1,...,|V|-1$.

v)   Wähle eine Konstante $\mathfrak{Q}$ mit $2 < \mathfrak{Q} < |V|$.

2) Der Algorithmus:

Der zentrale Algorithmus sei in einer PASCAL-ähnlichen Notation angegeben:

program **Polynomansatz**

procedure **probieren** $(i,j:[1:|V|])$; {Indizes aus V}

begin

for k=i to j do

   if $t(v_k) = 0$ then

      begin

      Ausgabe von v_k;

      Programm beenden;

      end;

end; {Ende der Prozedur **probieren**}

function $V_t(i:[1:|V|])$:integer;

begin

if ($V_t(i)$ ist in der Liste Sturm(i) abgespeichert) then

{auf Elemente der Liste soll z. B. mittels einer Hash-Funktion über den Schlüssel i direkt zugegriffen werden können}

   V_t = Sturm(i);

else

   begin

   berechne die Folge $(t_0(v_i), t_1(v_i), ... , t_m(v_i))$;

   eliminiere alle Nullen aus dieser Folge;

   Sturm(i)= Anzahl der Vorzeichenwechsel in dieser neuen Folge;

   V_t = Sturm(i);

   end; {Ende der $V_t(i)$-Berechnung;}

end; {Ende der Funktion V_t}

procedure **suchen** $(i, j: [1:|V|])$;

var #linksnull, #rechtsnull: integer;

begin

#linksnull $= V_t(i) - V_t(i + \lfloor (j-i)/2 \rfloor)$;

{ #linksnull - Anzahl der reellen Nullstellen von t im linken Teilintervall $[v_i, v_{i + \lfloor (j-i)/2 \rfloor}]$ }

#rechtsnull $= V_t(i + \lfloor (j-i)/2 \rfloor) - V_t(j)$;

{ #rechtsnull - Anzahl der reellen Nullstellen von t im rechten Teilintervall $[v_{i + \lfloor (j-i)/2 \rfloor} , v_j]$ }

probieren $(i + \lfloor (j-i)/2 \rfloor, i + \lfloor (j-i)/2 \rfloor)$;

if ((#linksnull ≥ 1) and ($\lfloor (j-i)/2 \rfloor > \Omega$)) then **suchen** $(i, i + \lfloor (j-i)/2 \rfloor)$

else if #linksnull ≥ 1 then **probieren** $(i, i + \lfloor (j-i)/2 \rfloor)$;

{else keine reelle Nullstelle von t im linken Teilintervall}

if ((#rechtsnull ≥ 1) and ($j - i - \lfloor (j-i)/2 \rfloor > \Omega$)) then **suchen** $(i + \lfloor (j-i)/2 \rfloor, j)$

else if #rechtsnull ≥ 1 then **probieren** $(i + \lfloor (j-i)/2 \rfloor, j)$;

{else keine reelle Nullstelle von t im rechten Teilintervall}

end; {Ende der Prozedur **suchen** }

begin {Anfang des Hauptprogramms **Polynomansatz** }

probieren $(1,1)$;

probieren $(|V|,|V|)$;

suchen $(1,|V|)$;

end. {Ende des Hauptprogramms **Polynomansatz** }

Für diesen analytischen Brechungsansatz gilt der folgende Satz:

<u>(2.4.13) Satz</u>

Gegeben seien die Voraussetzungen von (2.4.12). Dann gilt:

i)   Bei Eingabe von f, c und W erzeugt der Ansatz (2.4.12) die korrekte Ausgabe w für die Nullstelle von f(x)-c in W.

ii)   Der Aufwand der Durchführung von (2.4.12) ist beschränkt durch

$$5 \cdot (r+2)^2 + \lceil \log_2(\tfrac{|V|}{\Omega}) \rceil \cdot (r+4)^3 + 2 \cdot (\Omega+1)(r+1)^2 \text{ Operationen und}$$

$$\tfrac{1}{2} \cdot (r+4)^2 + 6 \cdot \lceil \log_2(\tfrac{|V|}{\Omega}) \rceil \cdot r + 5 \cdot r + 4 \text{ Speicherplätze.}$$

<u>Beweis</u>

i) Zuerst soll gezeigt werden, daß eine erzeugte Ausgabe korrekt ist. Aufgrund der Konstruktion der Prozedur *probieren* erfüllt eine Ausgabe v_i die Bedingung $t(v_i)$-0 und nach (2.4.12) 1) iv) gilt $v_i \in W$. Nach (2.4.5) und (2.4.12) 1) i) ist v_i dann auch eine Nullstelle des Polynoms $f(x)$-c. Da f auf W als injektiv vorausgesetzt ist, liegt mit v_i die einzige und damit korrekte Lösung vor. Da der Algorithmus nach Erzeugung einer Ausgabe abbricht, können keine Mehrdeutigkeiten aufgrund mehrerer Ausgaben auftreten, die auch durch die Injektivität ausgeschlossen sind.

Nun soll gezeigt werden, daß der Algorithmus (2.4.12) bei korrekter Eingabe von f, c und W eine Ausgabe erzeugt. Da das Prinzip des Algorithmus eine Variante des binären Suchens darstellt, soll eine Isomorphie zwischen der Ablaufstruktur von (2.4.12) 2) und einem binären Baum (vgl. [Wirth 79, S.257 ff.]) aufgezeigt werden:

Die Beschriftungen der Knoten und Blätter des Baums bestehen aus Tupeln (i,j), wobei i und j Indizes von Elementen aus V sind. Die Wurzel des Baums sei vorgegeben mit der Beschriftung (1,|V|). Durch jeden (rekursiven) Aufruf der Prozedur *suchen* (i,j) wird dem Baum ein neuer Knoten hinzugefügt auf folgende Weise:

Wird die Prozedur *suchen* mit den Parametern i und j aufgerufen (es ist immer i≤j erfüllt), so wird an den Knoten mit der Beschriftung (i,j) (dieser existiert nach Konstruktion) links ein Ast mit einem Knoten mit der Beschriftung $(i, i + \lfloor (j-i)/2 \rfloor)$ und rechts ein Ast mit einem Knoten mit der Beschriftung $(i + \lfloor (j-i)/2 \rfloor, j)$ angehängt. Der Algorithmus berechnet die Anzahl der reellen Nullstellen von t im linken Teilintervall $(v_i, v_{i + \lfloor (j-i)/2 \rfloor})$ (- #linksnull) und die Anzahl der reellen Nullstellen von t im rechten Teilintervall (- #rechtsnull) gemäß (2.4.7) mit Hilfe der Funktion V_t . Dann wird die Intervallmitte $v_{i + \lfloor (j-i)/2 \rfloor}$ getestet, ob sie die gesuchte Lösung ist.

Für die zwei Teilintervalle wird die folgende Fallunterscheidung vorgenommen:

1) Beinhaltet das Teilintervall mindestens eine reelle Nullstelle von t(x) (d. h. #linksnull≥1 oder #rechtsnull≥1), und sind in diesem Teilintervall mehr als Ω Elemente aus V (d. h. $\lfloor (j-i)/2 \rfloor > \Omega$ bzw. $j-i- \lfloor (j-i)/2 \rfloor > \Omega$), so wird das Teilintervall durch den rekursiven Aufruf der Prozedur *suchen* erneut in zwei weitere Teilintervalle zerlegt.

2) Beinhaltet jedoch das Teilintervall mindestens eine Nullstelle von t(x), und es sind weniger als Ω Elemente aus V darin, so werden diese in der Prozedur *probieren* getestet und ggf. wird die Lösung v aus V⊂W von t(x)-0 ausgegeben.

3) Beinhaltet das Teilintervall keine reelle Nullstelle von t(x), so erübrigt sich die weitere Untersuchung.

Nach Durchführung des Algorithmus ohne Abbruch nach der Ausgabe erfüllen somit die Blätter des isomorphen Baumes die folgende Bedingung:

Hat ein Blatt die Beschriftung (i,j), so ist entweder in dem Intervall (v_i, v_j) mindestens eine reelle Nullstelle und höchstens Ω Elemente aus V (j-i≤Ω), die alle anhand der Prozedur **probieren** getestet wurden, ob sie Nullstelle von t(x) sind oder es beinhaltet keine reelle Nullstelle. Für die vorausgesetzte Lösung w, die eine Nullstelle sowohl von f(x)-c als auch von t(x) ist, können nur drei Fälle auftreten:

1) w hat in V den Index 1 oder |V|. In diesem Fall wird die Lösung v zu Beginn des Hauptprogramms gefunden.

2) w hat in V einen Index, der in der Beschriftung eines Blattes vorkommt. Dann wird die Lösung durch Auswertung der Prozedur **probieren** einer Intervallmitte gefunden.

3) w hat in V einen Index k, für den es eine Blattbeschriftung (i,j) gibt mit i < k < j. Dann wird die Lösung durch **probieren** (i,j) gefunden.

⇒ Es wird eine Ausgabe erzeugt.

Die Ablaufstruktur des Algorithmus (2.4.12) ist also isomorph zu einem binären Baum, dessen Blätter in Inorder-Reihenfolge (d. h. links-Wurzel-rechts, vgl. [Wirth 79, S.268]) gelesen eine Partition der Folge (1,...,|V|) in Teilfolgen erzeugen, wobei die Beschriftung (i,j) als Teilfolge (i,...,j) anzusehen ist. Sei noch erwähnt, daß die Zeile '**probieren** (i+⌊(j-i)/2⌋,i+⌊(j-i)/2⌋)' aus der Prozedur **suchen** notwendig ist, da die Anwendung der Sturmschen Kette voraussetzt, daß die Intervallgrenzen keine Nullstellen sind (vgl. (2.4.7)).

ii) Sei $\mathcal{K}_{Op}$ das Komplexitätsmaß, welches die Anzahl der benötigten Operationen zählt und $\mathcal{K}_{Sp}$ entsprechend für die Speicherplätze (vgl. (1.1.3) ii)). Für den 'worst case' gelten folgende Abschätzungen:

$$\mathcal{K}_{Op}(1)\,i)) \le 2{\cdot}r^2 + \tfrac{1}{2}\cdot r^2 + \tfrac{3}{2}\cdot r + \tfrac{9}{8} \le \tfrac{5}{2}\cdot (r{+}1)^2,$$

dazu schätzt man die Berechnungen des ggT(t,t') mit (2.4.10) i) und die Polynomdivision mit $\max\limits_{1\le m\le r} (2m{+}1)(r{-}m{+}1) = \tfrac{1}{2}\cdot r^2 + \tfrac{3}{2}\cdot r + \tfrac{9}{8}$ nach (2.4.9) ab.

$$\mathcal{K}_{Sp}(1)\,i)) \le \tfrac{1}{2}(r{+}2)^2 \text{ nach (2.4.10) i).}$$

Weiter gilt:

$$\mathcal{K}_{Op}(1)ii)) \le 2\cdot r^2, \quad \mathcal{K}_{Sp}(1)ii)) \le \tfrac{1}{2}(r{+}2)^2 \text{ , wobei zu 1) ii) die Speicherplätze aus 1) i)}$$
benutzt werden können.

$$\mathcal{K}_{Op}(1)iii)) \le 7{\cdot}r{+}4, \quad \mathcal{K}_{Sp}(1)iii)) \le 2\cdot(r{+}2),$$

$$\mathcal{K}_{Op}(1)iv)) \le 4, \quad \mathcal{K}_{Sp}(1)iv)) \le 2,$$

$$\mathcal{K}_{Op}(1)v)) \le 1, \quad \mathcal{K}_{Sp}(1)v)) \le 1.$$

$$\Rightarrow \mathcal{K}_{Op}(\text{Initialisierung (2.4.12) 1)}) \le \tfrac{5}{2}\cdot(r{+}1)^2 + 2\cdot r^2 + 7\cdot r + 4 + 4 + 1$$
$$\le \tfrac{9}{2}\cdot r^2 + 12\cdot r + \tfrac{23}{2} \le 5\cdot(r{+}2)^2.$$

$$\mathcal{R}_{Sp}(\text{Initialisierung } (2.4.12) \; 1)) \leq \frac{1}{2}(r+1)^2 + 2 \cdot (r+2) + 3 \leq \frac{1}{2}(r+4)^2.$$

Zur Berechnung des Aufwandes von (2.4.12) 2) wird der in i) erzeugte, isomorphe binäre Baum betrachtet:

Die Tiefe des Baumes ist durch $T = \lceil \log_2(|V|/\Omega) \rceil$ beschränkt, da nach dieser Anzahl von Halbierungen des Intervalls $[v_1, v_{|V|}]$ die Teilintervalle weniger als Ω Elemente aus V enthalten.

Nach dem Fundamentalsatz der Algebra (siehe [Bronstein und Semendjajew 80, S.186]) hat t höchstens Grad(t)·r reelle Nullstellen. Deshalb sind in dem isomorphen Baum höchstens r Blätter vorhanden, zu dem ein Teilintervall gehört, welches eine reelle Nullstelle enthält. Nur die gesuchte Nullstelle $w \in V$ kann in zwei Intervallen liegen, falls sie den gemeinsamen Rand dieser Intervalle bildet. Damit wurde sie als Intervallmitte getestet und der Algorithmus bricht ab. Andere Nullstellen können nicht gleich einer Intervallgrenze sein, da sie sonst aus $V \subset W$ wären und dies einen Widerspruch zur Injektivität von f auf W ergeben würde. Für die Erzeugung eines solchen Blattes muß höchstens T-mal die Funktion V_t berechnet werden (vorher berechnete Werte sind gespeichert).

$\Rightarrow$ Mit (2.4.10) ii) ist der Aufwand aller V_t-Aufrufe gegeben durch

$$\mathcal{R}_{Op}(\text{alle } V_t\text{-Berechnungen}) \leq (r \cdot T + 2) \cdot r \cdot (r+4) \leq T \cdot (r+2)^3,$$

$\mathcal{R}_{Sp}(\text{alle } V_t\text{-Berechnungen}) \leq r \cdot (T+5)$ (da T·r Werte in der Liste Sturm() abgelegt sind).

Trivialerweise gilt:

$$\mathcal{R}_{Op}(\textbf{\textit{probieren }} (i,j)) \leq (j-i+1) \cdot (2r+2),$$

$\mathcal{R}_{Sp}(\textbf{\textit{probieren }} (i,j)) \leq 4.$

Die Prozedur **_probieren_** wird höchstens (r+3)·T-mal mit j-i angewandt und r-mal mit $j-i \leq \Omega$. Der Aufwand daraus ist beschränkt durch:

$$\mathcal{R}_{Op}(\textbf{\textit{probieren }} \text{gesamt}) \leq (r+3) \cdot T \cdot (2r+2) + r \cdot (\Omega+1) \cdot (2r+2),$$

$\mathcal{R}_{Sp}(\textbf{\textit{probieren }} \text{gesamt}) \leq 4$, da Speicherplätze nach der Berechnung wieder freigegeben werden.

Die Prozedur **_suchen_** wird höchstens T·r-mal aufgerufen. Der Aufwand daraus ist gegeben mit

$$\mathcal{R}_{Op}(\textbf{\textit{suchen }} \text{gesamt}) \leq T \cdot r \cdot 20,$$

$\mathcal{R}_{Sp}(\textbf{\textit{suchen }} \text{gesamt}) \leq 5 \cdot T \cdot r$, da bei jedem rekursiven Aufruf 5 Werte gespeichert werden.

$\Rightarrow$ Der Gesamtaufwand von Algorithmus (2.4.12) 2) ist gegeben durch:

$$\Re_{Op}(\ (2.4.12)\ 2)) \le T \cdot (r+2)^3 + (r+3) \cdot T \cdot (2r+2) + r \cdot (\mathfrak{Q}+1)(2r+2) + T \cdot r \cdot 20,$$

$$\Re_{Sp}(\ (2.4.12)\ 2)) \le r \cdot (T+5) + 4 + 5 \cdot T \cdot r \le 6 \cdot T \cdot r + 5 \cdot r + 4.$$

$\Rightarrow$ Der Gesamtaufwand des Brechungsansatzes (2.4.12) ergibt sich damit zu

$$\Re_{Op}((2.4.12)) \le 5 \cdot (r+2)^2 + T \cdot (r+4)^3 + 2 \cdot (\mathfrak{Q}+1)(r+1)^2 ,$$

$$\Re_{Sp}((2.4.12)) \le \tfrac{1}{2}(r+4)^2 + 6 \cdot T \cdot r + 5 \cdot r + 4. \ \square$$

(2.4.14) Bemerkung

i) Der Algorithmus (2.4.12) ist analog dem binären Suchen (vgl. Paragraph 2.3) aufgebaut, wobei als Modifikation die Ordnungsrelation durch die mit der Sturmschen Kette berechnete Anzahl reeller Nullstellen ersetzt wird. Es wird gleichzeitig nach beschränkten Intervallen gesucht, die die Nullstellen der Funktion $t(x)$ enthalten, in denen dann die Lösung aus V gesucht wird.

ii) Die Konstante $\mathfrak{Q}$ aus (2.4.12) v) wählt man zweckmäßigerweise so, daß der Gesamtaufwand minimal wird. Dies ergibt $\mathfrak{Q} \approx \tfrac{r}{2}$. Dadurch werden die Intervallhalbierungen mit der aufwendigen Auswertung der Funktion V_t nur soweit durchgeführt, daß das Testen der restlichen Elemente einem vergleichbaren Aufwand entspricht. Dies wird dadurch ermöglicht, daß die Komplexität der Funktion V_t konstant bleibt, wohingegen der Test eines Intervalls von der Anzahl der enthaltenen Elemente aus V abhängt.

iii) Durch Ermittlung des Nullstellenradius Ω wird erreicht, daß der zur Untersuchung notwendige Nachrichtenraum eingeschränkt wird, wodurch sich der Aufwand verringern kann.

iv) Mit dem Komplexitätsmaß $\Re$ aus (1.1.3) ergibt sich für $\mathfrak{Q}=r/2$:

$$\Re((2.4.12)) \le (\lceil \log_2(\tfrac{2|V|}{r}) \rceil + 2)(r+4)^3.$$

Für den Extremfall $V = W$ und $r = n$ ergibt sich

$$\Re((2.4.12)) \le (\lceil \log_2(\tfrac{2|W|}{n}) \rceil + 2)(n+4)^3.$$

Daraus resultiert, daß (2.4.12) 1) i) den Aufwand erheblich senken kann, da eine Verbesserung auf $r < n$ in der dritten Potenz eingeht.

v) Es ist eine Modifikation der Prozedur **probieren** denkbar, die zur Nullstellenbestimmung ein numerisches Verfahren benutzt und nicht alle Werte berechnet und testet.

(2.4.15) Satz

Gegeben seien die Voraussetzungen von (2.4.12) und Bezeichnungen aus der Initialisierung des Algorithmus mit $\mathfrak{Q}=1$. Stehen zur Auswertung der Funktion V_t $\tfrac{1}{2}r(r+1)$

zur unabhängigen Parallelarbeit befähigte Prozessoren zur Verfügung, so kann die Gesamtkomplexität aus (2.4.14) iv) gesenkt werden auf:

$$\Re((2.4.12)) \leq \lceil \log_2(|W|) \rceil (2 \cdot (r+3)^2 + (r+2)(6 \cdot \lceil \log_2(r+1) \rceil + 21)) + 9 \cdot (r+2)^2,$$

d. h. $\Re((2.4.12)) \in O(r^2 \cdot \log(|W|))$.

Beweis

Nach (2.4.10) ii) läßt sich die Funktion V_t mit $6 \cdot \lceil \log_2(r+1) \rceil + 1$ Operationen auswerten. Benutzt man dies im Beweis von (2.4.13), so ergibt sich:

$$\Re_{Op}((2.4.12)\,1)) \leq 5 \cdot (r+2)^2.$$

$$\Re_{Op}((2.4.12)\,2)) \leq 2 \cdot T(r+3)^2 + 4 \cdot (r+1)^2 + (T \cdot r+2)(6 \lceil \log_2(r+1) \rceil + 1) + 20 \cdot T \cdot r$$

$$\leq T \cdot (2 \cdot (r+3)^2 + (r+2)(6 \lceil \log_2(r+1) \rceil + 1) + 20 \cdot r) + 4 \cdot (r+1)^2.$$

$$\Rightarrow \quad \Re((2.4.12)) \leq \lceil \log_2(|V|) \rceil (2 \cdot (r+3)^2 + (r+2)(6 \lceil \log_2(r+1) \rceil + 21)) + 9 \cdot (r+2)^2. \quad \square$$

(2.4.16) Satz

Gegeben sei ein AR-System gemäß (1.2.2), wobei die Funktionen $\{f_n\}_{n \in \mathbb{N}}$ aus reellen Polynomen bestehen. Dann gilt:

i)   Ist $n = \max \{ \mathrm{Grad}(f_j) \mid j \in h(W)\}$, so ist die Komplexität (gemessen mit dem Komplexitätsmaß $\Re$), das System zu brechen, beschränkt durch

$$|h(W)| \cdot \left[(n+4)^3 \cdot \left(\lceil \log_2\left(\tfrac{2 \cdot |W|}{n} \right) \rceil + 2 \right) + 2 \cdot n + 1 \right].$$

ii)   Gelten für das AR-System die für die Durchführbarkeit notwendigen Einschränkungen gemäß (2.4.3) i), so ist das System als unsicher einzustufen.

Beweis

i) Der Algorithmus (2.4.12) wird mit der Konstanten $\Omega = n/2$ auf jedes Element aus $\{f_j | j \in h(W)\}$ angewendet. Dann wird aus der Menge der Lösungen aus W diejenige gesucht, die $f_{h(w)}(w) = c$ erfüllt. Dies kann durch Verschlüsseln der höchstens $|h(W)|$ Elemente geschehen, wobei die Verschlüsselung nach (2.4.2) maximal $2 \cdot n$ Operationen benötigt. Diese Vorgehensweise entspricht der des abstrakten Brechungsansatzes (2.1.5). Die Behauptung ergibt sich dann aus (2.4.14) iv).

ii) Mit $|h(W)| \leq 10^6$ und $\max\{\mathrm{Grad}(f_j) | j \in h(W)\} \leq 5 \cdot 10^5$ ergibt sich die Komplexität des Brechungsansatzes aus i) zu

$$10^6 \cdot \left[(5 \cdot 10^5 + 4)^3 \cdot \left(\lceil \log_2\left(\tfrac{2|W|}{10^6} \right) \rceil + 2 \right) + 2 \cdot 10^6 + 1 \right].$$

Nach (1.1.4) muß diese Komplexität die Zahl 10^{70} überschreiten, daraus ergibt sich:

$$|W| \geq 2^{7 \cdot 10^{46}}$$

Aufgrund von (1.1.7) iii) ist dies jedoch ausgeschlossen, da der Ver- und Entschlüsselungsaufwand mit einem so mächtigen Nachrichtenraum unvertretbar groß wäre. □

<u>(2.4.17) Bemerkung</u>

i) Bei den Ergebnissen aus (2.4.16) ist zu beachten, daß für ein AR-System gemäß (1.2.3) 1) und 2) die geheime Funktion f nicht ermittelt werden braucht, um das System zu brechen. Dies ist einzig unter Benutzung der Verschlüsselungsfunktion und der Tatsache, daß es sich um Polynome handelt, möglich.

ii) Zur Bildung eines AR-Systems analog zu (1.2.3) 1) und 2) ist es notwendig, zu einer gegebenen Funktion eine Approximationsfolge zu finden, die dann einen Teil des öffentlichen Schlüssels bildet. Als Approximationsarten für ein AR-System muß man aufgrund von (2.4.16) folgende ausschließen:

1) Taylor-Approximation (vgl. (1.4.1)).

2) Approximation mit Bernstein-Polynomen (vgl. [Lorentz 53]).

3) Lagrange-Interpolation (vgl. [Jordan-Engeln und Reutter 76, S.126]).

4) Hermite-Interpolation (vgl. [Werner und Schaback 79], S.7-16).

5) Approximation durch Orthogonalreihen wie z. B. Tschebyscheff-Polynome erster und zweiter Art, ultrasphärische Polynome, Hermite-, Jacobi-, Laguerre- und Legendre-Polynome (vgl. [Abramowitz und Stegun 70, S.771-802]).

Dabei repräsentieren 1)-5) eine große Klasse von Approximationsarten in der Approximationstheorie.

iii) Nach (2.4.16) i) kann mit dem Brechungsansatz (2.4.12) das Beispiel-System (1.4.5) mit einer Komplexität kleiner

$$3 \cdot ((14+4)^3 \cdot (\lceil \log_2(\frac{2 \cdot 8 \cdot 10^7}{14}) \rceil +2) + 2 \cdot 14 + 1) \leq 5 \cdot 10^5$$

gebrochen werden. Man erkennt, daß der numerische Brechungsansatz ebenso wie der Ansatz (2.3.1) mit geringerer Komplexität zum Ziel führt. (2.4.16) gibt eine obere Schranke der Komplexität an, wenn Polynome verwendet werden. Ebenso ist (2.4.16) auch dann durchführbar, wenn der numerische Ansatz oder der Ansatz (2.3.1) nicht zum Ziel führen.

Beispiel:

Gegeben sei die Verschlüsselungsfunktion $g(x) = x^4 - 4x^3 - x^2 + 14x - 10$ und der Nachrichtenraum $W = \{-1,5 + i/100 \mid i \in [0;300]\}$. Zu dem Schlüsseltext $c = 2$ ist der dazugehörige Klartext $w \in W$ gesucht.

Algorithmus (2.4.12) wird initialisiert durch:

i) $t(x) = (g(x) - c)/ggT(g(x)-c, g'(x)) = x^4 - 4x^3 - x^2 + 14x - 12.$

ii) Die Sturmsche Kette $(t_0, t_1, t_2, t_3, t_4)$ von $t(x)$ ist:

$$t_0(x) = x^4 - 4x^3 - x^2 + 14x - 12,$$
$$t_1(x) = 4x^3 - 12x^2 - 2x + 14,$$
$$t_2(x) = 7x^2 - 23x + 16$$
$$t_3(x) = 362x - 656,$$
$$t_4(x) = 1.$$

iii) Als Nullstellenradius ergibt sich $\Omega = 8$.

iv) Als Konstante Ω wählt man $\Omega = 8$.

Der Algorithmus (2.4.12) berechnet dann:

$V_t(-1,5) = 3$, $V_t(1,5) = 2$ $\Rightarrow$ in $[-1,5,1,5]$ ist eine Nullstelle,

$V_t(0) = 3$ $\quad\Rightarrow$ in $[0,1,5]$ ist die gesuchte Nullstelle,

$V_t(0,75) = 3$ $\Rightarrow$ in $[0,75,1,5]$ ist die gesuchte Nullstelle,

$V_t(1,12) = 2$ $\quad\Rightarrow$ in $[0,75,1,12]$ ist die gesuchte Nullstelle,

$V_t(0,93) = 3$ $\Rightarrow$ in $[0,93,1,12]$ ist die gesuchte Nullstelle,

$V_t(1,02) = 2$ $\quad\Rightarrow$ in $[0,93,1,02]$ ist die gesuchte Nullstelle,

$V_t(0,97) = 3$ $\Rightarrow$ in $[0,97,1,02]$ ist die gesuchte Nullstelle.

In dem Intervall $[0,97,1,02]$ befinden sich 7 Klartexte, also weniger als Ω. Der Algorithmus verschlüsselt nun diese 7 Klartexte und ermittelt dadurch den gesuchten Klartext $w = 1$.

Wie sich im folgenden zeigt, müssen auch gewisse Arten der Spline-Approximation von der Nutzung in einem AR-System ausgeschlossen werden.

<u>(2.4.18) Definition</u>

Zu einem Intervall $[a,b] \subset \mathbb{R}$ seien $n+1$ Interpolationspunkte $(x_i, y_i) \in \mathbb{R}^2$, $i=0,...,n$ $(n \geq 2)$ gegeben mit $a = x_0 < x_1 < x_2 < ... < x_{n-1} < x_n = b$. Eine Funktion $S: [a,b] \to \mathbb{R}$ heißt polynomiale Splinefunktion (Polynom-Spline) vom Grad k zu diesen Interpolationspunkten, wenn folgende Bedingungen erfüllt sind:

i) $\quad S \in C^{k-1}[a,b]$.

ii) $\quad S$ stimmt in jedem Intervall $[x_i, x_{i+1}]$, $i \in [0:n-1]$ mit einem Polynom f_i überein, das höchstens den Grad k hat.

iii) $\quad S$ erfüllt die Interpolationseigenschaft $S(x_i) = y_i$ $\quad \forall$ $i \in [0:n]$.

Soll eine Funktion f durch eine polynomiale Splinefunktion auf dem Intervall [a,b] approximiert werden, so werden die Interpolationspunkte (x_i, y_i) analog zu (2.4.18) gewählt mit $y_i = f(x_i)$. Die Reduktion des Approximationsfehlers wird im Gegensatz zu den in (2.4.17)ii) angeführten polynomialen Approximationsverfahren nicht durch eine Erhöhung des Polynomgrades erreicht, sondern der Grad k bleibt konstant und die Anzahl der Interpolationspunkte im Intervall [a,b] wird erhöht. Es ergibt sich:

<u>(2.4.19) Satz</u>

Gegeben sei ein AR-System analog (1.2.2). Die Funktionen $\{f_j | j \in h(W)\}$ bestehen aus polynomialen Splinefunktionen, die höchstens einen Grad k haben. Die maximale Anzahl von Interpolationspunkten sei durch m beschränkt. Dann gilt:

i) Die Komplexität (gemessen mit dem Komplexitätsmaß $\Re$) des Brechens dieses Systems ist beschränkt durch

$$|h(W)| \cdot (m-1) \cdot \{ [\lceil \log_2(\tfrac{2|W|}{k}) \rceil + 2] \cdot (k+4)^3 + 2 \cdot k + 1\}.$$

ii) Setzt man die für die Durchführbarkeit des AR-Systems notwendigen Einschränkungen $|h(W)| \leq 10^6$, $k \leq 10^6$ und $m \leq 10^{25}$ voraus, so ist das System nach (1.1.4) als unsicher einzustufen.

<u>Beweis</u>

i) Nach Satz (2.4.16) i) ist der Aufwand, ein System mit $|h(W)|$ Polynomen, die einen maximalen Grad n haben, zu brechen, beschränkt durch

$$|h(W)| \cdot [(\lceil \log_2(\tfrac{2|W|}{n}) \rceil + 2)(n+4)^3 + 2 \cdot n + 1].$$

Man kann die $|h(W)|$ Splines als eine Menge von $|h(W)| \cdot (m-1)$ Polynomen auffassen (vgl. (2.1.3)), wenn man einen Spline in (m-1) Polynome zerlegt, die durch (2.4.18) ii) gegeben sind. Der Grad dieser Polynome ist nach Voraussetzung durch k beschränkt. Für n=k folgt die Behauptung.

ii) Mit den angegebenen Grenzen muß nach i) und (1.1.4) gelten:

$$10^6 \cdot 10^{25} \cdot [\log_2(\tfrac{2|W|}{10^6}) + 2] \cdot (10^6 + 4)^3 + 2 \cdot 10^6 + 1] \geq 10^{70}.$$

$$\Rightarrow \qquad |W| > 2^{10^{21}}.$$

Dies ist aber aufgrund (1.1.7) iii) ausgeschlossen. □

Mit Hilfe der Ergebnisse über den Zusammenhang eines AR-Systems und den gängigen polynomialen Approximationsverfahren kann man einen approximationstheoretischen Brechungsansatz eines AR-Systems angeben.

(2.4.20) Approximationstheoretischer Brechungsansatz

Gegeben sei ein AR-System. Ist die Fortsetzung $F(x)$ der Verschlüsselungsfunktion $\mathfrak{E}(w)$ gemäß (2.1.2) stetig, so kann unter Ausnutzung des Satzes von Weierstraß (s. o.) ein approximationstheoretischer Brechungsansatz wie folgt definiert werden:

i)   Anhand der in (2.4.17) ii) angegebenen Verfahren oder anhand eines Verfahrens zur Gewinnung eines approximierenden Polynom-Splines konstruiere man zu $F(x)$ eine Funktion S, für die gilt $|F(w)-S(w)|<\varepsilon \; \forall \; w \in W$ ($\varepsilon \in \mathbb{R}^+$ klein). Dabei ist S entweder ein reelles Polynom oder eine polynomiale Spline-Funktion.

ii)   Mit Hilfe des Verfahrens (2.4.12) bestimme man zu einem gegebenen Schlüsseltext $c - \mathfrak{E}(w)$ die Intervalle, in denen die Nullstellen von $f(x)-(c-\delta)$ liegen, wobei δ aus dem Intervall $[-\varepsilon,\varepsilon]$ gewählt sein soll. Durch sukzessives Verschlüsseln der Elemente aus W in diesen Intervallen, die eventuell vergrößert werden müssen, wenn der Wert ε zu groß ist, suche man dann die Nullstelle w von $\mathfrak{E}(x)-c$.

Ist die Fortsetzung der Verschlüsselungsfunktion $\mathfrak{E}(w)$ nur stückweise stetig, so verfahre man jeweils auf den einzelnen Stetigkeitsintervallen wie oben.

Bei geeigneter Wahl von ε und δ liegt eine Nullstelle von $f(x)-(c-\delta)$ in der Nähe der Lösung w und kann somit ermittelt werden. Günstig ist es, den Fehler ε möglichst klein zu halten und den Wert δ so lange zu variieren, bis die Lösung gefunden ist.

Als Abschluß dieses Paragraphen soll untersucht werden, wie sich der Algorithmus (2.4.12) im Zusammenhang mit einer speziellen Klasse von Einwegfunktionen verhält. In [Horster 85, S.26] wird als Beispiel einer Einwegfunktion folgende Funktion betrachtet:

$$f(x) = g(x) \; \text{MOD} \; p,$$

wobei p eine Primzahl ist und g ein Polynom mit $g(x)-a_0 + a_1 \cdot x + a_2 \cdot x^2 + \dots + a_n \cdot x^n$, $a_i \in \mathbb{Z}_p \; \forall \; i \in [0:n]$.

Als Nachrichtenraum wird $W - \mathbb{Z}_p$ genommen, als Parameter werden $p \geq 10^{20}$ und $n \geq 10^6$ vorgeschlagen. Nach [Niven und Zuckerman 76, S.59] hat $f(x)-c$ höchstens n Lösungen. Dies schränkt die Möglichkeit des Erfolgs durch Trial and Error ein. Eine Lösung von $f(x)-c$ kann allerdings auch mit Algorithmus (2.4.12) gefunden werden, indem man sukzessiv die Nullstellen von $g(x)-k \cdot p$ sucht, wobei k zwischen 0 und $\max\{g(x)|x \in W\}/p$ variiert. Dabei wird trivialerweise eine Lösung $w \in W$ von $f(x)-c$ gefunden. Diese Anwendung des Algorithmus (2.4.12) ist jedoch nur von theoretischer Bedeutung, da $\max\{g(x)|x\epsilon W\}/p$ in der Größenordnung $O(p^{n-1})$ liegen kann und somit $O(p^{n-1})$ Polynome $g(x)$-$k\cdot p$ untersucht werden müssen. Mit den gewählten Parametern ist dies jedoch nicht durchführbar. Es sei noch erwähnt, daß man die Parameter in bezug auf die in (1.1.3) iv) definierte Charakteristik $(10^6,10^{70},10^{-70})$ mit $p\gtrsim10^{64}$ und $n\gtrsim10^6$ wählen muß, da der Aufwand des direkten Suchens $(2\cdot n+5)\cdot p$ beträgt.

2.5 Walsh-Funktionen in AR-Systemen

Die in Paragraph 2.2 vorgestellten numerischen Brechungsansätze sowie der approximationstheoretische Brechungsansatz (2.4.20) setzen voraus, daß die Funktionen $\{f_j | j \in h(W)\}$ des öffentlichen Schlüssels eines AR-Systems zumindest stetig sind. Will man erfolgreiche Attacken dieser Art verhindern, so kann dies dadurch erreicht werden, daß man unstetige Funktionen $\{f_j | j \in h(W)\}$ benutzt. In bezug auf (1.2.3) 1) und 2) bedeutet dies, daß man zu einer reellen Funktion eine Approximationsfolge auf W findet, die aus unstetigen Funktionen besteht. Bekannte Beispiele für solche Funktionen sind die Walsh-Funktionen (vgl. [Walsh 23]), die Haar- und Rademacher-Funktionen (vgl. [Harmuth 70]). Um die Problematik solcher Funktionen in einem AR-System darzustellen, werden beispielhaft die Walsh-Funktionen untersucht.

(2.5.1) Definition

Für $T \in \mathbb{R}^+$, $i \in \mathbb{N}$ und $x \in [0,T)$ werden die Walsh-Funktionen $\text{wal}_T(i,x)$ rekursiv definiert durch:

$$\text{wal}_T(0,x) = 1 \qquad \forall \; x \in [0,T).$$

$$\text{wal}_T(2j\text{-}1,x) = \begin{cases} \text{wal}_T(j\text{-}1,2x), & x \in [0, \tfrac{1}{2}T) \\[2ex] (\text{-}1)^j \cdot \text{wal}_T(j\text{-}1,2x\text{-}T), & x \in [\tfrac{1}{2}T, T), \end{cases}$$

$$\text{wal}_T(2j,x) = \begin{cases} \text{wal}_T(j,2x), & x \in [0, \tfrac{1}{2}T) \\[2ex] (\text{-}1)^j \cdot \text{wal}_T(j,2x\text{-}T), & x \in [\tfrac{1}{2}T, T), \end{cases}$$

$j \in \mathbb{N}+1$ (vgl. [Niederdrenk 82, S.82]).

Zur Veranschaulichung seien die Graphen der ersten fünf Walsh-Funktionen angegeben:

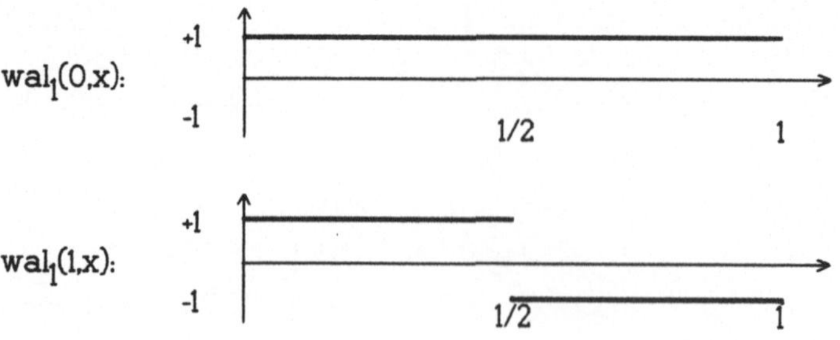

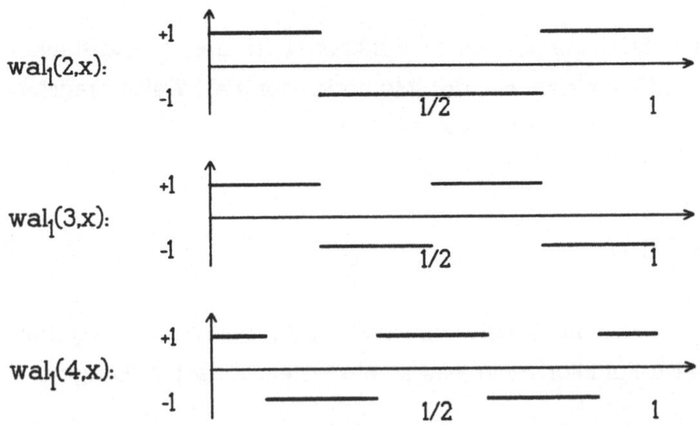

Die in der digitalen Bildverarbeitung wichtigen Walsh-Funktionen erfüllen folgende Interpolationseigenschaft.

<u>(2.5.2) Satz</u>

Es sei $M = 2^k$, $k \in \mathbb{N}$. Kennt man die Werte der Funktion f an den äquidistanten Punkten $x_m = m \cdot \frac{T}{M}$, $m \in [0, M-1]$, so kann man daraus die diskreten Walsh-Koeffizienten $\hat{f}_M(k)$ berechnen durch

$$\hat{f}_M(k) = \frac{1}{M} \sum_{m=0}^{M-1} f(x_m) \cdot wal_T(k, x_m), \qquad k = 0, \dots, M-1.$$

Dann gilt die Umkehrformel

$$f(x_m) = \sum_{k=0}^{M-1} \hat{f}_M(k) \cdot wal_T(m, x_k), \qquad m = 0, \dots, M-1.$$

<u>Beweis</u>

Siehe [Niederdrenk 82, S.106]. □

Berechnet man die diskreten Walsh-Koeffizienten mit der im Satz (2.5.2) gegebenen Formel, so benötigt man zur Auswertung der M Koeffizienten $M \cdot (M-1)$ Additionen (da die Walsh-Funktionen nur die Werte -1 und +1 annehmen, entfallen die Multiplikationen). Ähnlich wie den FFT-Algorithmus zur Berechnung der diskreten Fourier-Koeffizienten (vgl. [Niederdrenk 82, S.56 ff.]) gibt es auch für die Berechnung der Walsh-Koeffizienten ein schnelles Verfahren.

<u>(2.5.3) Satz</u>

Es sei $M = 2^k$, $k \in \mathbb{N}$. Die Walsh-Koeffizienten einer Funktion f in den äquidistanten Punkten $x_m = m \cdot \frac{T}{M}$ für $m = 0,...,M-1$ können mit der Methode der Fast-Walsh-Transformation mit $M \cdot (\log_2(M))$ Additionen berechnet werden.

<u>Beweis</u>

Siehe [Niederdrenk 82, S.128-135]. □

Trotz dieser schnellen Möglichkeit, die Walsh-Koeffizienten zu berechnen, ergeben sich für den Einsatz der Walsh-Funktionen in einem AR-System Einschränkungen.

<u>(2.5.4) Satz</u>

Für ein AR-System nach (1.2.3) 1) und 2) sind die Walsh-Funktionen zur Bildung einer Approximationsfolge nach (2.5.2) und (2.5.3) ungeeignet.

<u>Beweis</u>

Damit ein Public-Key-Kryptosystem sicher sein kann, muß nach (1.1.5) der Nachrichtenraum eine Mindestmächtigkeit von $1/2 \cdot 10^{64}$ haben. Dies bedeutet allerdings nach (2.5.2) und (2.5.3), daß mindestens $1/2 \cdot 10^{64}$ Koeffizienten berechnet werden müssen, was zumindest $106 \cdot 10^{64}$ Additionen benötigt. Dies würde einen zu großen Initialisierungsaufwand (vgl. (1.1.4) iii)) erfordern. Außerdem würde ein Schlüssel zum Chiffrieren aus 10^{64} Koeffizienten bestehen und wäre somit nicht praktisch einsetzbar. □

<u>(2.5.5) Bemerkung</u>

Einen Ausweg aus (2.5.4) würden Funktionen bieten, die auf einem Nachrichtenraum umkehrbar sind, deren Walsh-Koeffizienten aber dennoch fast alle gleich Null sind. Der Aufwand, solche Funktionen zu finden, ist allerdings schwer abschätzbar.

2.6 Periodische Funktionen in AR-Systemen

Wie sich in Paragraph 2.4 zeigte, sind reelle algebraische Polynome für ein AR-System nicht geeignet. In diesem Paragraphen soll untersucht werden, wie es sich mit periodischen Funktionen und insbesondere mit trigonometrischen Polynomen verhält.

(2.6.1) Definition

i)   Sei $t \in \mathbb{R}^+$, dann heißt eine Funktion $f: \mathbb{R} \to \mathbb{R}$ t-periodisch, falls gilt:

$$f(x+t) = f(x) \quad \forall \ x \in \mathbb{R}.$$

ii)   Seien a_i, b_i, $i = 0, \ldots, n$ reelle Zahlen. Ein trigonometrisches Polynom ist gegeben durch

$$t_n(x) = \sum_{k=0}^{n} (a_k \cdot \cos(k \cdot x) + b_k \cdot \sin(k \cdot x)).$$

Der Grad des trigonometrischen Polynoms ist die Zahl

$$\mathrm{Grad}(t_n) = \max \{ i \in [0{:}n] \mid |a_i| + |b_i| > 0 \}.$$

(2.6.2) Bemerkung

i) Ist $f_1(x)$ eine t_1-periodische Funktion, so kann daraus durch die Substitution $x \to t_1 \cdot x / t_2$, $t_2 > 0$, eine t_2-periodische Funktion f_2 erzeugt werden, denn es gilt:

$$f_2(x+t_2) = f_1\left(\frac{x+t_2}{t_2} \cdot t_1\right) = f_1\left(\frac{x}{t_2} \cdot t_1 + t_1\right) = f_1\left(\frac{x}{t_2} \cdot t_1\right) = f_2(x).$$

ii) Eine in der Approximationstheorie übliche Vorgehensweise ist, daß man eine t-periodische Funktion durch eine Substitution analog i) in eine 2π-periodische Funktion überführt. Diese wird dann durch trigonometrische Polynome approximiert und das Approximationspolynom wird durch eine Rücksubstitution in eine t-periodische Funktion überführt, welche die Ausgangsfunktion annähern soll. Im folgenden betrachte man daher 2π-periodische Funktionen.

iii) In Hinblick auf ein AR-System gemäß (1.2.3) 1) und 2) sind die vielfältigen Möglichkeiten, aus einer 2π-periodischen Funktion ein approximierendes trigonometrisches Polynom zu gewinnen, wichtig. Beispiele dafür sind:

1) Periodische Taylor-Approximation einer Funktion f:

$$t_m(x+h) = f(x) + \sum_{j=1}^{m} \frac{(2\sin(h/2))^j \cdot \cos(h/2)^{j-2\lfloor j/2 \rfloor}}{j!} \cdot \sum_{i=1}^{j} \sigma_{i,j} \cdot f^{(i)}(x)$$

(Siehe [Bleimann 79]).

2) Trigonometrische Lagrange- und Hermite-Interpolation (siehe [Werner und Schaback 79, S.44 ff.]).

3) Fourier-Teilsummenentwicklung einer Funktion f:

$$t_n(x) = \sum_{k=0}^{n} (a_k \cdot \cos(k \cdot x) + b_k \cdot \sin(k \cdot x)) \text{ mit den Fourier-Koeffizienten}$$

$$a_0 = \frac{1}{2\pi} \int_{-\pi}^{\pi} f(x)\, dx, \qquad b_0 = 0,$$

$$a_k = \frac{1}{\pi} \int_{-\pi}^{\pi} f(x) \cdot \cos(k \cdot x)\, dx, \quad b_k = \frac{1}{\pi} \int_{-\pi}^{\pi} f(x) \cdot \sin(k \cdot x)\, dx, \; k \in \mathbb{N}+1$$

(siehe [Butzer und Nessel 71, S.39 f.]).

4) Die diskrete Fourier Transformation, insbesondere mit den Mitteln der Fast-Fourier-Transformation (FFT) (siehe [Niederdrenk 82, S.56 ff.]).

5) Summationsverfahren für Fourier-Teilsummen, wie z. B. das Fejér-Verfahren oder das Verfahren von De La Vallée-Poussin (siehe [Butzer und Nessel 71, S.43, S.112]).

iv) Eine Fehlerabschätzung obiger Verfahren ist im Gegensatz zum algebraischen Fall nur auf dem Intervall [0,2π) notwendig, um eine globale Abschätzung zu erhalten.

Für die Anwendung im AR-System ist es interessant, den Aufwand an Operationen zu kennen, den die Auswertung eines trigonometrischen Polynoms vom Grad n benötigt. Eine Abschätzung liefert der nächste Satz:

<u>(2.6.3) Satz</u>

Sei $n \geq 1$ und t_n ein durch seine Koeffizienten gegebenes trigonometrisches Polynom vom Grad n. Die Berechnung des Funktionswertes $t_n(x)$ benötigt maximal je eine Auswertung der Funktion sin(x) und cos(x) sowie 4·(n-1)+2 Additionen und 6·(n-1)+2 Multiplikationen. D. h. abgesehen von der Berechnung von sin(x) und cos(x) ist der Aufwand linear vom Grad n abhängig und nur um einen Faktor 4 bzw. 6 höher als die Auswertung algebraischer Polynome mit dem Hornerschema (vgl. (2.4.2)).

<u>Beweis</u>

Der zugrundeliegende Algorithmus beruht auf einem trigonometrischen Analogon des algebraischen Hornerschemas und benutzt die folgenden trigonometrischen Identitäten:

$$\sin(\alpha+\beta) = \sin(\alpha)\cdot\cos(\beta) + \cos(\alpha)\cdot\sin(\beta),$$
$$\cos(\alpha+\beta) = \cos(\alpha)\cdot\cos(\beta) - \sin(\alpha)\cdot\sin(\beta)$$

(vgl. [Bronstein und Semendjajew 80, S.233]).

Der Algorithmus ist in einer PASCAL-ähnlichen Notation angegeben, die Korrektheit ist aufgrund obiger Identitäten evident. Sei

$$t_n(x) = \sum_{k=0}^{n} (a_k\cdot\cos(k\cdot x) + b_k\cdot\sin(k\cdot x)),$$

die Koeffizienten a_k und b_k sollen ebenso wie n global zur Verfügung stehen:

```
function trigpoly(x:real):real;
var hilf, S1, Sn, C1, Cn, ERG:real;
    i:integer;

begin
S1 = sin(x);
Sn = S1;
C1 = cos(x);
Cn = C1;
ERG = a0 + a1·C1 + b1·S1;
for i= 2 to n do
    begin
    hilf = -Sn;
    Sn = Sn·C1 + Cn·S1;
    Cn = hilf·S1 + Cn·C1;
    ERG = ERG + ai·Cn + bi·Sn;
    end;
trigpoly = ERG;
end; {Ende der Funktion trigpoly}
```

Offensichtlich benötigt die Initialisierung je eine Auswertung der Sinus- und Cosinus-Funktion sowie zwei Additionen und Multiplikationen. Die Schleife wird (n-1)-mal durchlaufen mit je 4 Additionen und 6 Multiplikationen. □

Nun sollte betrachtet werden, wie groß der Aufwand zur Berechnung der Sinus- und Cosinus-Funktion ist. Diese Berechnung braucht aufgrund der Periodizität nur auf dem Intervall $[-\pi,\pi)$ zu erfolgen, denn es gilt:

$$\sin(x) = \sin(\,x - \lfloor(x/2\pi)+1/2\rfloor\cdot 2\pi),$$
$$\cos(x) = \cos(\,x - \lfloor(x/2\pi)+1/2\rfloor\cdot 2\pi)$$

mit $(x - \lfloor (x/2\pi)+1/2 \rfloor \cdot 2\pi) \in [-\pi,\pi)$. Dafür ergibt sich die folgende Abschätzung:

(2.6.4) Satz

Ist $z \in [-\pi,\pi)$, so können mit $2(n+1)$ Shiftoperationen und $3(n+1)$ Additionen die Werte $\sin(z)$ und $\cos(z)$ (gleichzeitig) in der Weise berechnet werden, daß der Fehler kleiner 2^{-n} ist.

Beweis

Für den Beweis werden Satz 6.3 und Lemma 6.4 aus [Spaniol 76] benötigt. Vorausgesetzt sei eine Berechnung in der dualen Zahlendarstellung. Man setzt in das folgende Iterationsverfahren aus Lemma 6.4:

$$
\begin{aligned}
x_{i+1} &= x_i + y_i \cdot \delta_i \\
y_{i+1} &= y_i - x_i \cdot \delta_i \\
z_{i+1} &= z_i + \alpha_i
\end{aligned}
\qquad
\alpha_i = \begin{cases} -\arctan(2^{-i}), & \text{falls } z_i \geq 0 \\ +\arctan(2^{-i}), & \text{falls } z_i < 0 \end{cases}
$$

$$\text{und } \delta_i = \tan(\alpha_i).$$

$$
\Rightarrow \quad
\begin{aligned}
x_i &\rightarrow K_i \left[\, x_0 \cdot \cos(z_0) - y_0 \cdot \sin(z_0) \, \right] \\
y_i &\rightarrow K_i \left[\, y_0 \cdot \cos(z_0) + x_0 \cdot \sin(z_0) \, \right] \\
z_i &\rightarrow 0
\end{aligned}
\quad \text{mit } K_i = \prod_{j=0}^{i} \sqrt{1 + 2^{-2j}}.
$$

$x_0 = 1/K_{n+1}$, $y_0 = 0$ und $z_0 = z$ ein und erhält damit $\sin(z_0)$ und $\cos(z_0)$.

Für $|z| \leq \pi/2 < 1{,}74$ folgt aus Satz 6.3 die Konvergenz, d. h. nach $n+1$ Iterationen ist der Fehler kleiner 2^{-n}. Ist hingegen $|z| > \pi/2$, so kann die Berechnung mit den Identitäten

$$\sin(z-\pi) = -\sin(z) = \sin(z+\pi),$$

$$\cos(z-\pi) = -\cos(z) = \cos(z+\pi)$$

durchgeführt werden. Da für jeden Iterationsschritt 3 Additionen und 2 Multiplikationen mit -2^{-i}, die durch Shiftoperationen ersetzt werden können, durchzuführen sind, folgt die Behauptung. $\square$

(2.6.5) Bemerkung

Da nach (2.6.4) der Aufwand zur Berechnung der Sinus- und Cosinus-Funktion logarithmisch von der erforderlichen Genauigkeit abhängt, liegt der hauptsächliche Aufwand der Auswertung eines trigonometrischen Polynoms hohen Grades in der Durchführung des Algorithmus aus (2.6.3) und ist somit annähernd linear vom Grad abhängig. Der Grad der für ein Public-Key-Kryptosystem nutzbaren trigonometrischen Polynome ist daher auf rund 10^5 zu beschränken (vgl. (1.1.4)). Analog zum reellen Fall (2.4.3) i) sind Einschränkungen für die Durchführbarkeit des Systems sinnvoll.

Ein wesentlicher Unterschied zu den reellen Polynomen ergibt sich aus dem folgenden Ergebnis, das zeigt, daß ein Brechungsansatz mit Nullstellenbestimmungen analog zum Brechungsansatz für Polynome (vgl. (2.4.12)) in trigonometrischen Fall nicht praktikabel ist.

(2.6.6) Lemma

Sei $t \in \mathbb{R}^+$ und f eine t-periodische Funktion. Sei W ein Nachrichtenraum mit $W \subset \mathbb{R}$, $|W| < \infty$ und $a = \min\{w | w \in W\}$, $b = \max\{w | w \in W\}$. Sei weiter $w \in W$ und $f(w) = c$. Dann hat die Gleichung $f(x) = c$ im Intervall $[a,b]$ mindestens $\lfloor (b-a)/t \rfloor$ verschiedene Lösungen.

Beweis

Sei $v = (w-a) - \lfloor (w-a)/t \rfloor \cdot t + a$, dann gilt: $v \in [a, a+t)$ und $f(v) = f(w)$, da f t-periodisch ist. Aus demselben Grund gilt weiter:
$$f(w) = f(v) = c = f(v+k \cdot t) \quad \forall \; k \in \mathbb{Z}$$
Setzt man $v_0 = v$, $v_i = v+i \cdot t$, $i = 1, \ldots, \lfloor (b-a)/t \rfloor - 1$, so gilt:
$$f(v_i) = c \text{ und } v_i \in [a,b] \quad \forall \; i \in [0 : \lfloor (b-a)/t \rfloor - 1]. \quad \square$$

Ist die Spannweite $b-a$ genügend 'groß' und t 'klein', so ist nach (2.6.6) die Anzahl der Nullstellen von $f(x) = c$ 'groß' und der Aufwand, daraus diejenige aus dem Nachrichtenraum zu bestimmen, kann entsprechend groß sein. Dies kann für die Sicherheit eines AR-Systems ausgenutzt werden.
Für die Ermittlung der theoretischen Umkehrbarkeit einer periodischen Funktion kann das folgende Lemma nützlich sein.

(2.6.7) Lemma

Sei $t \in \mathbb{R}^+$ eine irrationale Zahl, $f : \mathbb{R} \to \mathbb{R}$ sei eine t-periodische Funktion, die auf dem Intervall $[0,t)$ injektiv ist. Ist der Nachrichtenraum W eine Teilmenge der rationalen Zahlen, so ist f auf W umkehrbar.

Beweis

Annahme, es existieren w_1 und w_2 in $W \subset \mathbb{Q}$ mit $w_1 \neq w_2$ und $f(w_1) = f(w_2)$. Setzt man

$v_i = w_i - \lfloor w_i / t \rfloor \cdot t$, i=1,2, so gilt:

$$v_i \in [0,t) \text{ und } f(w_1) = f(v_1) = f(v_2) = f(w_2).$$

Da f im Intervall $[0,t)$ injektiv ist ($\Rightarrow$ f ist in jedem Intervall $[a,b)$ mit $0 \le b-a \le t$ injektiv), folgt: $v_1 = v_2$.

$$\Rightarrow \qquad w_1 - w_2 = (\lfloor w_1/t \rfloor - \lfloor w_2/t \rfloor) \cdot t \text{ und } t = \frac{w_1 - w_2}{\lfloor w_1/t \rfloor - \lfloor w_2/t \rfloor},$$

falls $\lfloor w_1/t \rfloor - \lfloor w_2/t \rfloor \neq 0$ ist.

$\Rightarrow$ Ist $\lfloor w_1/t \rfloor - \lfloor w_2/t \rfloor \neq 0$, so ist t darstellbar durch a/b, wobei a und b rationale Zahlen sind.

$\Rightarrow$ Widerspruch zur Irrationalität von t.

Ist $\lfloor w_1/t \rfloor - \lfloor w_2/t \rfloor = 0$, so folgt $w_1 = w_2$, was einen Widerspruch zur Annahme ergeben würde.

Damit ergibt sich die Behauptung. □

(2.6.8) Bemerkung

i) Da es in der Dezimal- oder Dualdarstellung eines Rechners aufgrund der endlichen Stellenzahl keine irrationalen Zahlen gibt, ist Lemma (2.6.7) nur von theoretischer Bedeutung (vgl. aber [Rump 86]). Man kann es allerdings für folgendes Beispiel ausnutzen, daß auf (2.6.6) und (2.6.7) beruht:

Sei $W=[1:10^{100}]$ und $f(x)=\tan(x)$, d. h. f ist auf W injektiv. Sei nun n aus W zufällig gewählt und $c = f(n) = \tan(n)$. Die Lösungsmenge der Gleichung $f(x)=c$ ist damit gegeben durch $\{\arctan(c)+k \cdot \pi \mid 1 \le \arctan(c)+k \cdot \pi \le 10^{100}\}$, wobei $\arctan(x)$ die Umkehrfunktion des Hauptzweiges der Funktion $\tan(x)$ ist. Trivialerweise hat diese Lösungsmenge eine Mächtigkeit größer als 10^{99} und es erscheint zunächst schwierig, die ganzzahlige Lösung n daraus zu ermitteln (vgl. mit den abstrakten Brechungsansätzen (2.1.3) und (2.1.5), siehe auch (4.2.3) ii)).

ii) Für periodische Funktionen und Kombinationen mit solchen Funktionen ergibt sich auch ein günstiges Verhalten gegenüber den in den Paragraphen 2.2 und 2.3 angegebenen Brechungsansätzen:

a) Numerische Verfahren zur Nullstellenbestimmung können nicht sinnvoll angewendet werden, wenn die Anzahl der Nullstellen durch Lemma (2.6.6) als sehr groß garantiert ist.

b) Die Technik des binären Suchens kann i. allg. nicht angewendet werden, da nichtkonstante periodische Funktionen nicht auf Intervallen, die größer als die Periodenlänge sind, monoton sein können.

Zum Abschluß dieses Paragraphen soll das Fehlerverhalten von Approximationen durch Fourier-Teilsummen beispielhaft für die sich ergebende Problematik untersucht werden.

(2.6.9) Bemerkung

i) Ist eine 2π-periodische Funktion f durch eine absolut und gleichmäßig konvergente trigonometrische Reihe gegeben

$$f(x) = a_0 + \sum_{k=0}^{\infty} (a_k \cdot \cos(k \cdot x) + b_k \cdot \sin(k \cdot x)),$$

und bezeichnet man mit f_n die n-te Partialsumme von f, so gilt trivialerweise die folgende Fehlerabschätzung:

$$\| f - f_n \|_{C(\mathbb{R})} \leq \sum_{k=n+1}^{\infty} (|a_k| + |b_k|).$$

ii) Für die Abschätzung aus i) ist das Wachstumsverhalten der Fourier-Koeffizienten a_k und b_k für $k \to \infty$ entscheidend. Da der Grad n nach (2.6.5) auf rund 10^5 beschränkt sein sollte, müssen die Koeffizienten schnell gegen Null fallen, wie man an folgenden Beispielen sieht:

$$\text{Seien } f(x) = \sum_{k=1}^{10^7} \frac{1}{k^2} \cos(k \cdot x), \quad g(x) = \sum_{k=1}^{10^7} \frac{1}{k^3} \cos(k \cdot x), \quad h(x) = \sum_{k=1}^{10^7} \frac{1}{k^4} \cos(k \cdot x),$$

dann gilt für die Fehler der n-ten Partialsummen für $n = 10^5$:

$$\| f - f_n \|_{C(\mathbb{R})} \geq |f(0) - f_n(0)| \geq \sum_{k=10^5+1}^{10^7} \frac{1}{k^2} \geq 10^{-5},$$

$$\| g - g_n \|_{C(\mathbb{R})} \geq |g(0) - g_n(0)| \geq \sum_{k=10^5+1}^{10^7} \frac{1}{k^3} \geq 10^{-11},$$

$$\| h - h_n \|_{C(\mathbb{R})} \geq |h(0) - h_n(0)| \geq \sum_{k=10^5+1}^{10^7} \frac{1}{k^4} \geq 10^{-16}.$$

Dies bedeutet, daß durch die Einschränkung $n \leq 10^5$ selbst bei Funktionen, deren Fourier-Koeffizienten schnell gegen Null fallen, der Approximationsfehler nicht vernachlässigbar klein ist. Daher sollten die Fourier-Koeffizienten einer Funktion f, die in einem AR-System gemäß (1.2.3)1) und 2) eingesetzt werden soll, schneller als k^{-4} gegen Null fallen, um einen genügend kleinen Approximationsfehler gewährleisten zu können.

iii) Nach dem Lemma von Riemann-Lebesgue (vgl. [Butzer und Nessel 71, S. 168]) gilt für alle stetigen, 2π-periodischen Funktionen, daß deren Fourier-Koeffizienten gegen Null fallen. Sind die Funktionen sogar differenzierbar, so gilt:

$f \in C^I(\mathbb{R})$ und f ist 2π-periodisch $\Rightarrow a_k = O(k^{-I})$, $b_k = O(k^{-I})$, $k \to \infty$.

Dazu siehe [Butzer und Nessel 71, S.172 Proposition 4.1.9, S.358 ff. Definition 10.1.1, Theorem 10.1.3].

Insbesondere konvergiert eine Fourier-Teilsumme oder ein Summationsverfahren um so schneller, je 'glatter' eine Funktion ist, das heißt zum Beispiel je öfter sie differenzierbar ist (vgl. [Butzer und Nessel 71, S.67 f. Definitionen 1.5.1, 1.5.3 und 1.5.5, S.76 f. Probleme 2,3,4 und 10, S.82 Korollar 1.6.5, S.168 (4.1.3) in Zusammenhang mit S.39 f. (1.2.6), (1.2.9) und (1.2.11)]).

(2.6.10) Zusammenfassung

Periodische Funktionen, deren Approximationen durch trigonometrische Polynome und Kombinationen mit solchen Funktionen erscheinen für die Nutzung in einem AR-System im Sinne von (1.2.3) 1) und 2) aufgrund von (2.6.6) und (2.6.8) ii) erfolgreich einsetzbar zu sein. Die Auswertung solcher Polynome ist nach (2.6.5) effektiv durchführbar, jedoch kann das Fehlerverhalten der Approximation problematisch sein, wie es in (2.6.9) ii) aufgezeigt wurde.

2.7 Zusammenfassung der Kryptoanalyse des AR-Systems

Der Ausgangspunkt war das approximative reellwertige Public-Key-Kryptosystem, das sich dadurch auszeichnet, daß die Verschlüsselungsfunktion durch die Approximation einer reellen Funktion gebildet wird. Die Kryptoanalyse des AR-Systems sollte aufzeigen, welche reellen Funktionen in Frage kommen und welche Approximationsverfahren genutzt werden können, ohne daß sich dabei das resultierende System als unsicher erweist.

Unabhängig davon, ob man die approximierte reelle Funktion ermitteln kann oder ob sie geheim bleibt, ergaben sich für die Wahl dieser Funktion und der geeigneten Approximationsverfahren einschneidende Einschränkungen.

Mit den Bezeichnungen aus (1.2.2) ergab sich mit dem Brechungsansatz des binären Suchens (vgl. Paragraph 2.3), daß f und g keine stetigen, auf einem den Nachrichtenraum umfassenden Intervall umkehrbaren Funktionen sein dürfen. Ebenso darf die Verschlüsselungsfunktion $\mathfrak{E}(w) = f_{h(w)}(w)$ nicht monoton sein. Damit entfallen die üblichen Beispiele umkehrbarer (stetiger) Funktionen. Abhilfe kann man dadurch schaffen, daß die Umkehrbarkeit tatsächlich nur auf dem Nachrichtenraum W besteht, keine Monotonie vorliegt oder es sich um unstetige Funktionen handelt.

Wie sich in Paragraph 2.4 zeigte, beeinflußt auch die Wahl der Approximationsart die Sicherheit des Systems entscheidend. Mit dem Brechungsansatz für Polynome (2.4.12) kann man zeigen, daß jegliche polynomiale Approximationen, auch solche mit polynomialen Splinefunktionen, notwendigerweise ein unsicheres System zur Folge haben. Damit scheidet die Mehrzahl von Approximationsverfahren aus.

Weiterhin muß beachtet werden, daß bei stetigen Approximationsfolgen numerische Näherungsverfahren zur Nullstellenbestimmung, wie in Paragraph 2.2 aufgezeigt, zum Brechen des Systems genutzt werden können.

Einen Ausweg daraus bietet die Approximation mit unstetigen Funktionen. Jedoch zeigte sich, daß Ansätze mit Walsh-Approximationen am notwendigen Initialisierungsaufwand scheitern.

Erfolgversprechend erscheinen lediglich periodische Funktionen und Kombinationen mit solchen Funktionen. Hierbei kann man sich zunutze machen, daß die Nullstellenbestimmung aufgrund der in (2.6.6) aufgezeigten hohen Anzahl von Nullstellen aufwendig sein kann und daß solche Funktionen im allgemeinen nicht monoton sind. Dem steht jedoch als Problem gegenüber, daß eine hinreichend genaue Approximation periodischer Funktionen schwierig sein kann.

Insgesamt resultiert daraus, daß nicht das Grundprinzip der Geheimhaltung, die Bekanntgabe nur einer Approximation, die Unsicherheit eines solchen Systems begründet. Vielmehr ist ein Unsicherheitsfaktor durch die Approximationsverfahren gegeben. Es erscheint daher sinnvoll, ein neues Grundprinzip zu eruieren, welches mit obigem Prinzip kombiniert werden kann. Aussichtsreich sind unstetige periodische Funktionen, die auf einfache Weise durch ebenfalls unstetige Funktionen approximiert werden. Weiterhin kann man untersuchen, ob mit den im AR-System zugelassenen reellwertigen Nachrichten- und Schlüsseltexträumen ein neues Sicherheitsprinzip in Zusammenhang mit Approximationen entwickelt werden kann.

3. Entwicklung nichtganzzahliger Public-Key-Kryptosysteme

3.1 Kryptologische Eigenschaften rationaler Zahlen

Die Ergebnisse des vorhergehenden Kapitels legen es nahe, nach einem neuen Grundprinzip von Public-Key-Kryptosystemen vergleichbar dem Faktorisierungsproblem oder dem Problem des diskreten Logarithmus bei ganzen Zahlen zu suchen, wobei insbesondere die Tatsache ausgenutzt werden kann, daß sowohl der Nachrichten- als auch der Schlüsseltextraum nicht ganzzahlig sein muß.

Ein Ansatzpunkt ergibt sich aus folgender Überlegung: Im ganzzahligen Fall ist es für einen Benutzer eines Public-Key-Kryptosystems wie dem RSA-Verfahren einfach, zwei große Primzahlen p und q $(q > p > 10^{100})$ als geheime Schlüssel zu bestimmen, das Produkt $N = p \cdot q$ zu berechnen und N als öffentlichen Schlüssel bekanntzugeben. Da der zum Zeitpunkt dieser Arbeit schnellste bekannte Faktorisierungsalgorithmus in der Größenordnung

$$O(\exp(\sqrt{2 \cdot \log_e(p) \cdot \log_e(\log_e(p))}) \cdot (\log_e(N))^2)$$

Operationen benötigt (siehe [Stephens 85]), ist es jedoch für einen Angreifer des Systems schwierig, aus dem öffentlichen Schlüssel N die geheimen Primfaktoren p und q zu ermitteln. Es kann allerdings bislang nicht ausgeschlossen werden, daß ein schnellerer Algorithmus gefunden wird oder schon gefunden wurde und geheimgehalten wird. Die Sicherheit des RSA-Verfahrens kann also nicht bewiesen werden, da zur Faktorisierung genügend Informationen zur Verfügung stehen, denn man kennt die Zahl N, durch die p und q eindeutig bestimmt sind.

Läßt man die Einschränkung der ganzen Zahlen fallen, so kann man obiges Prinzip untersuchen, wobei die Multiplikation durch die Division ersetzt wird. Dabei ist es für einen Benutzer eines nichtganzzahligen Public-Key-Kryptosystems einfach, zwei ganze teilerfremde Zahlen a und p als geheime Schlüssel zu ermitteln und $x = a/p$ (näherungsweise) zu bestimmen (vgl. (1.1.7) iv)), wobei x die Rolle des öffentlichen Schlüssels spielen soll. Zu untersuchen ist, wieviele gültige Stellen der Dezimaldarstellung von x bekanntgegeben werden dürfen, so daß ein Angreifer daraus nicht mehr Zähler und Nenner, d. h. a und p ermitteln kann. Hier kann man also im Gegensatz zur ganzzahligen Vorgehensweise versuchen, zuwenig Information bekanntzugeben. Konkret ergeben sich folgende Probleme:

(3.1.1) Problemstellung

Gegeben seien zwei natürliche Zahlen a und p mit $ggT(a,p) = 1$ und $p > a > 0$. Gesucht ist die Lösung folgender Probleme:

i)   Sei $x = a/p$ in Dezimaldarstellung gegeben. Gibt es einen effektiven Algorithmus, der mit x als Eingabe den Zähler und Nenner des dargestellten Bruches, also a und p, ermittelt?

ii)   Sei $x_n = 10^{-n} \lfloor 10^n \cdot a/p \rfloor$, d. h. mit x_n gibt man nur n gültige Stellen der Dezimaldarstellung von x bekannt. Wählt man x_n als Eingabe eines in i) gefundenen Algorithmus, so sei zu bestimmen, wie man den Parameter n wählen muß, daß die Komplexität, aus x_n die Werte a und p zu ermitteln, größer als 10^{70} ist? (Das heißt, dies soll nicht mehr real berechenbar sein, vgl. (1.1.3) iii)).

Zur Lösung dieser Probleme wurden drei unterschiedliche Algorithmen untersucht, die im folgenden angegeben werden.

1. Der Abzählungsalgorithmus

Nutzt man aus, daß man die rationalen Zahlen abzählen kann, so ist es möglich, zwei darauf beruhende Algorithmen zu formulieren.

(3.1.2) 1. Abzählungsalgorithmus

Gegeben seien die Voraussetzungen von (3.1.1). Man betrachte eine Abzählung der Zahlen $\mathbb{Q} \cap [0,1]$ und suche mit Hilfe dieser Abzählung die Zahl x. Trivialerweise ist jedoch die Wahrscheinlichkeit, daß dies in effektiver Weise zum Ziel führt, vernachlässigbar gering, zumindest wenn die Faktoren a und p größer als 10^{100} sind.

(3.1.3) 2. Abzählungsalgorithmus

Gegeben seien die Voraussetzungen von (3.1.1). Der folgende Algorithmus, der in einer PASCAL-ähnlichen Notation angegeben ist, versucht, die rationalen Zahlen nahe x abzuzählen und so die Lösung zu finden:

```
i:=1; j:=1;
repeat if i/j > x then j:=j+1 else if i/j < x then i:=i+1;
until x = i/j;
```

Die Komplexität dieses Algorithmus ist größer als $(a+p)$ und mit $p > a > 10^{100}$ ist dies nicht mehr durchführbar.

(3.1.4) Folgerung

Seien $a, p \in \mathbb{N}$ mit $ggT(a,p) = 1$. Setzt man $p > a > 10^{100}$, so sind die Abzählungsalgorithmen (3.1.2) und (3.1.3) nicht mehr real durchführbar.

2. Der Periodenalgorithmus

Der Periodenalgorithmus nutzt aus, daß rationale Zahlen besondere Eigenschaften in bezug auf die Dezimaldarstellung haben. Vorbereitend dazu sei die folgende Definition angegeben.

(3.1.5) Definition

i)   Für die periodische Dezimaldarstellung einer rationalen Zahl sei die folgende Schreibweise eingeführt:

$$0,b_1 b_2 b_3 ... b_n d_1 ... d_k d_1 ... d_k d_1 ... d_k d_1 ... = 0,b_1 ... b_n \overline{d_1 ... d_k}$$

mit b_i, $d_j \in [0:9]$ für $i \in [1:n]$, $j \in [1:k]$. (Sinngemäß entsprechend für m-näre Zahlendarstellungen, vgl. [Schroeder 84, S.147].)

ii)   Sei $N \in \mathbb{N}+2$, $p \in \mathbb{P} \setminus \{ q \in \mathbb{P} | q$ teilt $N \}$. Dann bezeichne $d_N(p)$ die minimale Periodenlänge von $1/p$ in der N-nären Zahlendarstellung.

Beispiel:
$1/7 = 0,142857142857... = 0,\overline{142857}$ und $d_{10}(7) = 6$.

Da a/p nach Voraussetzung eine rationale Zahl ist, können für die Dezimaldarstellung nur zwei Fälle auftreten, die beide zur Problemlösung herangezogen werden können.

(3.1.6) Periodenalgorithmus

Seien a, $p \in \mathbb{N}+1$ mit $ggT(a,p)=1$ und $x=a/p$. Dann können nur folgende zwei Fälle auftreten:

i) $x = 0,b_1 ... b_n$ mit $b_i \in [0:9]$, $i \in [1:n]$, d. h. x hat eine endliche Dezimaldarstellung. Dann gilt:

$$x = \frac{\sum_{i=1}^{n} b_i \cdot 10^{n-i}}{10^n}$$

und a und p lassen sich durch Kürzen des Bruches ermitteln.

ii) $x = 0{,}b_1...b_n\overline{d_1...d_k}$ mit b_i, d_j $\in [0{:}9]$, $i \in [1{:}n]$, $j \in [1{:}k]$, d. h. x hat eine periodische Dezimaldarstellung. Dann gilt:

$$x = \frac{\sum\limits_{i=1}^{n} b_i \cdot 10^{n-i}}{10^n} + \frac{\sum\limits_{j=1}^{k} d_j \cdot 10^{k-j}}{10^n(10^k-1)} \ ,$$

wobei a und p daraus durch Addition und Kürzen der Brüche bestimmt werden können.

Beweis

Da $ggT(a,p)=1$ ist, handelt es sich bei $\frac{a}{p}$ um einen gekürzten Bruch. Es können nur zwei Fälle auftreten: p hat die Form $2^i 5^j$, i, $j \in \mathbb{N}$ oder p hat mindestens einen Primfakor ungleich 2 und 5. Im ersten Fall ergibt sich die endliche Dezimaldarstellung, im zweiten die periodische Dezimaldarstellung (vgl. [Schroeder 84, S.146 ff.]). Die Behauptung folgt dann aus folgender Identität:

$$\sum_{j=1}^{\infty} \frac{1}{10^{k \cdot j}} = \frac{1}{1-\frac{1}{10^k}} - 1 = \frac{1}{10^k - 1} = 0{,}\overline{e_1...e_k}$$

mit $e_1 = e_2 = ... = e_{k-1} = 0$ und $e_k = 1$. $\square$

Beispiel:

$$0{,}2325 = \frac{2325}{10000} = \frac{93}{400}$$

$$0{,}1287\overline{70114942528735632183908045 9} =$$

$$\frac{128}{1000} + \frac{7701149425287356321839080459}{10^3 \cdot (10^{28}-1)} = \frac{128}{1000} + \frac{67}{87000} = \frac{11203}{87000}$$

Mit Hilfe von (3.1.6) läßt sich also eine positive Antwort der Frage (3.1.1)i) formulieren. In bezug auf die zweite Frage erkennt man, daß der Periodenansatz (3.1.6) nur dann angewendet werden kann, wenn aus x_n entweder die endliche Dezimaldarstellung oder eine gesamte Periode erkennbar ist. Zur Lösung von (3.1.1)ii) liegt es auf der Hand zu fordern, daß x keine endliche Dezimaldarstellung hat, also eine periodische. Man darf nun soviele Stellen bekanntgeben, daß noch mindestens 70 Dezimalstellen erraten werden müssen, bis man eine ganze Periode kennt. Dies wirft die Frage nach der minimalen Periodenlänge $d_N(p)$ einer

Zahl p in der N-nären Zahlendarstellung auf, die sich für eine Primzahl p einfach beantworten läßt:

(3.1.7) Satz

Sei $N \in \mathbb{N}+2$ und $p \in \mathbb{P} \setminus \{ n \in \mathbb{P} \mid n$ teilt $N \}$. Dann gilt:

i) $d_N(p) \geq \log_N(p)$.

ii)   p teilt $(N^{d_N(p)} - 1)$.

iii)   In den Primfaktorzerlegungen von $\{ N^j - 1 \}_{j \in \mathbb{N}+1}$ kommen alle Primzahlen vor, die nicht Teiler von N sind.

iv)   Die Primteiler von $(N^j - 1)$ bilden eine Obermenge der Primzahlen p mit $d_N(p) = j$.

v) $d_N(p)$ teilt p-1.

Beweis

i) Annahme: $k = d_N(p) < \log_N(p)$.

Es gelte $\frac{1}{p} = 0,\overline{d_1 \dots d_k}$ mit $d_i \in [0:N-1]$, $i \in [1:k]$ in der N-nären Zahlendarstellung. Analog zu (3.1.6) ii) folgt:

$$\frac{1}{p} = \frac{\sum\limits_{j=1}^{k} d_j \cdot N^{k-j}}{N^k - 1}$$

da $\frac{1}{N^k-1} = 0,\overline{e_1 \dots e_k}$ mit $e_k = 1$ und $e_1 = e_2 = \dots = e_{k-1} = 0$ in der N-nären Zahlendarstellung.

$$\Rightarrow \quad p = \frac{N^k - 1}{\sum\limits_{j=1}^{k} d_j \cdot N^{k-j}}, \quad \text{da} \quad \sum\limits_{j=1}^{k} d_j \cdot N^{k-j} > 0 \text{ ist.}$$

$\Rightarrow \log_N(p) \leq \log_N(N^k-1) < k$.

$\Rightarrow$ Widerspruch zur Annahme.

ii) Folgt aus obiger Darstellung von p mit $k = d_N(p)$.

iii) Folgt aus ii).

iv) Folgt ebenso aus ii).

v) $d_N(p)$ ist die Ordnung des Elementes N in der Gruppe der invertierbaren Elemente aus $\mathbb{Z}_p$ (vgl. [Meyberg 80, S.24, S.44 f.], [Schroeder 84, S.146 ff.]). Die Ordnung eines Elements teilt die Gruppenordnung, welche in diesem Fall gleich p-1 ist. $\square$

<u>(3.1.8) Bemerkung</u>

i) Da $\lfloor \log_N(n) \rfloor + 1$ die Stellenzahl einer Zahl $n \in \mathbb{N}+1$ in der N-nären Zahlendarstellung angibt und für $p \in \mathbb{P} \setminus \{r \in \mathbb{P} \mid r$ teilt $N\}$ $\log_N(p)$ keine ganze Zahl ist, sagt (3.1.7) i) aus, daß die minimale Periodenlänge einer Primzahl größer oder gleich der Stellenzahl der Primzahl ist, unabhängig davon, welche Basis der Zahlendarstellung man wählt.

ii) Primzahlen mit $d_N(p) \cdot p$-1 sind diejenigen, für die N eine Primitivwurzel modulo p ist (vgl. [Horster 85, S.283]). Beispiele für N $\cdot$ 10 sind 7,17,19,23,29,47,59,61, ... (vgl. [Abramowitz und Stegun 70, S.864 ff.]).

iii) Ist $d_N(p) \cdot k$, so hat a/p mit $a \in [1:p$-1] in der N-nären Zahlendarstellung ebenso die Periodenlänge k. Dies folgt aus der Darstellung von 1/p im Beweis von (3.1.7) i).

In bezug auf die Lösung von (3.1.1.) ii) weiß man also, daß aufgrund von (3.1.7) i) die minimale Periodenlänge immer eine Mindestgröße haben muß, nämlich die Stellenzahl der Primzahl. Aus der Aussage ii) dieses Satzes kann man folgenden Satz ableiten, der es ermöglicht, Primzahlen mit einer 'großen' Periodenlänge effektiv zu bestimmen.

<u>(3.1.9) Satz</u>

Seien $p, q \in \mathbb{P}$, $k \in \mathbb{Z}_p$ mit $q \cdot k \cdot p + 1$ und $N \in \mathbb{N}+2$. Dann gilt:

i)   Aus $\log_N(q) > k$ folgt $d_N(q) \geq \frac{q\text{-}1}{k} \geq p$.

ii)   Ist q kein Primteiler von $\prod\limits_{j=1}^{k} (N^j - 1)$, so folgt $d_N(q) \geq \frac{q\text{-}1}{k}$.

<u>Beweis</u>

i) Nach (3.1.7) v) gilt $d_N(q) \in \{n \in [1:q$-1] $\mid n$ teilt q-1$\}$. Da aber $\log_N(q) > k$ vorausgesetzt ist, folgt aus (3.1.7) i): $d_N(q) \in \{n \in [k+1:q$-1] $\mid n$ teilt q-1$\}$. Es gilt jedoch:

$$\min \{n \in [k+1:q\text{-}1] \mid n \text{ teilt } q\text{-}1\} \cdot p \cdot \frac{q\text{-}1}{k}.$$

ii) Nach (3.1.7) iv) folgt aus der Voraussetzung $d_N(q) > k$. Die Behauptung folgt dann analog zu i). $\square$

Mit Satz (3.1.9) hat sich also effektiv eine Möglichkeit eröffnet, Primzahlen mit einer großen Periodenlänge zu bestimmen. Dazu ermittelt man zunächst eine große Primzahl p z. B. mit Hilfe des Solovay-Strassen-Algorithmus (vgl. [Horster 85, S.302 ff.]) und durchsucht die Folge $\{i \cdot p + 1\}_{i \in \mathbb{N}}$ nach Primzahlen. Nach dem Satz von Dirichlet (vgl. [Riesel 85, S.62]) befinden sich in dieser Progression unendlich viele Primzahlen. In bezug auf (3.1.9) ii) kann man leicht berechnen, daß zum Beispiel die Primteiler von $\prod_{i=1}^{10} (10^i -1)$ gegeben sind durch die Menge $\{3, 7, 11, 13, 37, 41, 73, 101, 137, 239, 271, 4649, 9091, 333667\}$. Damit gibt es insbesondere nur 14 Primzahlen p mit $d_{10}(p) \leq 10$. Eine Übersicht über die Teiler von 10^k-1, $k \in 2\mathbb{N}+1$ und 10^{2k}-1 $ = (10^k-1)(10^k$+1$)$ findet man z. B. in [Riesel 85, S.398 ff.].

Damit kann man leicht eine Lösung von (3.1.1) ii) in bezug auf den Periodenalgorithmus angeben. Jedoch ermöglicht (3.1.7) iv) insbesondere, auf die Suche nach Primzahlen mit großer Periodenlänge zu verzichten, wenn man voraussetzt, daß von x nur eine realistische Zahl von Dezimalstellen bekanntgegeben werden. Der folgende Satz zeigt nämlich, daß es nur sehr wenige Primzahlen mit kurzer Periodenlänge gibt, wie es sich schon im obigen Beispiel andeutete.

(3.1.10) Satz

Sei $n \in \mathbb{N}+3$, $N \in \mathbb{N}+2$ und $\Theta_N(n) = |\{p \in \mathbb{P}\setminus\{k \in \mathbb{P}|k \text{ teilt } N\} \; |d_N(p) \leq n\}|$. Dann gilt folgende Abschätzung:

i)   Gilt für $k \in \mathbb{N}+1$:

$$k \cdot \log_e\left(\frac{(2k+1)^2}{2ke} \right) + \log_e\left(\frac{4k+2}{e}\right) \geq \frac{n(n+1)}{2} \cdot \log_e(N),$$

so folgt $\Theta_N(n) \leq k$.

ii) Es gilt: $\Theta_N(n) \leq \left\lceil \frac{n(n+1)}{2} \cdot \log_e(N) \right\rceil$.

Beweis

i) Nach (3.1.7) iv) bilden die Primteiler von $\prod_{j=1}^{n} (N^j -1)$ die Menge derjenigen Primzahlen p mit $d_N(p) \leq n$. $\Theta_N(n)$ ist dann beschränkt durch die maximale Anzahl verschiedener Primzahlen, deren Produkt kleiner gleich $\prod_{j=1}^{n} (N^j -1)$ ist. $\Rightarrow$ Gilt für eine Zahl $k \in \mathbb{N}+1$

$$2 \cdot \prod_{i=1}^{k-1} (2i+1) \quad \leq \quad \prod_{j=1}^{n} (N^j-1) \quad \leq \quad 2 \cdot \prod_{i=1}^{k} (2i+1),$$

so ist k größer als diese Anzahl, d. h. $\Theta_N(n) \leq k$.

Zur Bestimmung der Zahl k gehe man wie folgt vor:

Gesucht ist die kleinste natürliche Zahl k mit

$$\prod_{j=1}^{n} (N^j -1) \quad \leq \quad 2 \cdot \frac{(2k+1)!}{2^k \cdot k!} = 2 \cdot \prod_{i=1}^{k} (2i+1).$$

$\Rightarrow \qquad \prod_{j=1}^{n} (N^j -1) \leq N^{n(n+1)/2} \leq 2 \cdot \frac{(2k+1)!}{2^k \cdot k!}.$

Mit der in Paragraph 1.4 benutzten Stirling-Formel folgt:

$$\log_e(N) \cdot n(n+1)/2 \leq (2k+1)\cdot(\log_e(2k+1)-1) - k\cdot(\log_e(k)-1) - (k-1)\cdot\log_e(2)$$

$$- k \cdot \log_e\left(\frac{(2k+1)^2}{2ke}\right) + \log_e\left(\frac{4k+2}{e}\right).$$

ii) Folgt aus i) mit $k = \lceil \log_e(N) \cdot n(n+1)/2 \rceil$. $\square$

(3.1.11) Bemerkung

Setzt man in Hinblick auf den folgenden dritten Algorithmus voraus, daß man höchstens $2\cdot\log_{10}(p)$ Stellen von $x = a/p$ bekanntgibt, so macht die nachfolgende Überlegung deutlich, daß man in bezug auf den Periodenalgorithmus und (3.1.1) ii) eine beliebige große Primzahl p wählen kann:

Bezeichnet man mit $\pi(x)$ die Anzahl von Primzahlen, die kleiner oder gleich x sind, dann gilt nach dem Primzahlsatz (vgl. [Riesel 85, S.61]) die Abschätzung:

$$\frac{x}{\log_e(x)}\left(1 + \frac{1}{2\cdot\log_e(x)}\right) < \pi(x) < \frac{x}{\log_e(x)}\left(1 + \frac{3}{2\cdot\log_e(x)}\right) \text{ für } x > 59.$$

Dies bedeutet, daß die Anzahl der Primzahlen im Intervall $[10^{100};10^{1000}]$ größer als 10^{990} ist. Im Vergleich dazu ist die Anzahl derjenigen Primzahlen p mit Periodenlänge kleiner 2000 ($\geq 2\cdot\log_{10}(p)$) nach (3.1.10) mit $5\cdot10^6$ verschwindend gering. Dies bedeutet, daß die Wahrscheinlichkeit, bei zufälliger Wahl einer großen Primzahl p eine solche mit $d_{10}(p) < 2\cdot\log_{10}(p)$ auszuwählen, vernachlässigbar gering ist.

(3.1.12) Folgerung

Sei $p \in P$ zufällig gewählt und $a \in \mathbb{N}$ mit $p > a > 10^{100}$, so ist der Periodenalgorithmus (3.1.6) nicht durchführbar in dem Sinne, daß man mindestens 70 Dezimalstellen erraten muß, bevor (3.1.6) das gewünschte Ergebnis liefert, wenn man weniger als $2\cdot\log_{10}(p)$ Dezimalstellen von a/p bekanntgibt. Zu beachten ist, daß der Versuch, durch eine Basiskonvertierung in eine N-näre Darstellung eine Darstellung von x_n mit einer kleineren Periodenlänge zu erhalten, daran scheitert, daß man in der N-nären Darstellung keine Periode erkennen kann, wenn x_n in der Dezimaldarstellung keine Periode erkennen läßt.

3. Der Kettenbruchalgorithmus

Der dritte Algorithmus zur Lösung von (3.1.1) ergibt sich aus der Theorie der Kettenbrüche, und es wird sich zeigen, daß dieser Ansatz die schärfsten Restriktionen bezüglich dem Parameter n aus (3.1.1) ii) nach sich zieht. Zunächst seien jedoch die erforderlichen Grundlagen angegeben.

(3.1.13) Definition

Gegeben seien zwei natürliche Zahlen $k_0 > k_1 > 0$. Der Euklidische Algorithmus besteht aus folgenden Schritten:

Iteriere $\qquad k_{i-2} = b_{i-2} \cdot k_{i-1} + k_i$, $i > 1$

mit den Randbedingungen $b_{i-2} \in \mathbb{N}$ und $k_{i-1} > k_i$ (d. h. $b_{i-2} = \lfloor k_{i-2} / k_{i-1} \rfloor$ und $k_i = k_{i-2}$ MOD k_{i-1}), bis die Abbruchbedingung:

$$k_{n+2} = 0$$

erfüllt ist. Das Ergebnis des Euklidischen Algorithmus ist:

$$k_{n+1} = \mathrm{ggT}(k_0, k_1).$$

Die im Euklidischen Algorithmus verwendeten Zahlen b_i werden zur Bildung des entsprechenden Kettenbruchs von k_0 / k_1 benutzt, denn es gilt:

$$\frac{k_0}{k_1} = b_0 + \cfrac{1}{b_1 + \cfrac{1}{b_2 + \cfrac{1}{\ddots \; b_{n-1} + \cfrac{1}{b_n}}}}.$$

Die rechte Seite dieser Gleichung wird als regulärer Kettenbruch von k_0/k_1, die Koeffizienten b_i als Partialquotienten dieses Kettenbruchs bezeichnet, wobei die Partialquotienten des Kettenbruchs eindeutig durch o. g. Algorithmus gegeben sind.

Folgende Schreibweise wird als Abkürzung eingeführt:

$$/b_1,...,b_n/ \;=\; 1/(b_1{+}1/(b_2{+}1/(...{+}1/(b_n)...))).$$

Beispiel:

$$3787 = 3 \cdot 1243 + 58$$
$$1243 = 21 \cdot 58 + 25$$
$$58 = 2 \cdot 25 + 8$$
$$25 = 3 \cdot 8 + 1$$
$$8 = 8 \cdot 1 + 0$$
$$\Rightarrow \quad \mathrm{ggT}(3787, 1243) = 1, \; 3787/1243 = 3 + /21, 2, 3, 8/.$$

Wichtige, im folgenden benutzte Eigenschaften von Kettenbrüchen sind im nächsten Satz zusammengefaßt.

(3.1.14) Satz

i) Es seien a, $p \in \mathbb{N}+1$ und $\frac{a}{p}$ = b_0 + $/b_1,...,b_n/$. Der i-te Näherungsbruch dieser Partialquotienten ist gegeben durch $b_0+/b_1,...,b_i/$, dann gilt: Der i-te Näherungsbruch ($i \in [1:n]$) approximiert die Zahl a/p unter allen Brüchen mit kleinerem Nenner am besten.

ii) Die Anzahl der Partialquotienten von a/p mit $a, p \in [1:N]$ ist durch $\lceil \log_\Phi (\sqrt{5} \cdot N) \rceil - 2 \approx 4{,}785 \cdot \log_{10}(N)+1{,}67$ beschränkt (Φ - Zahl des goldenen Schnitts = $\frac{1}{2}$ ($\sqrt{5}+1$)).

iii) Eine Näherungsformel für die mittlere Anzahl der Partialquotienten von a/p mit $a, p \in [1:N]$ ist gegeben durch

$$\frac{12 \cdot \log_e(2)}{\pi^2} \cdot \log_e(N) \approx 1{,}94 \cdot \log_{10}(N).$$

iv) Eine Abschätzung für die Wahrscheinlichkeit, daß eine Zahl $m \in \mathbb{N}+1$ ein Partialquotient eines Kettenbruches ist, wird durch folgenden Wert angegeben:

$$\log_2(1 + \frac{1}{m}) - \log_2(1 + \frac{1}{m+1}).$$

Die Wahrscheinlichkeit, daß ein Partialquotient eines Kettenbruches größer oder gleich $m \in \mathbb{N}+1$ ist, kann näherungsweise abgeschätzt werden durch:

$$\log_2(1 + \frac{1}{m}).$$

Beweis

i) Siehe [Perron 50].

ii) Siehe [Knuth 81, S.343].

iii) Siehe [Knuth 81, S.353 ff.].

iv) Siehe [Knuth 81, S.352].

v) Aus iv) folgt, daß die gesuchte Wahrscheinlichkeit näherungsweise gegeben ist durch

$$\sum_{i=m}^{\infty} \{ \log_2(1 + \frac{1}{i}) - \log_2(1 + \frac{1}{i+1}) \} = \log_2(1 + \frac{1}{m}). \quad \square$$

(3.1.15) Bemerkung

Gegeben seien die Voraussetzungen von (3.1.1).

i) Mit folgendem, in einer an PASCAL angelehnten Sprache formulierten Algorithmus kann man den Kettenbruch einer rationalen Zahl $x \in [0,1]$ berechnen: Zur Initialisierung setzt man $xt[0] = x (\cdot a/p)$.

1:     $i := 0;$

2:     $bt[0] := 0;$

3:     repeat

4:     $i := i+1;$

5:     $bt[i] := \lfloor\, 1 / xt[i-1]\, \rfloor;$

6:     $xt[i] := 1 / xt[i-1] - bt[i];$

7:     until $xt[i] = 0;$

8:     $m := i;$

Die Folge der Partialquotienten des Kettenbruchs von $xt[0] = x$ ist dann gegeben durch $\{bt[j]\}_{j \in [0:m]}$. Ein Beweis dessen findet sich in [Knuth 81, S.341 f.].

ii) Mit folgendem Algorithmus kann man aus den Partialquotienten des Kettenbruchs von a/p die Werte a und p berechnen:

$c := 1; \quad d := bt[m];$

for $j := m-1$ downto 1 do

begin $c := d \cdot bt[j] + c; \quad e := c; \quad c := d; \quad d := e;$ end;

$a := c; \quad p := d;$

Da Kettenbrüche irreduzible Brüche darstellen (vgl. [Hardy und Wright 58, S.151]) und a/p nach Voraussetzung gekürzt ist, kann man damit das Problem (3.1.1) i) theoretisch lösen. Zu beachten ist jedoch, daß dieser Algorithmus zwar die korrekte Lösung formal berechnet, aber nur von theoretischer Bedeutung ist, da die Berechnungen in i) mit unendlich vielen gültigen Stellen durchgeführt werden müssen.

iii) Der Kettenbruchalgorithmus läßt sich damit wie folgt definieren: Man bestimmt mit i) aus x die Partialquotienten von a/p und berechnet mit ii) Zähler und Nenner des durch den Kettenbruch dargestellten Bruches a/p.

Sucht man eine Lösung von (3.1.1) ii) für den Kettenbruchalgorithmus (3.1.15) iii), so benötigt man ein Verfahren, mit dem es möglich ist, aus $x_n = 10^{-n} \lfloor 10^n \cdot a/p \rfloor$ die Partialquotienten von $x = a/p$ zu bestimmen, wenn n geeignet gewählt ist. Für $n \to \infty$ war ein entsprechendes Verfahren durch (3.1.15) i) gegeben. Unter Berücksichtigung der endlichen Genauigkeit realer Rechnung wird nun ein modifiziertes Verfahren entwickelt, welches die gesuchten Koeffizienten liefern kann, falls n groß genug ist.

(3.1.16) Approximativer Kettenbruchalgorithmus

Gegeben seien $a, p \in \mathbb{N}+1$ mit $p>a>0$. Der Algorithmus sei in einer PASCAL-ähnlichen Notation angegeben:

Zur Initialisierung setzt man $xt[0] := 10^{-n} \lfloor 10^n \cdot a/p \rfloor$.

> 1:   readln(**Schranke**); {Frei wählbare Abbruchschranke}
> 2: $i := 0$; $br[0] := 0$;
> 3:   repeat
> 4: $i := i+1$;
> 5: $br[i] := \lfloor 1/xr[i-1] \rfloor$;
> 6: $xr[i] := 1/xr[i-1] - br[i]$;
> 7:   until $((xr[i] < $ **Schranke**$)$ or $((1-xr[i]) < $ **Schranke**$))$;
> 8: $m := i$; $br[m] := br[m] + \lfloor xr[m] + $ **Schranke** $\rfloor$;

Bei geeigneter Wahl des Parameters **Schranke** und der Eingabe $xr[0]$ sollen die Partialquotienten der Kettenbruch-Entwicklung von a/p mit $\{br[i]\}_{i \in [0:m]}$ gegeben sein.

(3.1.17) Bemerkung

i) Vergleicht man die Algorithmen (3.1.15) i) und (3.1.16), so ist die Analogie offensichtlich. Die theoretischen Berechnungen in den Zeilen 5 und 6 sind identisch mit den realen Berechnungen. Ein Unterschied ergibt sich aus den verschiedenen Abbruchbedingungen der Zeilen 7 und der Modifikation des letzten Elements in der realen Berechnung.

ii) Das neue Abbruchkriterium in Zeile 7, welches sich von der theoretischen Abbruchbedingung unterscheidet, kann folgendermaßen motiviert werden:

In (3.1.15) i) lautet die Abbruchbedingung $xt[i] = 0$.

$\Rightarrow$ $\qquad\qquad 0 = 1/xt[i-1] - \lfloor 1/xt[i-1] \rfloor$.

$\Rightarrow$ $\qquad\qquad 1/xt[i-1]$ ist eine ganze Zahl.

Sei nun vorausgesetzt, daß der Fehler der realen Berechnung durch

$$| 1/xt[i] - 1/xr[i] | < \delta < 1 \quad \forall \ i \in [0:m-1]$$

beschränkt ist, dann können zwei Fälle auftreten:

1) $1/xt[i-1] \in \mathbb{N}$ und $xr[i-1] \leq xt[i-1]$.

$\Rightarrow$ $\qquad xr[i] = 1/xr[i-1] - 1/xt[i-1]$.

$\Rightarrow$ $\qquad 0 \leq xr[i] < \delta$.

Gilt **Schranke** $\geq \delta$, so erfolgt der Abbruch der Schleife in (3.1.16) nach gleichvielen Schleifendurchläufen wie in (3.1.15) i).

Beispiel: $xt[i-1] = 0{,}3$, $xr[i-1] = 0{,}333332$.

$\Rightarrow$ $\qquad$ $1/xt[i-1] = 3 \in \mathbb{N}$, $1/xr[i-1] = 3,000012...$

$\Rightarrow$ $\qquad$ $xr[i-1] = 0,000012...$.

2) $1/xt[i-1] \in \mathbb{N}$ und $xr[i-1] > xt[i-1]$.

$\Rightarrow$ $xr[i] = 1/xr[i-1] - (1/xt[i-1]-1)$.

$\Rightarrow$ $\qquad$ $1-\delta < xr[i] < 1$.

Gilt **Schranke** $\geq \delta$, so wird ebenso korrekt abgebrochen.

Beispiel: $\qquad$ $xt[i-1] = 0,3$, $xr[i-1] = 0,333334$

$\Rightarrow$ $\qquad$ $1/xt[i-1] = 3 \in \mathbb{N}$ und $1/xr[i-1] = 2,999994...$

$\Rightarrow$ $\qquad$ $xr[i] = 0,999994...$.

(Damit begründet sich auch die Modifikation des letzten Elements.)

iii) Fehlerquellen für falsche Ergebnisse des Algorithmus können sein:

1) Es ist $|1/xr[i] - 1/xt[i]| < \delta < 1$ nicht für alle $i \in [0:m-1]$ erfüllt. Dies ließe sich zurückführen auf eine nicht ausreichende Rechengenauigkeit oder einen zu ungenauen Startwert $xr[0]$.

2) Der Schleifenabbruch erfolgt, obwohl $1/xt[i-1]$ keine ganze Zahl ist. Dies kann durch Verändern des Parameters **Schranke** nach ii) verhindert werden. Folgende Überlegung macht allerdings deutlich, daß dieser Fehler nur selten auftreten wird: Falls $1/xt[i] = \beta \in \mathbb{N}$ ist mit einem kleinen Wert β, so hat dies einen Wert $bt[i+2]=\lfloor 1/\beta \rfloor$ bzw. $bt[i+3] = \lfloor (1-\beta)/\beta \rfloor$ zur Folge, d. h. es entsteht ein großer Partialquotient. Dies ist nach (3.1.14) v) jedoch selten der Fall.

iv) Beispiel:

$$\frac{179}{289} = /1, 1, 1, 1, 1, 2, 6, 2/$$

$xr[0] = 10^{-10} \cdot \lfloor 10^{10} \cdot 179/289 \rfloor = 0,6193771626.$

$\Rightarrow$

$xr[1] = 0,6145251397423738335...,$ $\quad br[1] = 1,$

$xr[2] = 0,6272727270673223141...,$ $\quad br[2] = 1,$

$xr[3] = 0,5942028990727578240...,$ $\quad br[3] = 1,$

$xr[4] = 0,6829268277897679965...,$ $\quad br[4] = 1,$

$xr[5] = 0,4642857174558673511...,$ $\quad br[5] = 1,$

$xr[6] = 0,1538461391396450515...,$ $\quad br[6] = 2,$

$xr[7] = 0,5000006213500559704...,$ $\quad br[7] = 6,$

$xr[8] = 0,9999975146028647216...,$ $\quad br[8] = 2.$

Mit einem Parameterwert **Schranke** $= 0,0001$ würde der Algorithmus also die gesuchten Partialquotienten liefern. Dies hängt jedoch stark von der Genauigkeit des Eingabewertes $xr[0]$ ab.

So ergeben sich für $xr[0] = 10^{-5} \cdot \lfloor 10^5 \cdot 179/289 \rfloor$ die Werte $br[1]=br[2]=br[3]=br[4]=br[5]=1$, $br[6]=2$, $br[7]=6$ und $br[8]=1$ mit $xr[8] = 0,5316742...$. Es würde also kein korrekter

Abbruch erfolgen.

v) Durch die auftretenden Fest- oder Gleitkomma-Divisionen ist (3.1.16) aufwendig in der Durchführung, ermöglicht allerdings die Anwendung eines Abbruchkriteriums. Verzichtet man auf dieses Abbruchkriterium zugunsten einer schnelleren Durchführbarkeit, so kann man die Partialquotienten von $x_n \cdot 10^{-n} \lfloor 10^n \cdot a/p \rfloor$ schneller berechnen, wenn man sie mit dem Euklidischen Algorithmus mit der Eingabe $10^n \cdot x_n$ und 10^n berechnet, da dort nur ganzzahlige Operationen vorkommen und die Operanden mit jeder Iteration kleiner werden. Damit kann man versuchen, eine Folge von Zahlen zu bestimmen, deren Anfang mit den Partialquotienten von a/p übereinstimmt.

Beispiel:
$6193771626/10^{10}$ = /1,1,1,1,1,2,6,1,1,402349,5,2,1,2/   (vgl. iv)).

In bezug auf die Problemstellung (3.1.1) ii) hat man also Algorithmen zur Hand, mit deren Hilfe man aus $x_n \cdot 10^{-n} \lfloor 10^n \cdot a/p \rfloor$ die Zahlen a und p ermitteln kann, wenn der Parameter n groß genug gewählt ist. Es soll anschließend untersucht werden, wie groß der Parameter n dazu sein muß. Da diese Untersuchung anhand von (3.1.16) schwierig ist, wird auf einen anderen Algorithmus zurückgegriffen. Dazu werden jetzt die Grundlagen erarbeitet.

<u>(3.1.18) Definition</u>

Die Eulerschen Q-Polynome sind für $n \in \mathbb{N}$ definiert durch:

$$Q_n(x_1,...,x_n) = \begin{cases} 1, & n = 0 \\ x_1, & n = 1 \\ x_1 \cdot Q_{n-1}(x_2,...,x_n) + Q_{n-2}(x_3,...,x_n), & n > 1 \end{cases}$$

mit $x_i \in \mathbb{N}+1$, $i \in [1:n]$.

Die Eigenschaften dieser Q-Polynome sind im folgenden Lemma zusammengefaßt:

<u>(3.1.19) Lemma</u>

Für die Q-Polynome gelten folgende Eigenschaften:

i) $/x_1,...,x_n/$ = $Q_{n-1}(x_2,...,x_n) / Q_n(x_1,...,x_n)$, $n \geq 1$.

ii) $Q_n(x_1,...,x_n)$ = $Q_n(x_n,x_{n-1},...,x_1)$.

iii) $Q_n(x_1,...,x_n) = x_n \cdot Q_{n-1}(x_1,...,x_{n-1}) + Q_{n-2}(x_1,...,x_{n-2})$, $n \geq 2$.

iv) $Q_n(x_1,...,x_n) \cdot Q_n(x_2,...,x_{n+1}) - Q_{n+1}(x_1,...,x_{n+1}) \cdot Q_{n-1}(x_2,...,x_n) = (-1)^n$, $n \geq 1$.

v) $/x_1,...,x_n/ = \dfrac{1}{q_0 q_1} - \dfrac{1}{q_1 q_2} + \dfrac{1}{q_2 q_3} - ... + \dfrac{(-1)^{n-1}}{q_{n-1} q_n}$

mit $q_k = Q_k(x_1,...,x_k)$.

<u>Beweis</u>

Siehe [Knuth 81, S.340]. $\square$

Das darauf aufbauende folgende Lemma hat zentrale Bedeutung.

<u>(3.1.20) Lemma</u>

i)   Seien $x_i \in \mathbb{N}+1$, $i=1,...,n$, $a>0$, $b>0$, dann gilt:

$$/x_1,...,x_n,a/ - /x_1,...,x_n,b/ = (-1)^{n+1} \left[\frac{a-b}{(a \cdot q_n + q_{n-1})(b \cdot q_n + q_{n-1})} \right]$$

mit $q_k = Q_k(x_1,...,x_k)$.

ii)   Seien x_i, $y_k \in \mathbb{N}+1$ mit $i \in [1:r]$, $k \in [1:l]$. Setzt man $x_i = \infty$ $\forall$ $i > r$, $y_k = \infty$ $\forall$ $k > l$, so folgt:

Gilt $x_i = y_i$ $\forall$ $i \in [1:j-1]$ und $(-1)^j \cdot x_j < (-1)^j \cdot y_j$, dann gilt:

$$/x_1,...,x_r/ < /y_1,...,y_l/.$$

Setzt man $d = /x_1,...,x_{j-1}, q/$ mit

$$q = \begin{cases} x_j+1, & \text{falls } j \text{ gerade und } j < r \text{ ist} \\ x_j, & \text{falls } j \text{ gerade und } j \geq r \text{ ist} \\ y_j+1, & \text{falls } j \text{ ungerade und } j < l \text{ ist} \\ y_j, & \text{falls } j \text{ ungerade und } j \geq l \text{ ist,} \end{cases}$$

so ist d von allen irreduziblen Brüchen in $[/x_1,...,x_r/, /y_1,...,y_l/]$ derjenige mit dem kleinsten Nenner.

<u>Beweis</u>

i) $/x_1,...,x_n,a/ - /x_1,...,x_n,b/ =$

$$\sum_{j=0}^{n-1} \frac{(-1)^j}{q_j q_{j+1}} + \frac{(-1)^n}{q_n \cdot Q_{n+1}(x_1,...,a)} - \sum_{j=0}^{n-1} \frac{(-1)^j}{q_j q_{j+1}} - \frac{(-1)^n}{q_n \cdot Q_{n+1}(x_1,...,b)}$$

$$= \frac{(-1)^n}{q_n} \cdot \left[\frac{1}{a \cdot q_n + q_{n-1}} - \frac{1}{b \cdot q_n + q_{n-1}} \right] = (-1)^n \cdot \frac{b-a}{(a \cdot q_n + q_{n-1})(b \cdot q_n + q_{n-1})}.$$

ii) Mit Hilfe von i) läßt sich Aussage ii) analog zu [Knuth 81, S.606] leicht nachvollziehen, wenn man folgende Identität ausnutzt:

$$/x_1,...,x_{j-1},z_j,...,z_m/ =$$

$$\frac{Q_{m-j}(z_{j+1},...,z_m)\cdot Q_{j-3}(x_2,...,x_{j-2}) + Q_{m-j+1}(z_j,...,z_m)\cdot Q_{j-2}(x_2,...,x_{j-1})}{Q_{m-j}(z_{j+1},...,z_m)\cdot Q_{j-2}(x_1,...,x_{j-2}) + Q_{m-j+1}(z_j,...,z_m)\cdot Q_{j-1}(x_1,...,x_{j-1})} \quad \text{für } j \geq 3. \quad \square$$

Damit ist es einfach, einen Algorithmus anzugeben, mit dem der Bruch mit dem kleinsten Nenner in einem Intervall ermittelt werden kann.

(3.1.21) Algorithmus A

Sei $0 < a < b < 1$ und $a = /a_1,...,a_r/$ und $b = /b_1,...,b_k/$, wobei man die Partialquotienten mit (3.1.17) v) bestimmen kann. Weiter setzt man $a_i = \infty \ \forall \ i > r$ und $b_i = \infty \ \forall \ i > k$. Dann bestimmt man ein j mit $a_i = b_i \ \forall \ i \in [1;j-1]$ und $a_j \neq b_j$. Setzt man $d = /a_1,...,a_{j-1},q/$ mit

$$q = \begin{cases} a_j+1, & \text{falls } j \text{ gerade und } j < r \text{ ist} \\ a_j, & \text{falls } j \text{ gerade und } j \geq r \text{ ist} \\ b_j+1, & \text{falls } j \text{ ungerade und } j < k \text{ ist} \\ b_j, & \text{falls } j \text{ ungerade und } j \geq k \text{ ist,} \end{cases}$$

so ist d derjenige irreduzible Bruch in $[a,b]$, welcher den kleinsten Nenner hat.

Beispiel:

$a = 0{,}512 = /1,1,20,3/, \quad b = 0{,}513 = /1,1,18,1,2,1,2,2/$

$$\Rightarrow \qquad j = 3 \text{ und } d = /1,1,19/ = \frac{20}{39} = 0{,}5128205....$$

Damit ist 20/39 derjenige Bruch in $[0{,}512, 0{,}513]$, der den kleinsten Nenner hat.

Um jedoch Algorithmus A zur Lösung von (3.1.1) ii) benutzen zu können, sind noch Vorbetrachtungen über Farey-Folgen notwendig. Dazu sei das folgende Lemma angeführt.

(3.1.22) Lemma

Es bezeichne F_n die Folge aller irreduziblen Brüche im Intervall $[0,1]$, deren Nenner kleiner oder gleich n sind, und die der Größe nach aufsteigend geordnet sind (z. B. $F_5 = (\frac{0}{1},\frac{1}{5},\frac{1}{4},\frac{1}{3},\frac{2}{5},\frac{1}{2},\frac{3}{5},\frac{2}{3},\frac{3}{4},\frac{4}{5},\frac{1}{1}))$. Die Farey-Folge F_n hat die folgenden Eigenschaften:

i)   Sind $\frac{a}{b}$ und $\frac{c}{d}$ aufeinanderfolgende Brüche in einer beliebigen Farey-Folge, so gilt: $\qquad\qquad c \cdot b - a \cdot d = 1.$

Sind $\frac{a}{b}$ und $\frac{c}{d}$ aufeinanderfolgende Brüche in der Farey-Folge F_n, $n \geq 2$, so gilt:

$$\frac{1}{n(n-1)} \leq \left| \frac{c}{d} - \frac{a}{b} \right| \leq \frac{1}{n} .$$

iii) $|F_n| = 1 + \sum_{j=1}^{n} \varphi(j)$ mit der Eulerschen φ-Funktion, welche definiert ist durch

$$\varphi(n) = \sum_{\substack{1 \leq k \leq n \\ ggT(k,n)=1}} 1 .$$

iv)   Es gilt die Abschätzung: $|F_n| = \frac{3}{\pi^2} n^2 + O(n \cdot \log(n))$, $n \to \infty$.

v)   Die n-te Farey-Folge läßt sich berechnen durch:

$\{ x_i/y_i \mid i \in [1;j] \}$ bis $x_j/y_j = 1 \}$ mit $x_0 = 0$, $y_0 = x_1 = 1$, $y_1 = n$ und

$x_{k+2} = \lfloor (y_k+n)/y_{k+1} \rfloor \cdot x_{k+1} - x_k$,

$y_{k+2} = \lfloor (y_k+n)/y_{k+1} \rfloor \cdot y_{k+1} - y_k$.

Beweis

i) Siehe [Niven und Zuckerman 76, S.183].

ii) Siehe [Niven und Zuckerman 76, S.186].

iii) Siehe [Niven und Zuckerman 76, S.186].

iv) Siehe [Hardy und Wright 58, S.305].

v) Siehe [Schroeder 84, S.77]. $\square$

Damit ergibt sich der folgende zentrale Satz:

(3.1.23) Satz

Seien $a, p \in \mathbb{N}+1$ mit $0 < a < p$ und $ggT(a,p)=1$. Sei weiter $x = a/p$ und $x_1, x_2, x_3 \in \mathbb{R}$ mit $0 < x - x_1 < \frac{1}{p(p-1)}$, $0 < x_2 - x < \frac{1}{p(p-1)}$ und $|x - x_3| > \frac{1}{p}$, dann gilt:

Mit den Werten x_1 und $x_1 + \frac{1}{p(p-1)}$ bzw. $x_2 - \frac{1}{p(p-1)}$ und x_2 läßt sich mit Algorithmus A der Bruch a/p bestimmen. Aus den Werten x_3 und $x_3 \pm \varepsilon$ mit $\varepsilon > 0$ läßt sich mit Algorithmus A der Bruch a/p nicht bestimmen.

Beweis

Zunächst gilt trivialerweise:

$$a/p \in [x_1 , x_1 + \frac{1}{p(p-1)}] \text{ bzw. } a/p \in [x_2 - \frac{1}{p(p-1)}, x_2].$$

Nach (3.1.22) ii) gilt aber für alle Brüche $c/d \neq a/p$ aus der p-ten Farey-Folge $|a/p - c/d| \geq \frac{1}{p(p-1)}$.

$$\Rightarrow \ [x_1, x_1 + \tfrac{1}{p(p-1)}] \cap F_p = \{a/p\} = [x_2 - \tfrac{1}{p(p-1)}, x_2] \cap F_p.$$

Damit gibt es in den entsprechenden Intervallen nur ein Element aus F_p, eben das gesuchte a/p. Insbesondere ist damit a/p in diesen Intervallen der Bruch mit dem kleinsten Nenner und kann daher mit Algorithmus A bestimmt werden.

Man betrachte das Intervall $[x_3, x_3 + \varepsilon]$ bzw. $[x_3 - \varepsilon, x_3]$, wobei vorausgesetzt sei, daß a/p ein Element dieses Intervalls ist. Da $|x_3 - a/p| > 1/p$ ist, existiert nach (3.1.22) ii) ein Nachbarelement e/f von a/p in der Farey-Folge F_p, welches auch zu diesen Intervallen gehört. Dabei ist $p = f$ ausgeschlossen, da nach (3.1.22) i) dann $e = a+1$ und $(a+1) \cdot p - a \cdot p = p = 1$ bzw. $e = a-1$ und $a \cdot p - (a-1) \cdot p = p = 1$ folgen würde. Somit hat e/f einen kleineren Nenner als a/p und ist Element des entsprechenden Intervalls. Damit kann Algorithmus A nicht a/p als Ergebnis ermitteln. $\square$

(3.1.24) Folgerung

Für den minimalen Parameterwert n, für den man aus $x_n = 10^{-n} \cdot \lfloor 10^n \cdot a/p \rfloor$ und $x_n + 10^{-n}$ mit $0 < a < p$ und $\mathrm{ggT}(a,p) = 1$ mit Algorithmus A die Werte a und p ermitteln kann, gilt:

i) $\log_{10}(p) \leq n \leq \log_{10}(p(p-1)) \leq 2 \cdot \log_{10}(p)$.

ii)   Sind a/p und c/d konsekutive Elemente aus F_p, so folgt:
$$n \approx \log_{10}(d \cdot p).$$

Beweis

i) Nach Voraussetzung gilt $x - x_n \leq 10^{-n}$ und nach (3.1.23) muß gelten:
$$\tfrac{1}{p} \geq 10^{-n} \geq \tfrac{1}{p(p-1)} \Leftrightarrow \log_{10}(p) \leq n \leq \log_{10}(p(p-1)) \leq 2 \cdot \log_{10}(p).$$

ii) $c/d - a/p = 1/(p \cdot d)$ nach (3.1.22) i), d. h. gilt $1/(d \cdot p) > 10^{-n} \Leftrightarrow n > \log_{10}(d \cdot p)$, so folgt:
$$[x_n, x_n + 10^{-n}] \cap F_p = \{a/p\}. \ \square$$

Damit ist in bezug auf (3.1.1) ii) geklärt, wieviele gültige Stellen man von a/p kennen muß, um mit dem Kettenbruchalgorithmus bzw. mit Algorithmus A die Werte a und p zu ermitteln. Insbesondere ist es nach der in (3.1.22) iv) angegebenen Größenordnung von $|F_p|$ nicht möglich, die entsprechende Farey-Folge nach a/p zu durchsuchen. Für die weiteren Betrachtungen ist von Interesse, wie groß der Mittelwert des in (3.1.24) gefundenen Parameters n ist. Eine Abschätzung liefert der nächste Satz:

(3.1.25) Satz

Sei $p \in \mathbb{N}+2$ fest vorgegeben. Der Mittelwert über alle konsekutiven Paare a/b und c/d aus F_p von $\log_{10}(b \cdot d)$ (vgl. (3.1.24) ii)) läßt sich abschätzen durch

$$\frac{1}{|F_p|} \cdot \sum_{\substack{\frac{a}{b}, \frac{c}{d} \, \in F_p \text{ konsekutiv}}} \log_{10}(b \cdot d) \cdot \overline{n} \approx 2 \cdot \log_{10}(p+1) - \frac{1}{\log_e(10)}.$$

Beweis

$$\sum_{\substack{\frac{a}{b}, \frac{c}{d} \, \in F_p \text{ konsekutiv}}} \log_{10}(b \cdot d) \cdot \sum_{\substack{\frac{a}{b}, \frac{c}{d} \, \in F_p \text{ konsekutiv}}} [\log_{10}(b) + \log_{10}(d)]$$

$$\cdot \left[\sum_{k=1}^{p} 2 \cdot \varphi(k) \cdot \log_{10}(k) \right] - 2 \cdot \log_{10}(1) \quad \text{(nach (3.1.22) iii))}$$

$$\approx 2 \cdot \sum_{k=1}^{p} 6/\pi^2 \cdot k \cdot \log_{10}(k) \quad \text{nach [Hardy und Wright 58, S.305].}$$

Mit (3.1.22) iv) kann man folgenden Mittelwert abschätzen:

$$\frac{1}{|F_p|} \cdot \sum_{\substack{\frac{a}{b}, \frac{c}{d} \, \in F_p \text{ konsekutiv}}} \log_{10}(b \cdot d) \cdot \frac{\pi^2}{3 \cdot p^2} \cdot \frac{12}{\pi^2} \cdot \sum_{k=1}^{p} k \cdot \log_{10}(k)$$

$$\leq \frac{4}{p^2} \frac{1}{\log_e(10)} \int_{1}^{p+1} x \cdot \log_e(x) \, dx$$

$$\cdot 2 \cdot \left(\frac{p+1}{p}\right)^2 \cdot \log_{10}(p+1) - \left(\frac{p+1}{p}\right)^2 \cdot \frac{1}{\log_e(10)} + \frac{1}{p^2 \cdot \log_e(10)}$$

$$\approx 2 \cdot \log_{10}(p+1) - \frac{1}{\log_e(10)} \cdot p \to \infty. \quad \square$$

(3.1.26) Bemerkung

i) Daß $\frac{3}{\pi^2} n^2$ eine gute Abschätzung für $\sum_{j=1}^{n} \varphi(j)$ (vgl. (3.1.22) iv) und Beweis von (3.1.25)) auch für kleine Werte von n ist, erkennt man an der folgenden Tabelle:

	$3/\pi^2 \cdot n^2$	$\sum_{j=1}^{n} \varphi(j)$
$n = 50$	759,9...	774
$n = 100$	3039,6...	3044
$n = 150$	6839,1...	6858
$n = 200$	12158,5...	12232

ii) Eine numerische Überprüfung der Abschätzung des Mittelwertes $\bar{n}$ aus (3.1.25) ergibt eine gute Übereinstimmung, wie die folgende Tabelle erläutert:

	$\bar{n}$-Mittelwert von $\log_{10}(b \cdot d)$	$2 \cdot \log_{10}(p+1) - \dfrac{1}{\log_e(10)}$
p = 50	2,97...	2,98...
p = 500	4,96...	4,96...
p = 5000	6,96...	6,96...

iii) Folgende Überlegung unterstützt die Abschätzung des Mittelwertes $\bar{n}$ in (3.1.25) für die Brüche a/p aus F_p mit $p \in \mathbb{P}$: Sei $p \in \mathbb{P}$ und man nehme an, daß der Nenner eines zu a/p benachbarten Elements in der Farey-Folge F_p unabhängig von a ist. Aufgrund von (3.1.22) iv) nehme man weiter die folgende Näherung an: Die Anzahl der Brüche in der Farey-Folge F_p mit Nenner gleich q läßt sich abschätzen durch: $3/\pi^2 \cdot q^2 - 3/\pi^2(q-1)^2 - 3/\pi^2 \cdot (2q-1)$. Da p eine Primzahl ist, können alle Zahlen $1 \le j \le p-1$ als Nenner eines Nachbarbruches von a/p vorkommen. Die Wahrscheinlichkeit, daß es der Nenner j ist, läßt sich damit abschätzen durch $[3/\pi^2 \cdot (2j-1)] / [3/\pi^2 \cdot p^2]$. Der Erwartungwert von $\bar{n}$ läßt sich dann abschätzen durch:

$$\bar{n} = \sum_{j=1}^{p-1} \log_{10}(p \cdot j) \cdot \frac{2j-1}{p^2} = \log_{10}(p) \cdot \sum_{j=1}^{p-1} \frac{2j-1}{p^2} + \sum_{j=1}^{p-1} \log_{10}(j) \cdot \frac{2j-1}{p^2}$$

$$= \log_{10}(p) \cdot \frac{(p-1)^2}{p^2} + \frac{1}{p^2} \cdot \sum_{j=1}^{p-1} \log_{10}(j) \cdot (2j-1).$$

Die endliche Summe $\displaystyle\sum_{j=1}^{p-1} \log_{10}(j) \cdot (2j-1)$ läßt sich wie folgt abschätzen:

$$\sum_{j=1}^{p-1} \log_{10}(j) \cdot (2j-1) = \frac{1}{\log_e(10)} \cdot \sum_{j=1}^{p-1} \log_e(j) \cdot (2j-1)$$

$$\le \frac{1}{\log_e(10)} \int_1^p \log_e(x) \cdot (2x-1)\, dx$$

$$\le \frac{1}{\log_e(10)} \left[p^2 \cdot \log_e(p+1) - \frac{p^2}{2} - \frac{1}{2} - p \cdot \log_e(p) + p \right]$$

$$\Rightarrow \frac{1}{p^2} \sum_{j=1}^{p} \log_{10}(j) \cdot (2j-1) \le \log_{10}(p) - \frac{1}{\log_e(10)} \cdot \frac{1}{2} +$$

$$\frac{1}{\log_e(10)} \cdot \left[\frac{p}{p^2} - \frac{p}{p^2} \cdot \log_e(p) - \frac{1}{2 \cdot p^2} \right]$$

$$\Rightarrow \qquad \bar{n} \approx 2 \cdot \log_{10}(p) - \frac{1}{2 \cdot \log_e(10)} \, .$$

iv) Ebenso ergibt eine numerische Überprüfung, daß $\log_{10}(p) - \frac{1}{2 \cdot \log_e(10)}$ eine gute

Näherung für $\sum\limits_{j\text{-}1}^{p\text{-}1} \log_{10}(j) \cdot \frac{2j\text{-}1}{p^2}$ ist, denn es gilt:

	$\log_{10}(p) - \frac{1}{2 \cdot \log_e(10)} - \sum\limits_{j\text{-}1}^{p\text{-}1} \log_{10}(j) \cdot \frac{2j\text{-}1}{p^2}$
p - 10000	$-8{,}43 \cdot 10^{-4}$
p - 100000	$-1{,}04 \cdot 10^{-4}$
p - 1000000	$-1{,}24 \cdot 10^{-5}$

v) Daß die unter iii) gemachte Annahme unkritisch ist, zeigte sich in einer statistischen Auswertung von 2000 Wertepaaren a/p, deren Koeffizient n analog zu (3.1.24) mit (3.1.17) v) numerisch bestimmt wurde. Dabei wurde die Zahl p aus Intervallen $[10^k ; 10^{k+1}]$ mit k-10,...,25 und k-50, 100, 150, 200 zufällig gewählt. Es ergab sich ein Mittelwert von $2 \cdot \log_{10}(p)$ mit einer Standardabweichung kleiner als 0,5. Insbesondere unterstützen diese Ergebnisse die Korrektheit der Annahme und der Ergebnisse aus (3.1.26) iv) und (3.1.25).

vi) Sowohl (3.1.25) als auch (3.1.26) iv) lassen davon ausgehen, daß der gesuchte Parameterwert n (für den man Algorithmus A mit (3.1.24) erfolgreich anwenden kann) für einen beliebig gewählten Bruch a/p gleich $2 \cdot \log_{10}(p)$ ist. Dies ergibt sich aus dem Vergleich der Mittelwertabschätzungen und dem Maximalwert aus (3.1.24) i), da die Mittelwerte bis auf einen Summand 0,5 mit dem Maximalwert $2 \cdot \log_{10}(p)$ übereinstimmen.

Wenn man diese Ergebnisse für die Lösung von (3.1.1) ii) verwenden will, so ist noch die folgende Überlegung notwendig.

(3.1.27) Bemerkung

i) Sei $p \in \mathbb{P}$ und $p > a > 10^{100}$. Nach (3.1.14) iii) ist die mittlere Anzahl von Partialquotienten des Kettenbruchs zu a/p gegeben mit $1{,}94 \cdot \log_{10}(p)$. Setzt man jetzt $n \text{-} 2 \cdot \log_{10}(p) - 70$, x - a/p und $x_n \in \mathbb{R}$ mit $|x - x_n| < \frac{1}{2} \cdot 10^{-n}$, so bleiben bei der Anwendung von Algorithmus A auf die Werte $x_n \text{-} 10^{-n}$ und $x_n \text{+} 10^{-n}$ im Mittel 70 Partialquotienten von a/p unbekannt. Denn nach (3.1.25) und (3.1.26) vi) erhält man als Ergebnis einen Bruch c/d mit

$$(x_n \text{-} 10^{-n}) - (x_n + 10^{-n}) \cdot 2 \cdot 10^{-n} \approx \frac{1}{d(d\text{-}1)} \Rightarrow d \approx \sqrt{2} \cdot 10^{n/2} \,.$$

Wiederum mit (3.1.14)iii) ist die mittlere Anzahl von Partialquotienten von c/d gleich $1{,}94 \cdot \log_{10}(\sqrt{2} \cdot 10^{n/2}) \approx n{+}0{,}29$, wohingegen die mittlere Anzahl von Partialquotienten von a/p etwa $1{,}94 \cdot \log_{10}(p) \approx n + 70$ ist.

ii) Die in (3.1.26)v) angegebene statistische Untersuchung von 2000 Wertepaaren a/p konnte das in i) hergeleitete Resultat bestätigen. Eine lineare Regression ergab:

Die Anzahl der Partialquotienten von $x_{n\text{-}m} \cdot 10^{-(n\text{-}m)} \cdot \lfloor 10^{n\text{-}m} \cdot a/p \rfloor$ mit $n\text{-}\lceil 2 \cdot \log_{10}(p)\rceil$ und $m \le n/2$, die mit denen von a/p übereinstimmen, ist gegeben durch:

$$n - 0{,}9755 \cdot m + 0{,}339$$

mit einem relativ großen Korrelationskoeffizienten $r = -0{,}863$.

(3.1.28) Folgerung

Seien $p \in \mathbb{P}$ und $a \in \mathbb{Z}_p$ mit $p > 10^{100}$. Setzt man $n = 2 \cdot \log_{10}(p) - 70$, so müssen von a/p mindestens 70 Dezimalstellen erraten werden, bis man mit Algorithmus A aus $x_n \cdot 10^{-n} \lfloor 10^n \cdot a/p \rfloor$ die Werte a und p ermitteln kann. Ebenso bleiben im Mittel 70 Partialquotienten von a/p unbekannt, die prinzipiell unbeschränkt sind und damit ebenfalls aus mehr als 10^{70} Kombinationen erraten werden müssen. Beachtet man weiterhin die Optimalitätseigenschaft von Kettenbrüchen, die in (3.1.14)i) angegeben ist, so ist damit eine Antwort auf die Frage (3.1.1)ii) gefunden, denn andere Algorithmen müssen aufgrund dessen einen mindestens ebenso großen Parameterwert n haben wie der, der sich für den Kettenbruchalgorithmus mit Algorithmus A ergibt.

(3.1.29) Zusammenfassung

Mit den erzielten Ergebnissen ist es möglich, eine Lösung der Problemstellung (3.1.1) zu formulieren: Mit dem Abzählungsalgorithmus, dem Periodenalgorithmus und dem Kettenbruchalgorithmus ist es möglich, aus $x = a/p$ die Zahlen a und p zurückzugewinnen, wobei dies insbesondere mit dem Kettenbruchalgorithmus und Algorithmus A in effektiver Weise durchführbar ist. Setzt man $p \in \mathbb{P}$ und $p > a > 10^{100}$ voraus und gibt von a/p nur die ersten $2 \cdot \log_{10}(p) - 70$ Dezimalstellen bekannt, so benötigt man mindestens 10^{70} Operationen, um daraus die Werte a und p zu ermitteln, d. h. für eine reale Berechnung dieser Werte sind zuwenig Informationen zugänglich. Dies wurde dadurch erreicht, daß man für den Abzählungsalgorithmus keine geeignete Abzählung finden kann, daß der Periodenalgorithmus durch eine zu große Periodenlänge verhindert wird, und daß für den Kettenbruchalgorithmus 70 Dezimalstellen oder 70 Partialquotienten erraten werden müssen. Insbesondere die Optimalität der Kettenbrüche im Sinne der besten Approximation mit kleinen Nennern läßt andere Algorithmen aussichtslos erscheinen.

Dies bedeutet, daß ein Benutzer eines nichtganzzahligen Public-Key-Kryptosystems die Zahl $x = a/p$ mit $2 \cdot \log_{10}(p)$-70 gültigen Stellen bekanntgeben darf, ohne daß ein Angreifer daraus die geheimen Schlüssel a und p ermitteln kann.

3.2 Ein Public-Key-Kryptosystem mit rationalen Zahlen

Versucht man, das im vorhergehenden Paragraphen entwickelte neue Sicherheitsprinzip für ein nichtganzzahliges Public-Key-Kryptosystem zu nutzen, so kann man als einen möglichen Ansatzpunkt den folgenden wählen:

Aus der Kryptoanalyse des AR-Systems im Kapitel 2 folgt, daß es nicht ratsam ist, die zugrundegelegte Funktion f monoton zu wählen und daß der Aufwand, die Lösung von $f_{h(w)}(w) = c$ im Nachrichtenraum zu finden, groß sein soll (vgl. Paragraph 2.2 und 2.3). Wie sich zeigte, war eine Approximation durch Polynome und Polynom-Splines nicht sicher (siehe Sätze (2.4.16) und (2.4.19)). Bedingt durch den hohen Aufwand waren Ansätze mit Walsh-Funktionen unpraktikabel (vgl. Paragraph 2.5). Einzig die Approximation durch periodische Funktionen zeigte für das AR-System ein erfolgversprechendes Verhalten. Ist die Spannweite des Nachrichtenraums 'groß', d. h. es gilt eine Aussage der Art: $| \max\{w \in W\} - \min\{w \in W\} | \geq 10^{70}$, und die Periode der Funktion ist 'klein', so ergibt sich nach Lemma (2.6.6) für die Gleichung $f(x) = f(w)$ ein mächtiger Lösungsraum. Dadurch kann das Auffinden einer solchen Lösung aus dem Nachrichtenraum mit einem hohen Aufwand verbunden sein.

Dieses Prinzip periodischer Funktionen, Sicherheit gegen gewisse Attacken durch große Lösungsräume zu gewährleisten, findet sich auch in einigen klassischen Public-Key-Kryptosystemen wieder, denn im Bereich der ganzen Zahlen kann die Funktion $t(n) = n$ MOD p, $n \in \mathbb{N}$, $p \in \mathbb{N}+1$ als eine p-periodische Funktion aufgefaßt werden. Eine solche Funktion bildet z. B. den Kern des Pohlig-Hellman-Verfahrens und des RSA-Verfahrens (siehe [Horster 85, S.160-176, S.179-193]). Will man die Ergebnisse über rationale Zahlen aus Paragraph 3.1 als Grundlage eines neuen Public-Key-Kryptosystems benutzen, so liegt es nahe, die ganzzahlige Modulo-Operation auf reelle Zahlen zu übertragen.

(3.2.1) Definition

i)   Es seien $a, b, c \in \mathbb{R}$, $b \neq 0$, dann ist die Kongruenz zweier reeller Zahlen a und c bezüglich dem reellen Modul b definiert durch

$$c \equiv a \ (\mathrm{mod} \ b) :\Leftrightarrow (c-a)/b \in \mathbb{Z}.$$

ii)   Es seien $a, b \in \mathbb{R}^{+}$, dann sei die Operation MOD definiert durch:

$$a \ \mathrm{MOD} \ b = a - \lfloor a/b \rfloor \cdot b.$$

Dabei soll die Priorität des Operators MOD zwischen den Prioritäten von Strich- und Punktoperationen angesiedelt sein.

Für diese reelle Modulo-Rechnung gelten ähnliche Eigenschaften wie für die ganzzahlige Modulo-Rechnung. Ausnahmen bilden solche Eigenschaften, die auf der Teilbarkeit im Ring $\mathbb{Z}$ beruhen. Trivialerweise sind Aussagen über Teilbarkeit im Bereich des Körpers der rationalen oder der reellen Zahlen nicht gleichbedeutend mit denen im Bereich des Ringes der ganzen Zahlen. So können z. B. die Eulersche φ-Funktion und der darauf aufbauende Eulersche Satz (vgl. [Niven und Zuckerman 76, S.30 f.]), der für das RSA-Verfahren grundlegend ist, nicht ohne weiteres übertragen werden. Einige dieser Eigenschaften sind im folgenden Lemma zusammengefaßt:

(3.2.2) Lemma

Seien $a, b, c, d, e \in \mathbb{R}$, $b \neq 0$, $k \in \mathbb{Z} \setminus \{0\}$, dann gilt:

i) $a \equiv c \pmod b \Leftrightarrow c \equiv a \pmod b \Leftrightarrow a - c \equiv 0 \pmod b$.

ii) $a \equiv c \pmod b$ und $c \equiv d \pmod b \Rightarrow a \equiv d \pmod b$.

iii) $a \equiv c \pmod b \Rightarrow k \cdot a \equiv k \cdot c \pmod b$, $d \cdot a \equiv d \cdot c \pmod{d \cdot b}$ mit $d \neq 0$.

iv) $a \equiv c \pmod b$ und $d \equiv e \pmod b \Rightarrow a + d \equiv c + e \pmod b$.

v) $a \equiv c \pmod{k \cdot b} \Rightarrow a \equiv c \pmod b$.

vi)   Aus $a \equiv c \pmod b$ und $d \equiv e \pmod b$ folgt i. allg. nicht $a \cdot d \equiv c \cdot e \pmod b$ wie im ganzzahligen Fall. Ebenso folgt i. allg. nicht $a^k \equiv c^k \pmod b$.

vii)   Sei $n, m, i, k \in \mathbb{N}$ und $a \cdot 10^{-i} \cdot n$, $c \cdot 10^{-i} \cdot m$ und $b \in \mathbb{R}^+$. Dann gilt: $a \equiv c \pmod b \Rightarrow a^k \equiv c^k \pmod{(b \cdot 10^{-(k-1) \cdot i})}$.

Beweis

i) $\dfrac{a-c}{b} \in \mathbb{Z} \Leftrightarrow \dfrac{c-a}{b} \in \mathbb{Z} \Leftrightarrow \dfrac{a-c-0}{b} \in \mathbb{Z}$.

ii) $\dfrac{a-c}{b} \in \mathbb{Z}$ und $\dfrac{c-d}{b} \in \mathbb{Z} \Rightarrow \dfrac{a-c+c-d}{b} \in \mathbb{Z}$.

iii) $\dfrac{a-c}{b} \in \mathbb{Z} \Rightarrow \dfrac{k(a-c)}{b} \in \mathbb{Z}$ und $\dfrac{d}{d} \cdot \dfrac{a-c}{b} \in \mathbb{Z}$.

iv) $\dfrac{a-c}{b} \in \mathbb{Z}$ und $\dfrac{d-e}{b} \in \mathbb{Z} \Rightarrow \dfrac{a-c+d-e}{b} \in \mathbb{Z} \Rightarrow \dfrac{a+d-(c+e)}{b} \in \mathbb{Z}$.

v) $\dfrac{a-c}{k \cdot b} \in \mathbb{Z} \Rightarrow k \cdot \dfrac{a-c}{k \cdot b} \in \mathbb{Z} \Rightarrow \dfrac{a-c}{b} \in \mathbb{Z}$.

vi) Gegenbeispiel: $1{,}1 \equiv 0{,}1 \pmod{0{,}5}$ und $2{,}1 \equiv 0{,}1 \pmod{0{,}5}$, aber es gilt hingegen $1{,}1 \cdot 2{,}1 \not\equiv 0{,}1 \cdot 0{,}1 \pmod{0{,}5}$, denn $2{,}31 \not\equiv 0{,}01 \pmod{0{,}5}$. Ebenso ergibt sich $1{,}1 \cdot 1{,}1 \not\equiv 0{,}1 \cdot 0{,}1 \pmod{0{,}5}$, denn $1{,}21 \not\equiv 0{,}01 \pmod{0{,}5}$, vgl. [Niven und Zuckerman 76, S.28].

vii) Mit der endlichen geometrischen Reihe $\displaystyle\sum_{j=0}^{k-1} q^j = \dfrac{1-q^k}{1-q}$ $(q > 0)$ gilt:

$$\sum_{j=0}^{k-1} \left(\frac{c}{a}\right)^j = \frac{1}{a^{k-1}} \cdot \frac{a^k - c^k}{a-c} \quad \text{für } a \neq 0.$$

$$\Rightarrow \quad a^k - c^k = (a-c) \cdot \sum_{j=0}^{k-1} \left(a^{k-1-j} \cdot c^j\right) \quad \forall \, a, c \in \mathbb{R}.$$

$$\Rightarrow \quad \frac{a^k - c^k}{b \cdot 10^{-(k-1) \cdot i}} = \frac{a-c}{b} \cdot \sum_{j=0}^{k-1} a^{k-1-j} \cdot c^j \cdot 10^{(k-1) \cdot i}$$

$$= \frac{a-c}{b} \cdot \sum_{j=0}^{k-1} n^{k-1-j} \cdot m^j \cdot 10^{-i \cdot k + i + i \cdot j - i \cdot j + (k-1) \cdot i}$$

$$= \frac{a-c}{b} \cdot \sum_{j=0}^{k-1} n^{k-1-j} \cdot m^j \in \mathbb{Z}, \text{ falls } a \equiv c \pmod{b}. \quad \square$$

Auch bezüglich der modularen Arithmetik, die grundlegend ist für oben erwähnte Public-Key-Kryptosysteme, ergeben sich Unterschiede zum ganzzahligen Fall.

(3.2.3) Satz

i)   Sei $n, m \in \mathbb{Z}$, $p \in \mathbb{N}+1$, dann gilt:

   $(n \pm m) \text{ MOD } p = ((n \text{ MOD } p) \pm (m \text{ MOD } p)) \text{ MOD } p,$

   $(n \cdot m) \text{ MOD } p = ((n \text{ MOD } p) \cdot (m \text{ MOD } p)) \text{ MOD } p.$

ii)   Sei $a, b, c \in \mathbb{R}^+$, dann gilt:

   $(a \pm c) \text{ MOD } b = ((a \text{ MOD } b) \pm (c \text{ MOD } b)) \text{ MOD } b.$

   Im allgemeinen gilt nicht:

   $(a \cdot c) \text{ MOD } b = ((a \text{ MOD } b) \cdot (c \text{ MOD } b)) \text{ MOD } b.$

   Vielmehr gilt: $(a \cdot c) \text{ MOD } b = (b \cdot \lfloor \frac{a}{b} \rfloor \cdot (c \text{ MOD } b) +$

   $\lfloor \frac{c}{b} \rfloor \cdot (a \text{ MOD } b)] + (a \text{ MOD } b) \cdot (c \text{ MOD } b)) \text{ MOD } b.$

iii) Sei $a, b, r \in \mathbb{R}^+$. Dann gilt: $\frac{1}{r} (a \text{ MOD } b) = \frac{a}{r} \text{ MOD } \frac{b}{r}$.

Beweis

i) Siehe [Horster 85, S.288 f.].

ii) Sei $a = k_1 \cdot b + r_1$ mit $0 \leq r_1 < b$ und $c = k_2 \cdot b + r_2$ mit $0 \leq r_2 < b$, $k_1, k_2 \in \mathbb{N}$.

$\Rightarrow (a \pm c) \text{ MOD } b = ((k_1 \pm k_2) \cdot b + (r_1 \pm r_2)) \text{ MOD } b$

$\qquad\qquad = (r_1 \pm r_2) \text{ MOD } b$

$\qquad\qquad = ((a \text{ MOD } b) \pm (c \text{ MOD } b)) \text{ MOD } b.$

Gegenbeispiel: $(1,1 \cdot 5,1) \text{ MOD } 0,5 = 5,61 \text{ MOD } 0,5 = 0,11$.

$((1,1 \text{ MOD } 0,5) \cdot (5,1 \text{ MOD } 0,5)) \text{ MOD } 0,5 = (0,1 \cdot 0,1) \text{ MOD } 0,5 = 0,01$.

$$(a \cdot c) \text{ MOD } b = (k_1 \cdot k_2 \cdot b^2 + k_1 \cdot r_2 \cdot b + k_2 \cdot r_1 \cdot b + r_1 \cdot r_2) \text{ MOD } b$$

$$= (k_1 \cdot r_2 \cdot b + k_2 \cdot r_1 \cdot b + r_1 \cdot r_2) \text{ MOD } b$$

$$= (b \cdot [\lfloor \tfrac{a}{b} \rfloor \cdot (c \text{ MOD } b) + \lfloor \tfrac{c}{b} \rfloor \cdot (a \text{ MOD } b)] + (a \text{ MOD } b) \cdot (c \text{ MOD } b)) \text{ MOD } b.$$

iii) $\tfrac{a}{r} \text{ MOD } \tfrac{b}{r} = \tfrac{a}{r} - \lfloor \tfrac{a/r}{b} \rfloor \cdot \tfrac{b}{r} = \tfrac{1}{r} \cdot (a - \lfloor \tfrac{a}{b} \rfloor \cdot b) = \tfrac{1}{r} (a \text{ MOD } b).$ $\square$

Dies bedeutet, daß im nichtganzzahligen Fall die modulare Potenzierung nicht analog zu [Horster 85, S.297 ff.] durchgeführt werden kann. Für die weitere Untersuchung ist es interessant, daß mit Hilfe einer gewissen Teilklasse der periodischen Funktionen die Funktion $t(x) = x \text{ MOD } y$ mit der in (3.2.1) ii) definierten MOD-Operation approximiert werden kann.

(3.2.4) Satz

Sei $f: \mathbb{R} \to \mathbb{R}$ eine t-periodische Funktion mit $t > 0$. Weiter sei f auf dem Intervall $[-t_1, t_2)$ mit $t_1, t_2 \geq 0$ und $t_1 + t_2 = t$ durch eine Funktion $f^{-1}: f([-t_1, t_2)) \to [-t_1, t_2)$ umkehrbar. Dann gilt für $a, b \in \mathbb{R}^+$:

$$a \text{ MOD } b = f^{-1}(f(t \cdot \tfrac{a}{b} - t)) \cdot \tfrac{b}{t} + b \cdot \tfrac{t_1}{t}.$$

Beweis

Sei $A = a \text{ MOD } b \Rightarrow A \in [0, b) \Rightarrow t \cdot \tfrac{A}{b} - t_1 \in [-t_1, t_2)$. Dann gilt weiter:

$$f(t \cdot \tfrac{a}{b} - t_1) = f(\tfrac{t}{b} \cdot (A + \lfloor \tfrac{a}{b} \rfloor \cdot b) - t_1) = f(t \cdot \tfrac{A}{b} + \lfloor \tfrac{a}{b} \rfloor \cdot t - t_1)$$

$$= f(t \cdot \tfrac{A}{b} - t_1) \quad (f \text{ ist t-periodisch}).$$

Aus $t \cdot \tfrac{A}{b} - t_1 \in [-t_1, t_2)$ folgt aber:

$$f^{-1}(f(t \cdot \tfrac{a}{b} - t_1)) = f^{-1}(f(t \cdot \tfrac{A}{b} - t_1)) = t \cdot \tfrac{A}{b} - t_1.$$

$$\Rightarrow \quad f^{-1}(f(t \cdot \tfrac{a}{b} - t_1)) \cdot \tfrac{b}{t} + t_1 \cdot \tfrac{b}{t} = A \cdot \tfrac{t}{b} \cdot \tfrac{b}{t} - t_1 \cdot \tfrac{b}{t} + t_1 \cdot \tfrac{b}{t} = A = a \text{ MOD } b. \quad \square$$

(3.2.5) Bemerkung

i) Aus (3.2.4) folgt, daß man die Funktion $f(x) = x \text{ MOD } b$ für reelles und ganzzahliges b durch periodische Funktionen, die auf einer ganzen Periode umkehrbar sind, simulieren kann.

ii) Beispiel:

$$a \text{ MOD } b = \arctan(\tan(\pi \cdot \tfrac{a}{b} - \tfrac{\pi}{2})) \cdot \tfrac{b}{\pi} + \tfrac{b}{2} \quad \forall\, a, b \in \mathbb{R}^+.$$

iii) Aufgrund endlicher Genauigkeit bei realer Auswertung kann man die Formeln analog zu (3.2.4) und ii) als Approximation der periodischen Funktion $f(x) = x$ MOD b auffassen.

iv) Die einfachsten und damit numerisch schnell auswertbaren periodischen Funktionen, die die Voraussetzungen von Satz (3.2.4) erfüllen, sind die sogenannten 'Sägezahn-Funktionen', die mit dem reellen MOD-Operator leicht definiert werden können durch

$$f(x) = x \text{ MOD } t, \ t \in \mathbb{R}^+ \text{ beliebig.}$$

Nach Definition (3.1.1) ii) benötigt die Auswertung dieser Funktion nur vier Operationen. Die dazu gehörende Umkehrfunktion auf $[0,t)$ hat die einfachste Gestalt, es ist die Identität:

$$f^{-1} : [0,t) \rightarrow \mathbb{R} \text{ mit } f^{-1}(x) = x.$$

v) Die verallgemeinerten Sägezahn-Funktionen haben ebenso eine einfache und schnell auswertbare Gestalt:

$$f(x) = (r \cdot x + s) \text{ MOD } t \text{ mit } r \in \mathbb{R}^+ \text{ und } s \in [0,t).$$

Die entsprechenden Umkehrfunktionen sind gegeben durch

$$f^{-1} : f([\tfrac{-s}{r}, \tfrac{t-s}{r})) \rightarrow [\tfrac{-s}{r}, \tfrac{t-s}{r}) \text{ mit } f^{-1}(x) = \tfrac{1}{r}(x-s).$$

Zu beachten ist, daß f eine $\frac{t}{r}$ periodische Funktion ist.

Als weitere Grundlage sei der folgende Satz angegeben, der in ähnlicher Weise auch für das RSA-Verfahren fundamental ist.

<u>(3.2.6) Satz</u>

i)   Sei $n \in \mathbb{Z} \backslash \{0\}$ und $m \in \mathbb{N}+1$ mit $ggT(n,m) = 1$. Mit der in (3.1.22) definierten Eulerschen φ-Funktion gilt:

$$n^{\varphi(m)} \equiv 1 \ (\text{mod } m).$$

ii)   Sei $p \in \mathbb{P}$, $e, d \in \mathbb{Z}_p$ mit $e \cdot d \equiv 1 \ (\text{mod } p\text{-}1)$ und $x \in [0:p\text{-}1]$, dann gilt:

$$(x^e \text{ MOD } p)^d \text{ MOD } p = x.$$

<u>Beweis</u>

i) Siehe [Niven und Zuckerman 76, S.31 f.].

ii) Ist p eine Primzahl, so gilt $\varphi(p) = p\text{-}1$. Aus $e \cdot d \equiv 1 \ (\text{mod } p\text{-}1)$ folgt dann $e \cdot d = k \cdot \varphi(p) + 1$ mit $k \in \mathbb{N}$. Mit i) und (3.2.3) i) ergibt sich:

$$(x^e \text{ MOD } p)^d = x^{e \cdot d} = x^{k \cdot \varphi(p)+1} = (x^{\varphi(p)})^k \cdot x = 1^k \cdot x = x \ (\text{mod } p).$$

Da $(x^e \text{ MOD } p)^d \text{ MOD } p \in [0:p\text{-}1]$ und $x \in [0:p\text{-}1]$ nach Voraussetzung gilt, ergibt sich aus der Kongruenz die Identität $(x^e \bmod p)^d \bmod p = x$. $\square$

In Hinblick auf die Ergebnisse des Paragraphen 3.1 ist folgender Satz wichtig, der insbesondere (3.2.6) ii) berücksichtigt und einen Faktor a/p benutzt, der im weiteren die Anwendung von (3.1.29) ermöglicht.

<u>(3.2.7) Satz</u>

Sei $p \in \mathbb{P}$, $e, d \in \mathbb{Z}_p$ mit $e \cdot d = 1 \pmod{p-1}$. Weiter sei $a \in [1:p-1]$ zufällig gewählt und $\bar{a}$ bezeichne das multiplikative Inverse zu a im Körper $\mathbb{Z}_p$, d. h. $\bar{a} \in \mathbb{Z}_p$ und $a \cdot \bar{a} = 1 \pmod p$ (man beachte, daß $\bar{a}$ nicht mit $a^{-1} = 1/a$ verwechselt wird). Sei $t \in \mathbb{R}^+$ und $f: \mathbb{R} \to \mathbb{R}$ eine t-periodische Funktion, wobei zu f auf dem Intervall $[-t_1, t_2)$ mit $t_1, t_2 \in \mathbb{R}^+ \cup \{0\}$ und $t_1 + t_2 = t$ die Umkehrfunktion f^{-1} existiert, d. h. $f^{-1}(f(x)) = x \; \forall x \in [-t_1, t_2)$. Setzt man:

$$c = t \cdot \frac{a}{p} \; , \; E(x) = f(c \cdot x^e - t_1) \text{ und}$$

$$D(x) = \left(\left(f^{-1}(x) \cdot \frac{p}{t} + t_1 \cdot \frac{p}{t} \right) \cdot \bar{a} \right)^d \bmod p,$$

dann gilt:

$$D(E(x)) = x \; \forall \; x \in [0:p-1].$$

<u>Beweis</u>

Sei $x \in [0:p-1]$, dann gilt nach Satz (3.2.4):

$$D(E(x)) = \left(\left(f^{-1}(f(t \cdot \frac{a}{p} \cdot x^e - t_1)) \cdot \frac{p}{t} + t_1 \cdot \frac{p}{t} \right) \cdot \bar{a} \right)^d \bmod p = \left((a \cdot x^e \bmod p) \cdot \bar{a} \right)^d \bmod p$$

$$= (x^e \bmod p)^d \bmod p = x \text{ nach (3.2.6) ii). } \square$$

Zu Satz (3.2.7) ist zu bemerken, daß insbesondere in dem Parameter c und damit in der Funktion E(x) ein Faktor a/p vorkommt, allerdings wird vorausgesetzt, daß sämtliche Berechnungen exakt durchgeführt werden. Da dies jedoch praktisch nicht durchführbar sein kann, muß die 'Umkehrfunktion D' von E(x) fehlertolerierend gewählt werden. Dazu kann man sich die Ergebnisse aus Paragraph 1.3 zunutze machen. Dies ergibt:

<u>(3.2.8) Satz</u>

Gegeben seien die Voraussetzungen von Satz (3.2.7). Es sei weiter $n \in \mathbb{N}$ und $c_n = 10^{-n} \lfloor 10^n \cdot t \cdot \frac{a}{p} \rfloor$. Damit definiert man die Funktionen E und D durch:

$$E(x) = f(c_n \cdot x^e - t_1) \text{ und } D(x) = \left(\lfloor f^{-1}(x) \cdot \frac{p}{t} + t_1 \cdot \frac{t}{p} + \frac{1}{2} \rfloor \cdot \bar{a} \right)^d \bmod p.$$

Ist die Bedingung

$$| \ [(t \cdot \tfrac{a}{p} \cdot x^e) \text{ MOD } t] - t_1 - f^{-1}(f(c_n \cdot x^e - t_1)) \ | < \tfrac{t}{2p} \ \forall \ x \in [0{:}m] \text{ mit } m \in \mathbb{Z}_p,$$

erfüllt, dann gilt:

$$D(E(x)) = x \ \forall \ x \in [0{:}m].$$

<u>Beweis</u>

Sei $x \in [0{:}m] \subset \mathbb{Z}_p$ beliebig. Nach Voraussetzung gilt

$$|(t \cdot \tfrac{a}{p} \cdot x^e) \text{ MOD } t - t_1 - f^{-1}(f(c_n \cdot x^e - t_1))| < \tfrac{t}{2p} \ .$$

$$\Rightarrow \quad | \ ((t \cdot \tfrac{a}{p} \cdot x^e) \text{ MOD } t) \cdot \tfrac{p}{t} - [\ f^{-1}(f(c_n \cdot x^e - t_1)) \cdot \tfrac{p}{t} + t_1 \cdot \tfrac{p}{t}] \ | < \tfrac{1}{2}.$$

Mit $f(x) = x \text{ MOD } t$ ergibt sich aus Satz (3.2.4):

$$[(t \cdot \tfrac{a}{p} \cdot x^e) \text{ MOD } t] \cdot \tfrac{p}{t} = a \cdot x^e \text{ MOD } p.$$

$$\Rightarrow \quad | \ a \cdot x^e \text{ MOD } p - [\ f^{-1}(f(c_n \cdot x^e - t_1)) \cdot \tfrac{p}{t} + t_1 \cdot \tfrac{p}{t}] \ | < \tfrac{1}{2}.$$

Da $a \cdot x^e \text{ MOD } p$ nach Voraussetzung eine natürliche Zahl ist, ist die letzte Abschätzung gleichbedeutend mit:

$$\lfloor \ f^{-1}(f(c_n \cdot x - t_1)) \cdot \tfrac{p}{t} + t_1 \cdot \tfrac{p}{t} + \tfrac{1}{2} \ \rfloor = a \cdot x^e \text{ MOD } p.$$

Vergleicht man dies mit der Definition der Funktion $D(x)$, so folgt daraus die Behauptung. $\square$

Für den speziellen Fall $f(x) = (r \cdot x + s) \text{ MOD } t$ wird im folgenden Satz die notwendige Größe des Parameters n bestimmt.

<u>(3.2.9) Satz</u>

Gegeben seien die Voraussetzungen von Satz (3.2.8), wobei $t \cdot a/p$ keine endliche Dezimaldarstellung hat (z. B. $t \in \mathbb{Z}_p$ mit $2 \neq p \neq 5$). Dabei sei $f(x) = (r \cdot x + s) \text{ MOD } t$ mit $s \in [0,t)$, $r \in \mathbb{R}^+$ und entsprechend (3.2.5) v) sei $f^{-1}(x) = \tfrac{x - s}{r} \ \forall \ x \in \mathbb{R}$ die Umkehrfunktion zu f auf dem Intervall $[-\tfrac{s}{r}, \tfrac{t - s}{r}]$, wobei $f \ \tfrac{t}{r}$ - periodisch ist. Jeder Parameter $n \in \mathbb{N}$ mit

$$n \geq \lceil e \cdot \log_{10}(m) + \log_{10}(2 \cdot \tfrac{p \cdot r}{t}) \rceil$$

erfüllt die an n gestellte Bedingung aus Satz (3.2.8).

<u>Beweis</u>

f ist $\tfrac{t}{r}$ - periodisch, d. h. nach Satz (3.2.8) ist zu zeigen:

$$| \ [(\tfrac{t}{r} \cdot \tfrac{a}{p} \cdot x^e) \text{ MOD } \tfrac{t}{r} - \tfrac{s}{r} - f^{-1}(f(c_n \cdot x^e - \tfrac{s}{r})) \ | < \tfrac{t}{2pr} \ \forall \ x \in [0{:}m]$$

mit $c_n = 10^{-n} \cdot \lfloor 10^n \cdot \tfrac{t}{r} \cdot \tfrac{a}{p} \rfloor$.

$$\Leftrightarrow \qquad |(c\cdot x^e)\,\mathrm{MOD}\,\tfrac{t}{r} - \tfrac{s}{r} - \frac{[(r\cdot c_n\cdot x^e - r\cdot\frac{s}{r}) + s]\,\mathrm{MOD}\,t - s}{r}\,| < \frac{t}{2\cdot r\cdot p}$$

für alle $x\in[0{:}m]$ mit $c = \tfrac{t}{r}\cdot\tfrac{a}{p}$.

$$\Leftrightarrow \qquad |(c\cdot x^e)\,\mathrm{MOD}\,\tfrac{t}{r} - \tfrac{1}{r}\cdot((r\cdot c_n\cdot x^e)\,\mathrm{MOD}\,t)\,| < \frac{t}{2\cdot r\cdot p} \quad \forall\, x\in[0{:}m].$$

$\Leftrightarrow$ (mit (3.2.3)iii)) $|(c\cdot x^e)\,\mathrm{MOD}\,\tfrac{t}{r} - (c_n\cdot x^e)\,\mathrm{MOD}\,\tfrac{t}{r}\,| < \frac{t}{2\cdot r\cdot p} \quad \forall\, x\in[0{:}m].$

Sei also $n = \lceil e\cdot\log_{10}(m) + \log_{10}(k\cdot\tfrac{r\cdot p}{t})\rceil$, $k\geq 2$.

$$\Rightarrow \qquad\qquad c > c_n \text{ und } 0 < c - c_n < 10^{-n}.$$

Sei $x\in[0{:}m]$ beliebig, dann gilt folgende Abschätzung:

$$c\cdot x^e - \tfrac{s}{r} - (c_n\cdot x^e - \tfrac{s}{r}) \leq (c-c_n)\cdot m^e < m^e\cdot 10^{-n}$$

$$\leq m^e\cdot 10^{\,-e\cdot\log_{10}(m) - \log_{10}(k\cdot\frac{p\cdot r}{t})} = \frac{t}{k\cdot r\cdot p}\ .$$

Sei nun $c_n\cdot x^e = j\cdot\tfrac{t}{r} + \varepsilon$ mit $0\leq\varepsilon<\tfrac{t}{r}$ und $j\in\mathbb{N}$.

$$\Rightarrow \quad (c_n\cdot x^e)\,\mathrm{MOD}\,\tfrac{t}{r} = \varepsilon \text{ und } c\cdot x^e = j\cdot\tfrac{t}{r} + \delta \text{ mit } 0\leq\delta-\varepsilon<\frac{t}{k\cdot r\cdot p}.$$

Nun unterscheidet man zwei Fälle:

1) $0\leq\delta<\tfrac{t}{r}$:

Aus $0\leq\delta<\tfrac{t}{r}$ folgt $c\cdot x^e\,\mathrm{MOD}\,\tfrac{t}{r} = \delta$.

$\Rightarrow$ $|c\cdot x^e\,\mathrm{MOD}\,\tfrac{t}{r} - c_n\cdot x^e\,\mathrm{MOD}\,\tfrac{t}{r}| = \delta-\varepsilon < \frac{t}{k\cdot p\cdot r} \leq \frac{t}{2\cdot p\cdot r}$.

2) $\delta\geq\tfrac{t}{r}$:

Aus $\delta\geq\tfrac{t}{r}$ folgt $c\cdot x^e\,\mathrm{MOD}\,\tfrac{t}{r} = \delta - \tfrac{t}{r} = \delta_1$ mit $\delta_1\geq 0$ und $\delta_1 + \tfrac{t}{r} - \varepsilon < \frac{t}{k\cdot r\cdot p}$.

$$\Rightarrow \qquad 0\leq\delta_1 < \frac{t}{k\cdot r\cdot p}, \text{ da } \varepsilon<\tfrac{t}{r} \text{ gilt.}$$

Nach Satz (3.2.4) gilt aber:

$$[(c\cdot x^e)\,\mathrm{MOD}\,\tfrac{t}{r}]\cdot\tfrac{p\cdot r}{t} = a\cdot x^e\,\mathrm{MOD}\,p.$$

$a\cdot x^e\,\mathrm{MOD}\,p$ ist jedoch eine ganze Zahl, deshalb muß $\delta_1\cdot\tfrac{p\cdot r}{t}$ eine ganze Zahl sein.

Nach obigem Ergebnis gilt aber $0\leq\delta_1 < \frac{t}{k\cdot r\cdot p} \Rightarrow 0\leq\delta_1\cdot\tfrac{p\cdot r}{t} < \tfrac{1}{k}\leq\tfrac{1}{2}$.

$\Rightarrow$ Deshalb muß $\delta_1 = 0$ sein, dies bedeutet $x = 0$.

$$\Rightarrow \qquad |c\cdot x^e\,\mathrm{MOD}\,\tfrac{t}{r} - c_n\cdot x^e\,\mathrm{MOD}\,\tfrac{t}{r}| = 0.$$

Damit wurde für beide Fälle gezeigt:

$$|c\cdot x^e\,\mathrm{MOD}\,\tfrac{t}{r} - c_n\cdot x^e\,\mathrm{MOD}\,\tfrac{t}{r}| < \frac{t}{2\cdot r\cdot p}\ .$$

Die Behauptung folgt damit aus Satz (3.2.8). $\square$

Nach diesen Vorbetrachtungen ist es nun möglich, das angekündigte Public-Key-Kryptosystem zu definieren, das rationale Zahlen und die Ergebnisse aus Paragraph 3.1 zur Sicherheit ausnutzt.

(3.2.10) Definition

Das nachfolgend angegebene Public-Key-Kryptosystem wird als R-System bezeichnet:

Voraussetzungen:

1)   Sei $p \in \mathbb{P}$ mit $p > 10^{250}$, weiter seien $e, d \in \mathbb{Z}_p$ mit $e \cdot d \equiv 1 \pmod{p-1}$.

2)   Sei a aus $[1:p-1]$ zufällig gewählt und es sei a^{-1} das multiplikative Inverse zu a im Körper $\mathbb{Z}_p$, d. h. $a^{-1} \in \mathbb{Z}_p$ und $a \cdot a^{-1} \equiv 1 \pmod{p}$.

3)   Seien $r, t \in \mathbb{R}^+$, so daß $\frac{t \cdot a}{p \cdot r}$ keine endliche Dezimaldarstellung hat (und es sei $s \in [0,t)$).

4)   Sei m eine Zahl aus $[10^{70} : \frac{p-1}{10}]$, zu der es eine Zahl $n \in \mathbb{N}$ gibt, so daß die Bedingung

$$e \cdot \log_{10}(m) + \log_{10}\left(4 \cdot \frac{p \cdot r}{t}\right) < n \leq \left\lceil 2 \cdot \log_{10}(p) - 70 - \log_{10}\left(\frac{t}{r}\right) \right\rceil$$

erfüllt ist. Dann bezeichnet $W = [0:m]$ den Nachrichtenraum.

5)   Sei $z = \left\lceil \log_{10}\left(4 \cdot \frac{p}{t}\right) \right\rceil$ und $c_n = 10^{-n} \cdot \left\lfloor 10^n \cdot \frac{t}{r} \cdot \frac{a}{p} \right\rfloor \cdot r$.

Chiffrierfunktionen:

6)   Die Verschlüsselungsfunktion $E(x) : W \to \mathbb{R}$ ist gegeben durch
$$E(x) = 10^{-z} \cdot \left\lfloor 10^z \cdot [(c_n \cdot x^e) \bmod t] \right\rfloor.$$

7)   Die Entschlüsselungsfunktion $D(x) : E(W) \to W$ ist gegeben durch
$$D(x) = \left(\left\lfloor x \cdot \frac{p}{t} + \frac{1}{2} \right\rfloor \cdot a^{-1} \right)^d \bmod p.$$

Schlüssel:

8)   Zum Verschlüsseln: c_n, e, t, z, sämtlich öffentlich. Als zusätzlicher Parameter wird der Wert m, also der Nachrichtenraum, öffentlich bekanntgegeben.

9)   Zum Entschlüsseln: p, a^{-1}, d alle geheim (t öffentlich).

(3.2.11) Satz

Gegeben sei ein R-System gemäß (3.2.10). Dann gilt:
$$D(E(x)) = x \quad \forall\, x \in [0:m].$$

Beweis

Nach Voraussetzung gilt: $0 \leq c_n \cdot x^e \bmod t - E(x) \leq 10^{-z} \leq \frac{t}{4p}$.

$$\Rightarrow \qquad 0 \leq (c_n \cdot x^e \text{ MOD } t) \cdot \frac{p}{t} - E(x) \cdot \frac{p}{t} \leq \frac{1}{4}.$$

Mit (3.3.3) iii) folgt daraus:

$$0 \leq (\frac{1}{r} \cdot c_n \cdot x^e \text{ MOD } \frac{t}{r}) \frac{p \cdot r}{t} - E(x) \cdot \frac{p}{t} \leq \frac{1}{4}.$$

Aus der Bedingung an n aus (3.2.10) 4) folgt analog zum Beweis von (3.2.9) mit
k = 4 und c = $\frac{t}{r} \cdot \frac{a}{p}$:

$$| (\frac{c}{r} \cdot x^e \text{ MOD } \frac{t}{r}) \cdot \frac{p \cdot r}{t} - (\frac{1}{r} \cdot c_n \cdot x^e \text{ MOD } \frac{t}{r}) \cdot \frac{p \cdot r}{t} | < \frac{1}{4}.$$

$$\Rightarrow \qquad | a \cdot x^e \text{ MOD } p - (\frac{1}{r} \cdot c_n \cdot x^e \text{ MOD } \frac{t}{r}) \cdot \frac{p \cdot r}{t} | < \frac{1}{4}.$$

$$\Rightarrow \qquad | a \cdot x^e \text{ MOD } p - (\frac{1}{r} \cdot c_n \cdot x^e \text{ MOD } \frac{t}{r}) \cdot \frac{p \cdot r}{t} | +$$

$$| \frac{1}{r} \cdot c_n \cdot x^e \text{ MOD } \frac{t}{r}) \frac{p \cdot r}{t} - E(x) \cdot \frac{p}{t} | < \frac{1}{2}.$$

$$\Rightarrow \qquad | a \cdot x^e \text{ MOD } p - E(x) \cdot \frac{p}{t} | < \frac{1}{2}.$$

$$\Rightarrow \qquad \lfloor E(x) \cdot \frac{p}{t} + \frac{1}{2} \rfloor = a \cdot x^e \text{ MOD } p.$$

$$\Rightarrow \qquad (\lfloor E(x) \cdot \frac{p}{t} + \frac{1}{2} \rfloor \cdot a^{-1})^d \text{ MOD } p = x^{e \cdot d} \text{ MOD } p = x.$$

$$\Rightarrow \qquad D(E(x)) = x \quad \forall \ x \in [0;m]. \qquad \square$$

<u>(3.2.12) Bemerkung</u>

i) Für das R-System gilt mit $f(x) = (r \cdot x + s) \text{ MOD } t$ und $f^{-1}(x) = (x-s)/r$:

$$E(x) = 10^{-z} \cdot \lfloor 10^z \cdot f(c_n \cdot x^e - \frac{s}{r}) \rfloor$$

$$D(x) = (\lfloor f^{-1}(f(x)) \cdot \frac{r \cdot p}{t} + \frac{s}{r} \cdot \frac{r \cdot p}{t} + \frac{1}{2} \rfloor \cdot a^{-1}) \text{ MOD } p.$$

Dies vergleiche man mit (3.2.8) und (3.2.9). Insbesondere fällt auf, daß der Parameter s in der Ver- und Entschlüsselungsfunktion nicht vorkommt.

ii) Eine Verallgemeinerung der Form

$$E(x) = 10^{-z} \cdot \lfloor 10^z \cdot [(c_n \cdot x^e + i \cdot t) \text{ MOD } (j \cdot t)] \rfloor \text{ und}$$

$$D(x) = (\lfloor (x \text{ MOD } t) \cdot \frac{p}{t} + \frac{1}{2} \rfloor \cdot a^{-1})^d \text{ MOD } p$$

mit $i \cdot t$ und $j \cdot t$ $(i, j \in \mathbb{N})$ als weitere Schlüssel ist denkbar.

iii) Das R-System benötigt nur eine große Primzahl zur Initialisierung. Dies ist vorteilhaft gegenüber dem RSA-Verfahren (vgl. [Horster 85, S. 179 ff.]), welches zwei große Primzahlen benötigt. Dadurch, daß der Nachrichtenraum ungleich dem Schlüsselraum ist, wird auch ein Brechungsansatz durch Iteration wie im RSA-Verfahren verhindert.

iv) Die Primzahl p ist als geheimer Schlüssel nicht öffentlich. Daraus resultiert, daß der Nachrichtenraum auf [0;m] mit m<p eingeschränkt werden muß, da sonst p offensichtlich ist. Dabei ist es ausreichend, wenn man m zufällig kleiner p/10 wählt,

da nach dem Primzahlsatz (vgl. [Riesel 85, S.61]) und $p > 10^{250}$ zwischen m und p

mindestens $\dfrac{p}{\log_{10}(p)} - \dfrac{p/10}{\log_{10}(p)-1} > 10^{240}$ Primzahlen sind.

Es ist offensichtlich, daß man zur Gewinnung der Funktion D(x) den Parameter p kennen muß, ohne den auch d unbekannt bleibt. Mit t kennt man jedoch nur $c_n/t \approx r \cdot 10^{-n} \cdot \lfloor 10^n \cdot \frac{a}{p \cdot r} \rfloor \approx 10^{-n} \cdot \lfloor 10^n \cdot \frac{a}{p} \rfloor$. Daraus läßt sich jedoch p nicht ermitteln, dies wurde in (3.1.29) gezeigt. Die Dechiffrierung benötigt den Wert $p \cdot a^{-1}$, welcher nicht gleich $\frac{p}{a}$ ist. Somit ist es ausgeschlossen, daß ein Angreifer die Funktion D(x) ermitteln kann.

v) Es ist denkbar, die Dezimaldarstellung von c_n durch eine zufällige Zahlenfolge zu ergänzen, d. h. man setzt $c_n{}' = c_n + 10^{-n-1} \cdot v$, $v \in [0,1]$. Dies erschwert die Rückgewinnung von p aus $c_n{}'$.

vi) Da die Funktion $f(x) = (r \cdot x + s) \operatorname{MOD} t$ $\frac{t}{r}$-periodisch ist, ergibt sich nach Lemma (2.6.6) für $f(x) = E(w)$, $w \in W$, in [0,m] ein Lösungsraum mit der Mächtigkeit $\lfloor \frac{m r}{t} \rfloor$. Löst man diese nach $c_n \cdot x^e = y$ auf, so ergeben sich ebensoviele Lösungen für $E(x) = E(w)$. Da diese Lösungen aufgrund der in 6) erzwungenen Ungenauigkeit nicht ganzzahlig sind, ist es praktisch nicht möglich, daraus die gesuchte Lösung aus [0:m] zu finden. Damit verhindert die periodische Funktion f das lineare Suchen nach der Lösung.

vii) Durch Einführung des Parameters z und die entsprechende Modifikation in der Verschlüsselungsfunktion wird verhindert, daß der Schlüsseltext mehr Speicherplatz als notwendig beansprucht. Außerdem wird der Informationsgehalt des Schlüsseltextes dadurch gesenkt. Die Stellenzahl des Chiffrats ist gleich $\log_{10}(t) + 1 + \log_{10}(4 \cdot \frac{p}{t}) \approx \log_{10}(p) + 1{,}6$.

viii) Das Reduzieren des Ergebnisses auf z Nachkommastellen entspricht einer Berechnung im Datenformat real, die auch nur mit einer fest vorgegebenen Anzahl von gültigen Stellen arbeitet. Ebenso wird in der Entschlüsselungsfunktion eine Rundung durchgeführt, die sich nicht ganzzahlig interpretieren läßt. Darin unterscheiden sich die Ver- und Entschlüsselungsfunktionen des R-Systems von denen eines ganzzahligen Systems.

(3.2.13) Beispiel

Zur Erläuterung des R-Systems sei ein Beispiel angeführt, welches mit kleinen Zahlen die Wirkungsweise demonstriert und deshalb die Bedingung $p > 10^{250}$ und $n \leq \lceil 2 \cdot \log_{10}(p) - 70 - \log_{10}(t/r) \rceil$ nicht erfüllt. Seien die folgenden Parameter gegeben: $p = 64301 \in \mathbb{P}$, $e = 3$, $d = 42867$ mit $e \cdot d \equiv 1 (\operatorname{mod} p-1)$. $m = 10000$ und der Nachrichtenraum sei $W = [0{:}m]$, $a = 50000$, $a^{-1} = 31249$ mit $a \cdot a^{-1} \equiv 1 \pmod{p}$, $r = 1$, $t = 12345$, $s = 0$, $z = 2 = \lceil \log_{10}(4 \cdot \frac{p}{t}) \rceil$, $n > 3 \cdot \log_{10}(m) + \log_{10}(4 \cdot \frac{p}{t}) = 13{,}31\ldots \Rightarrow n = 14$.

$c = 9599{,}38414643629181505730859551173\ldots$

$c_{14} = 9599{,}38414643629181$.

Die Verschlüsselungsfunktion $E(x)$ ist damit gegeben durch

$$E(x) = 10^{-2} \cdot \lfloor 10^2 \cdot [(c_{14} \cdot x^e) \bmod t] \rfloor .$$

Die Entschlüsselungsfunktion ist dann gegeben durch

$$D(x) = (\ \lfloor x \cdot \tfrac{64301}{12345} + \tfrac{1}{2} \rfloor \cdot 31249\ )^{42867} \bmod 64301 .$$

Beispielhaft seien die sukzessiven Nachrichten $w_1 = 5555$ und $w_2 = 5556$ verschlüsselt:

$E(w_1) = 9149{,}55$,

$D(E(w_1)) = ((\lfloor 47656{,}9635 + 0{,}5 \rfloor) \cdot a^{-1})^d \bmod 64301 = 5555$,

$E(w_2) = 221{,}74$,

$D(E(w_2)) = ((\lfloor 1154{,}9699 + 0{,}5 \rfloor) \cdot a^{-1})^d \bmod 64301 = 5556$.

Man bemerkt, daß die Schlüsseltexte weit auseinanderliegen, obwohl die Nachrichten sukzessiv angeordnet sind.

(3.2.14) <u>Aufwandsbetrachtungen</u>

i) Der Initialisierungsaufwand eines R-Systems läßt sich abschätzen durch $O(\log(p))$ Operationen. Er setzt sich zusammen aus der Bestimmung der Primzahl p (dies benötigt nach [Horster 85, S.306] $O(\log(p))$ Operationen), der Festlegung der Konstanten e, a, r, t, s mit $O(1)$ Operationen, der Bestimmung der multiplikativen Inversen $a^{-1} \bmod p$ und $e^{-1} \bmod (p-1)$ mit je $O(\log(p))$ Operationen mit dem Berlekamp-Algorithmus aus [Horster 85, S.292 f.]. Die Bestimmung der erforderlichen Konstanten z, n, c_n läßt sich ebenfalls mit $O(1)$ Operationen durchführen.

ii) Der Verschlüsselungsaufwand beträgt höchstens $2 \cdot \lfloor \log_2(e) \rfloor + 5$ Operationen, wenn man die Potenz x^e mit der Technik des 'repeated squaring and multiplying' durchführt (vgl. [Horster 85, S.297 ff.]). Hier kann jedoch durch eine geschickte Wahl des Parameters t, z. B. $t = 1$ oder $t = 2$, der Aufwand der Modulo-Reduktion gegenüber dem RSA-Verfahren erheblich gesenkt werden.

iii) Der Entschlüsselungsaufwand beträgt höchstens $8 \cdot \lfloor \log_2(d) \rfloor + 5$ Operationen analog zum Fall ii).

3.3 Kryptoanalyse des R-Systems mit Hilfe von Kettenbrüchen

Wie in (3.2.12) iv) angedeutet wurde, ist es praktisch unmöglich, daß ein Angreifer des R-Systems die Entschlüsselungsfunktion D(x) ermitteln kann, insbesondere weil er die unbekannte Primzahl p nicht aus den bekannten Daten mit vertretbarem Aufwand ermitteln kann.

Allerdings kann nicht ausgeschlossen werden, daß ein Angreifer eine andere Umkehrfunktion erzeugen kann, die ohne diese geheime Primzahl die gewünschten Ergebnisse liefert. (Dies ist vergleichbar mit dem Brechungsansatz des RSA-Verfahrens, welcher auf Iteration beruht, ohne die Faktorisierung des Moduls zu kennen, vgl. [Horster 85, S.189 ff.].) Falls eine solche Umkehrfunktion existiert, bedeutet dies, daß die Bindung der geheimen Primzahl an die Umkehrbarkeit des Verfahrens nicht ausreichend groß ist.

Betrachtet man die Verschlüsselungsfunktion des R-Systems, so besteht ein kryptoanalytischer Ansatz aus der Lösung des folgenden Problems:

(3.3.1) Problemstellung

Sei $m \in \mathbb{N}+1$ fest, $[0:m]$ bezeichne den Nachrichtenraum W. Weiter sei $t \in \mathbb{R}^+$, $z, e \in \mathbb{N}+1$, $x \in W$ und $c \in \mathbb{R}^+$ mit $c < t$. Gegeben sei die Gleichung

$$10^{-z} \lfloor 10^z \cdot ((c \cdot x^e) \text{ MOD } t) \rfloor = y.$$

Gesucht ist eine Möglichkeit, aus der Kenntnis von y, c, e, t und z den Wert $x \in W$ zu ermitteln.

Ein Hinweis auf die Lösung von (3.3.1) ergibt sich aus dem Eulerschen Satz (3.2.6). Ist $t \in P$, $c \in [1:t-1]$ und $ggT(e,t-1)=1$, z beliebig und $y \in [0:t-1]$, so kann die Lösung x gefunden werden durch $x = (y \cdot \bar{c}^1)^d$ MOD t mit $c \cdot \bar{c}^1 \equiv 1$ (mod t) und $e \cdot d \equiv 1$ (mod t-1), wobei $\bar{c}^1$ und d nach Voraussetzung existieren.

Eine Verallgemeinerung dieses Falls läßt sich dadurch erreichen, daß man die Bedingung $t \in P$ durch $t \in \mathbb{N}+1$ ersetzt und $ggT(e,\varphi(t))=1$ fordert. Dann allerdings kann die Lösung $x = (y \cdot \bar{c}^1)^d$ MOD t nur unter der Bedingung ermittelt werden, daß $ggT(c,t)=1$ und $ggT(x,t)=1$ ist. Diese ganzzahligen Lösungsansätze lassen sich auf einen nichtganzzahligen Fall verallgemeinern, dessen Lösung wie folgt gegeben ist.

(3.3.2) Lemma

Gegeben sei die Problemstellung (3.3.1), wobei jedoch die modifizierte Gleichung

$$c \cdot x^e \text{ MOD } t = y$$

angenommen wird, dies bedeutet, daß die Reduzierung des Ergebnisses auf z gültige Dezimalstellen nach dem Komma nicht durchgeführt wird.

Gelingt es, eine reelle Zahl r zu finden, die $c\cdot r \in \mathbb{N}+1$, $t\cdot r \in \mathbb{N}+1$ und $y\cdot r \in \mathbb{N}$ erfüllt mit $ggT(x,t\cdot r)=1$ und $ggT(e,\varphi(t\cdot r))=1$, so kann eine Lösung x angegeben werden durch

$$x = ((y\cdot r)\cdot(c\cdot r)^{-1})^d \ MOD \ t\cdot r,$$

wobei die Zahlen $(c\cdot r)^{-1}$ und d gegeben sind durch $(c\cdot r)\cdot(c\cdot r)^{-1} \equiv 1 \ (mod \ (t\cdot r))$ und $e\cdot d \equiv 1 \ (mod \ \varphi(t\cdot r))$.

<u>Beweis</u>

Nach (3.2.3) iii) gilt: $\frac{1}{r}\cdot(a \ MOD \ b) = \frac{a}{r} \ MOD \ \frac{b}{r} \quad \forall \ r > 0$.

x ist eine Lösung von $(c\cdot r) \cdot x^e \ MOD \ t\cdot r = y\cdot r$.

$\Rightarrow y = \frac{1}{r}\cdot(y\cdot r) = \frac{1}{r}\cdot [(c\cdot r)\cdot x^e \ MOD \ t\cdot r] = \frac{c\cdot r\cdot x^e}{r} \ MOD \ \frac{t\cdot r}{r} = c\cdot x^e \ MOD \ t$.

Damit ist x eine Lösung der vorgegebenen Gleichung. $\square$

<u>Beispiel:</u>

Gesucht ist die Lösung von $0{,}65 \cdot x^5 \ MOD \ 0{,}97 = 0{,}41$. Wählt man z. B. $r=100$, so ergibt sich die Gleichung

$$65\cdot x^5 \ MOD \ 97 = 41.$$

(Würde man $r=1000$ wählen, so ergäbe sich, daß die Bedingung $ggT(c\cdot r,t\cdot r)=1$ nicht mehr erfüllt ist.)

Mit $6^{-1} \equiv 3 \ (mod \ 97)$ und $5^{-1} \equiv 77 \ (mod \ 96)$ ergibt sich die Lösung

$$x = (41\cdot 3)^{77} \ MOD \ 97 = 7.$$

<u>(3.3.3) Bemerkung</u>

i) Das obige Beispiel zeigt, daß es Fälle gibt, in denen eine Lösung einer nicht-ganzzahligen Kongruenz mit (3.3.2) gefunden werden kann. Dabei handelt es sich um Kongruenzen, die in eine äquivalente ganzzahlige überführt werden können unter Beibehaltung der Lösung. Dies schließt jedoch eine allgemeine Lösung für den Fall aus, daß z. B. t irrational ist.

ii) Soll eine erfolgreiche Attacke durch den Ansatz (3.3.2) verhindert werden, so macht die folgende Überlegung deutlich, daß eine besondere Wahl des Parameters t im R-System unnötig ist.

Mit Vorgabe von (3.3.1) gehe man davon aus, daß folgende Gleichung (exakt) gilt:

$$c\cdot x^e \ MOD \ t = y^*$$

und $k = \min\{n \in \mathbb{N} \mid 10^n \cdot y^* \in \mathbb{N}\}$, wobei y^* in Dezimalschreibweise gegeben sei. Gilt mit den Bezeichnungen aus (3.3.1): $z < k$, so stimmen y und y^* nur in z Dezimalbruchstellen überein, d. h. $k-z$ Dezimalbruchstellen von y^* sind unbekannt, wenn man nur y kennt.

Insbesondere ergeben damit 10^{k-z} verschiedene Werte für y^* dieselbe Lösung für x nach (3.3.2). Ist $k-z$ also groß genug, so ist es praktisch nicht möglich, mit Hilfe von (3.3.2) das Problem (3.3.1) zu lösen in dem Sinne, daß zu einem gegebenen x mit $\lfloor (c \cdot x^e \bmod t) \cdot 10^z \rfloor \cdot 10^{-z} = y$ aus y dieses x nicht ermittelt werden kann. Im R-System hat aber c bzw. c_n (vgl. (3.2.10)) mindestens $e \cdot \log_{10}(m) + \log_{10}(4 \cdot \frac{p}{t})$ Dezimalbruchstellen und z wird gleich $\lceil \log_{10}(4 \cdot \frac{p}{t}) \rceil$ gesetzt. Dies bedeutet i. allg. $k-z \approx e \cdot \log_{10}(m)$, und damit kann mit (3.3.2) das R-System nicht gebrochen werden.

iii) Obwohl die Verschlüsselungsfunktion ähnlich der des RSA-Verfahrens aufgebaut ist (Potenzierung und Modulo-Reduktion), ist im Fall des R-Systems ein Brechungsansatz durch Iteration wie im RSA-Verfahren ausgeschlossen, da aufgrund der Konstruktion der Nachrichtenraum nicht mit dem Schlüsseltextraum übereinstimmt.

Ein weiterer Lösungsansatz zu (3.3.1) läßt sich formulieren, wenn man die Ergebnisse des vorhergehenden Paragraphen mit den Eigenschaften von Kettenbrüchen kombiniert, wie es im folgenden Satz angegeben ist.

(3.3.4) Satz

Vorausgesetzt sei die Problemstellung (3.3.1). Es sei b/q ein ungerader Näherungsbruch von c/t mit $\mathrm{ggT}(e, \varphi(q)) = 1$ und es seien d', $b^1 \in \mathbb{N}$ gegeben mit $e \cdot d' \equiv 1 \pmod{\varphi(q)}$, $b \cdot b^1 \equiv 1 \pmod q$. Dann ist:

$$x = (\lfloor y \cdot \tfrac{q}{t} + \tfrac{1}{2} \rfloor \cdot b^1)^{d'} \bmod q$$

eine Lösung von (3.3.1), falls $x < ((10^n \cdot t)/(4 \cdot q))^{1/e}$ mit $n = \lfloor \log_{10}(q^2/t) \rfloor - 1$, $z \geq \log_{10}(4 \cdot \frac{q}{t})$ und $\mathrm{ggT}(x,q) = 1$ erfüllt sind.

Beweis

Nach [Hardy und Wright 58, S.150, S.157] erfüllt der Bruch b/q folgende Bedingungen:

$$b/q \geq c/t \quad \text{und} \quad |b/q - c/t| < q^{-2}.$$

$\Rightarrow t \cdot b/q$ und c stimmen in den ersten $\lfloor \log_{10}(q^2/t) \rfloor - 1$ Dezimalbruchstellen überein. Baut man nun ein R-System mit den Parametern

$$p' = q, \; a' = b, \; e' = e, \; t' = t,$$

$$n' = \lfloor \log_{10}(q^2/t) \rfloor - 1, \; c'_{n'} = 10^{-n'} \cdot \lfloor 10^{n'} \cdot t \cdot b/q \rfloor, \; z' = \lceil \log_{10}(4 \cdot q/t) \rceil$$

auf, so hat dies die Verschlüsselungsfunktion

$$E'(x) = 10^{-z'} \cdot \lfloor 10^{z'} (c'_{n'} \cdot x^e) \; \text{MOD} \; t \rfloor$$

und die Dechiffrierfunktion

$$D'(x) = (\lfloor x \cdot \tfrac{q}{t} + \tfrac{1}{2} \rfloor \cdot b^{-1})^{d'} \; \text{MOD} \; q.$$

Dabei gilt $D'(E'(x)) = x$ für alle $x \in [0:m']$ mit $m' = ((10^{n'} \cdot t)/(4 \cdot q))^{1/e}$ und $ggT(x,q) = 1$ nach den Sätzen (3.2.6) und (3.2.11).

Vergleicht man damit das Problem (3.3.1) in folgender Gestalt:

$$E(x) = 10^{-z} \cdot \lfloor 10^{z} \cdot (c \cdot x^e \; \text{MOD} \; t) \rfloor, \; \text{löse} \; E(x) = y \; \text{nach} \; x \in [0:m] \; \text{auf},$$

so fällt die Analogie der Funktionen $E(x)$ und $E'(x)$ auf. Da c und $c'_{n'}$ in n' Dezimalbruchstellen übereinstimmen, ist D' auch eine Entschlüsselungsfunktion für $E(x)$, falls $x < m'$, $z' \leq z = \lceil \log_{10}(4 \cdot q/t) \rceil$ und $ggT(x,q) = 1$ ist, dies ergibt sich analog zu oben aus den Sätzen (3.2.6) und (3.2.11). □

<u>(3.3.5) Beispiel</u>

Sei $E(x) = 10^{-2} \cdot \lfloor 10^2 \cdot (c \cdot x^3 \; \text{MOD} \; t) \rfloor$ mit $c = 9599{,}38414643629181$ und $t = 12345$ (vgl. (3.2.13)).

$\Rightarrow \quad \frac{c}{t} = 0{,}7775928834699304\ldots = /1{,}3{,}2{,}66{,}3{,}17{,}2{,}590386182{,}1{,}3{,}\ldots/$.

Setzt man $\frac{b}{q} = /1{,}3{,}2{,}66{,}3{,}17/ = \frac{24299}{31249}$, so ergibt der Vergleich von c und $t \cdot b/q$, daß die Zahlen in $n = 5$ Dezimalbruchstellen übereinstimmen.

Aber es gilt $31249 \in \mathbb{P}$ und $ggT(3, \varphi(31249)) = 3 > 1$. Deshalb sind diese Werte von $b = 24299$ und $q = 31249$ nicht geeignet.

Man kann dann z. B. $\frac{b}{q} = /1{,}3{,}2{,}66{,}3{,}16/ = \frac{22897}{29446}$ setzen. Der Vergleich von $\frac{b}{q} \cdot t$ und c ergibt $n = 4$ und damit $m' = 10{,}1$.

$\Rightarrow \quad z' = 1, \; \text{d. h.} \; z > z'.$

Analog zu (3.3.4) gilt für alle $x \in [0:10]$ mit $ggT(x,29446) = 1$:

$$x = (\lfloor E(x) \cdot \tfrac{29446}{12345} + \tfrac{1}{2} \rfloor \cdot 27643)^{9815} \; \text{MOD} \; 29446,$$

da $2289^{-1} \equiv 27643 \; (\text{mod} \; 29446)$ und $3^{-1} \equiv 9815 \; (\text{mod} \; \varphi(29446)) = 9815 \; (\text{mod} \; 14722)$ gilt mit $29446 = 2 \cdot 14723$ mit $14723 \in \mathbb{P}$.

Für $x = 5$ beispielsweise ergibt sich $ggT(x,29446) = 1$, $E(5) = 2458{,}01$ und

$$(\lfloor (2458{,}01 \cdot \tfrac{29446}{12345}) + \tfrac{1}{2} \rfloor \cdot 27643)^{9815} \; \text{MOD} \; 29446 = 5.$$

<u>(3.3.6) Bemerkung</u>

i) In diesem Beispiel wäre es einfach, die Koeffizienten $a = 50000$ und $p = 64301$ mit (3.1.16) aus c zu bestimmen, da $\frac{50000}{64301} = /1{,}3{,}2{,}66{,}3{,}17{,}2/$. Dies wäre jedoch für ein

R-System mit der erforderlichen Größe der Koeffizienten aufgrund der Ergebnisse aus Paragraph 3.1 ausgeschlossen.

ii) Das Beispiel deutet an, daß aufgrund der Bedingung $ggT(e,\varphi(q)) = 1$ einige Näherungsbrüche von c ungeeignet sind. Ebenso können die Lösungen zu $x \in [0:m']$ mit $ggT(x,q) \neq 1$ nicht gefunden werden. Nach [Hardy und Wright 58, S.305] kann man als erste Näherung annehmen, daß man $\varphi(q) \cdot m' / q \approx 0{,}61 \cdot m'$ Lösungen nicht mit (3.3.4) finden kann.

In diesem Zusammenhang sei auf ein Ergebnis für rationale Zahlen hingewiesen. Man beachte, daß c und t als Dezimalbrüche rationale Zahlen (zumindest auf Rechnerebene) darstellen.

<u>(3.3.7) Satz</u>

Sei $c = \dfrac{a}{p}$ eine rationale Zahl mit $a,p \in \mathbb{N}+1$, $ggT(a,p) = 1$. Dann gilt:

i)   Sind $b,q \in \mathbb{N}+1$ mit $ggT(b,q) = 1$, $\dfrac{b}{q} \neq c$, dann gilt: $\left| c - \dfrac{b}{q} \right| \geq \dfrac{1}{p \cdot q}$.

ii)   Zu c gibt es nur endlich viele Brüche $\dfrac{b}{q} \in \mathbb{Q}^{+}$, für die gilt:

$$\left| c - \frac{b}{q} \right| \leq \frac{1}{q^2}.$$

iii)   Gilt $\left| c - \dfrac{b}{q} \right| < \dfrac{1}{2 \cdot q^2}$ mit $b,q \in \mathbb{N}+1$, so ist $\dfrac{b}{q}$ ein Näherungsbruch von c.

<u>Beweis:</u>

i) $\left| \dfrac{a}{p} - \dfrac{b}{q} \right| = \left| \dfrac{a \cdot q - b \cdot p}{p \cdot q} \right| \geq \dfrac{1}{p \cdot q}$, da $\dfrac{a}{p} \neq \dfrac{b}{q}$ und $|a \cdot q - b \cdot p| \in \mathbb{N}$.

ii) Aus i) folgt:

$$\frac{1}{p \cdot q} \leq \left| \frac{a}{p} - \frac{b}{q} \right| \leq \frac{1}{q^2} \Rightarrow q \leq p.$$

$\Rightarrow$ Der Nenner der Brüche $\dfrac{b}{q}$ ist durch p beschränkt. Deshalb kann es nur endlich viele solcher Brüche geben.

iii) Siehe [Hardy und Wright 58, S.173]. $\square$

<u>(3.3.8) Bemerkung</u>

i) Mit Satz (3.3.4) kann man also effektiv eine Lösung von (3.3.1) angeben, wenn gewisse Voraussetzungen erfüllt sind. Dazu werden Brüche b/q benötigt (nicht notwendigerweise Näherungsbrüche), die die Zahl c/t approximieren. Nach (3.3.7) gibt es jedoch nur endlich viele solcher Brüche mit einer Fehlerordnung $|c/t - b/q| < q^{-2}$, falls c/t eine rationale Zahl ist, wie es z. B. in der Realisation auf Rechnerebene häufig der Fall ist. Insbesondere erfüllen auch nur die Näherungsbrüche von c/t die schärfere Fehlerabschätzung $|c/t - b/q| < 0{,}5 \cdot q^{-2}$. Dadurch ist die Möglichkeit, mit Satz (3.3.4) die Lösung zu finden, eingeschränkt.

ii) Wenn man Satz (3.3.4) als Brechungsansatz für ein R-System benutzen will, so kommt erleichternd eine entscheidende Bedingung des R-Systems hinzu (siehe (3.2.10) 4)):

$$e \cdot \log_{10}(m) + \log_{10}(4 \cdot \tfrac{p \cdot r}{t}) \leq n < \lceil 2 \cdot \log_{10}(p) - 70 - \log_{10}(\tfrac{t}{r}) \rceil$$

$$\Rightarrow \qquad m \leq \left(\frac{p}{4 \cdot 10^{70}} \right)^{1/e}, \text{ das heißt insbesondere } m^e < p.$$

Für ein vorgegebenes R-System mit $r - 1$ ergibt sich dann:

$$x^e - (\lfloor E(x) \cdot \tfrac{p}{t} + \tfrac{1}{2} \rfloor \cdot \bar{a}^1) \text{ MOD } p \; \forall \; x \in [0{:}m].$$

Ist b/q ein ungerader Näherungsbruch von c_n/t, so gilt:

$$x - \left[(\lfloor E(x) \cdot \tfrac{q}{t} + \tfrac{1}{2} \rfloor \cdot \bar{b}^1) \text{ MOD } q \right]^{1/e}$$

für alle $x \in [0{:}m']$ mit $m' - \lfloor (4 \cdot q \cdot \varepsilon)^{-1/e} \rfloor$ und $\varepsilon - |c_n/t - b/q| < q^{-2}$.

Es entfallen damit die Bedingungen $\mathrm{ggT}(\varphi(q),e) - 1$ und $\mathrm{ggT}(x,q) - 1$. Damit ist das R-System als unsicher einzustufen, da es mit den in Paragraph 3.1 vorgestellten Algorithmen einfach ist, entsprechende Näherungsbrüche b/q zu c_n/t zu finden, auch wenn durch die Bedingung $\lceil \log_{10}(4 \cdot q/t) \rceil \leq \lceil \log_{10}(4 \cdot p/t) \rceil$ die Zahl q durch $10 \cdot p$ beschränkt ist.

Das R-System kann also gebrochen werden, obwohl man die geheimen Schlüssel, also insbesondere p und d nicht ermitteln kann. Damit ist die Bindung der Umkehrung der Funktion E(x) an die Parameter p und d also in diesem Fall nicht groß genug.

(3.3.9) Folgerung

Das R-System gemäß (3.2.10) muß als unsicher eingestuft werden, insbesondere da es leicht ist, Näherungsbrüche b/q zu c_n/t mit der Fehlerordnung q^{-2} zu bestimmen.

3.4 Public-Key-Hill-Chiffren

Da sich im Paragraph 3.3 zeigte, daß ein R-System als unsicher angesehen werden muß, wird in diesem Paragraphen eine Erweiterung des R-Systems vorgenommen, die eine Anwendung der Brechungsansätze aus Paragraph 3.3 verhindert. Vorbereitend folgen die Definition und Eigenschaften von Hill-Chiffren (vgl. [Horster 85, S.65 ff.]).

(3.4.1) Definition

Sei $k, p \in \mathbb{N}+1$ und $C = (c_{j,i}) \in \mathbb{Z}_p^{k \times k}$ mit $\det(C) \neq 0$ und $ggT(\det(C),p) = 1$. Eine Abbildung $E : \mathbb{Z}_p^k \to \mathbb{Z}_p^k$ mit

$$E(x_1,...,x_k) = ((\sum_{i=1}^{k} c_{1,i} \cdot x_i) \,\mathrm{MOD}\, p, ..., (\sum_{i=1}^{k} c_{k,i} \cdot x_i) \,\mathrm{MOD}\, p)$$

bezeichnet eine monoalphabetische Matrixsubstitution oder Hill-Chiffre.

(3.4.2) Lemma

Sei $C \in \mathbb{Z}_p^{k \times k}$, $b \in \mathbb{Z}_p^k$, $k, p \in \mathbb{N}+1$. Bezeichnet man das System

$$C \cdot x^T \equiv b^T \pmod{p}$$

von linearen Kongruenzen als lösbar, falls es einen eindeutigen Lösungsvektor $x \in \mathbb{Z}_p^k$ gibt, dann gilt:

Das System $C \cdot x^T \equiv b^T \pmod{p}$ ist lösbar, (es existiert $C^{-1} \in \mathbb{Z}_p^{k \times k}$ mit $C^{-1} \cdot C \equiv I \pmod{p}$ mit der Einheitsmatrix $I \in \mathbb{Z}_p^{k \times k}$) $\Leftrightarrow$ $ggT(\det(C),p) = 1$.

Insbesondere erfüllt dies jede nichtsinguläre Matrix C über $\mathbb{Z}_p$, falls p eine Primzahl ist.

Beweis
Siehe [Horster 85, S.66]. □

Analog zum R-System ergibt sich das folgende Lemma über Modulverschiebungen:

(3.4.3) Lemma
Seien $p, k \in \mathbb{N}+1$, $a_i, x_i \in [0:p-1]$, $i = 1,...,k$ und $t \in \mathbb{R}$. Dann gilt:

$$(\sum_{i=1}^{k} a_i \cdot x_i) \,\mathrm{MOD}\, p = \frac{p}{t} \cdot ([\sum_{i=1}^{k} x_i \cdot t \cdot \frac{a_i}{p}] \,\mathrm{MOD}\, t).$$

<u>Beweis</u>

Nach (3.2.4) und (3.2.3) iii) gilt: $x \text{ MOD } p = \frac{p}{t}((x \cdot \frac{t}{p}) \text{ MOD } t)$. Setzt man $x = \sum_{i=1}^{k} a_i \cdot x_i$, so ergibt sich:

$$(\sum_{i=1}^{k} a_i \cdot x_i) \text{ MOD } p = \frac{p}{t} \cdot ([(\sum_{i=1}^{k} x_i \cdot a_i) \cdot \frac{t}{p}] \text{ MOD } t)$$

$$= \frac{p}{t} \cdot ([\sum_{i=1}^{k} x_i \cdot t \cdot \frac{a_i}{p}] \text{ MOD } t). \quad \square$$

Damit läßt sich Satz (3.2.7) auf den mehrdimensionalen Fall erweitern.

<u>(3.4.4) Satz</u>

Sei $p \in \mathbb{P}$, $e, d \in \mathbb{Z}_p$ mit $e \cdot d \equiv 1 \pmod{p-1}$. Weiter sei $A = (a_{j,i}) \in \mathbb{Z}_p^{k \times k}$ mit $k \in \mathbb{N}+1$ und $\det(A) \not\equiv 0 \pmod{p}$ und $A^{-1} = (a_{j,i}^{-1}) \in \mathbb{Z}_p^{k \times k}$ mit $A^{-1} \cdot A \equiv I \pmod{p}$ mit der Einheitsmatrix $I \in \mathbb{Z}_p^{k \times k}$. (Die Matrix A^{-1} existiert nach (3.4.2)). Als Nachrichtenraum betrachte man $\mathbb{Z}_p^k$, d. h. k-Tupel über $\mathbb{Z}_p$. Weiter sei $t \in \mathbb{R}^+$. Man definiert die Verschlüsselungsfunktion $E: \mathbb{Z}_p^k \to \mathbb{R}^k$ durch:

$$E(x_1,...,x_k) = ([\sum_{i=1}^{k} c_{1,i} \cdot x_i^e] \text{ MOD } t, ... , [\sum_{i=1}^{k} c_{k,i} \cdot x_i^e] \text{ MOD } t)$$

mit $C = (c_{j,i}) \in \mathbb{R}^{k \times k}$ mit $c_{j,i} = a_{j,i} \cdot \frac{t}{p}$, $j,i \in [1:k]$.

Definiert man die Entschlüsselungsfunktion $D: \mathbb{R}^k \to \mathbb{Z}_p^k$ durch

$$D(y) = D_3(D_2(D_1(y))) \text{ mit}$$

$$D_1(y_1,...,y_k) = ((y_1 \cdot \frac{p}{t}) \text{ MOD } p, ... , (y_k \cdot \frac{p}{t}) \text{ MOD } p),$$

$$D_2(z_1,...,z_k) = ((\sum_{i=1}^{k} a_{1,i}^{-1} \cdot z_i) \text{ MOD } p, ... , (\sum_{i=1}^{k} a_{k,i}^{-1} \cdot z_i) \text{ MOD } p),$$

$$D_3(u_1,...,u_k) = (u_1^d \text{ MOD } p, ... , u_k^d \text{ MOD } p),$$

so gilt:

$$D(E(x)) = x \; \forall \; x \in \mathbb{Z}_p^k.$$

<u>Beweis</u>

Nach (3.4.3) gilt:

$$D_1(E(x_1,...,x_k)) = ((\sum_{i=1}^{k} a_{1,i} \cdot x_i^e) \text{ MOD } p, ... , (\sum_{i=1}^{k} a_{k,i} \cdot x_i^e) \text{ MOD } p).$$

Damit ergibt sich nach Voraussetzung:

$$D_2(D_1(E(x_1,...,x_k))) = A^{-1} \cdot A \cdot (x_1^e,...,x_k^e)^T \text{ MOD } p = (x_1^e,...,x_k^e)^T \text{ MOD } p$$

mit komponentenweiser Modulo-Reduktion.

Da $e \cdot d \equiv 1 \pmod{p-1}$ gilt, folgt mit dem Satz (3.2.6) ii):

$$D_3(D_2(D_1(E(x_1,...,x_k)))) = (x_1,...,x_k). \quad \square$$

(3.4.5) Beispiel

Sei $p = 17$, $k = 2$, $e = 3$, $d = 11$ mit $e \cdot d \equiv 1 \pmod{16}$. Weiter sei $A = \left(\begin{smallmatrix} 1 & 3 \\ 2 & 4 \end{smallmatrix} \right)$, $\det(A) = -2 \equiv 15 \pmod{17}$ und $\mathrm{ggT}(15,17) = 1$.

$\Rightarrow A^{-1} = \left(\begin{smallmatrix} 15 & 10 \\ 1 & 8 \end{smallmatrix} \right)$ und der Nachrichtenraum ist gleich $\mathbb{Z}_{17}^2$.

Sei $t = 2$, dann ergibt sich: $C = \left(\begin{smallmatrix} 2/17 & 6/17 \\ 4/17 & 8/17 \end{smallmatrix} \right)$.

$\Rightarrow E(x_1,x_2) = ((\frac{2}{17} \cdot x_1^3 + \frac{6}{17} \cdot x_2^3) \bmod 2, \ (\frac{4}{17} \cdot x_1^3 + \frac{8}{17} \cdot x_2^3) \bmod 2)$,

$D_1(y_1,y_2) = ((y_1 \cdot \frac{17}{2}) \bmod 17, \ (y_2 \cdot \frac{17}{2}) \bmod 17)$,

$D_2(z_1,z_2) = ((15 \cdot z_1 + 10 \cdot z_2) \bmod 17, \ (1 \cdot z_1 + 8 \cdot z_2) \bmod 17)$,

$D_3(u_1,u_2) = (u_1^{11} \bmod 17, \ u_2^{11} \bmod 17)$.

Sei also die Nachricht $x = (5,8)$ gegeben.

$$\Rightarrow \qquad E(5,8) = (\tfrac{3322}{17} \bmod 2, \ \tfrac{4596}{17} \bmod 2) = (\tfrac{24}{17}, \ \tfrac{6}{17}).$$

Die Entschlüsselung ergibt:

$$D_1(24/17, \ 6/17) = (12,3), \quad D_2(12,3) = (6,2) \quad D_3(6,2) = (5,8).$$

Es ist offensichtlich, daß man mit (3.4.4) die Schlüssel nicht geheim halten kann, wenn man C als öffentlichen Schlüssel bekanntgibt, da man aus C die Primzahl $p = 17$ ermitteln kann. Um dies zu verhindern, nutzt man analog zum R-System die Ergebnisse der Paragraphen 1.3 und 3.1 aus, indem man nur eine Matrix C_n bekanntgibt, deren Einträge nur näherungsweise gleich den alten Einträgen sind.

(3.4.6) Satz

Gegeben seien die Voraussetzungen von Satz (3.4.4). Man setze:

$$C_n = 10^{-n} \lfloor 10^n \cdot C \rfloor = (10^{-n} \lfloor 10^n \cdot a_{j,i} \cdot \tfrac{t}{p} \rfloor) = (c_{j,i}^n) \in \mathbb{R}^{k \times k}, \ n \in \mathbb{N}+1.$$

Damit definiere man die Funktionen E^n und D_1^n durch:

$$E^n(x_1,...,x_k) = (\ [\ \sum_{i=1}^{k} c_{1,i}^n \cdot x_i^e\ ] \bmod t, \ ... \ , \ [\ \sum_{i=1}^{k} c_{k,i}^n \cdot x_i^e\ ] \bmod t),$$

$$D_1^n(y_1,...,y_k) = (\ \lfloor y_1 \cdot \tfrac{p}{t} + \tfrac{1}{2} \rfloor \bmod p, \ ... \ , \ \lfloor y_k \cdot \tfrac{p}{t} + \tfrac{1}{2} \rfloor \bmod p).$$

Erfüllt C_n für ein festes $n \in \mathbb{N}+1$ die folgende Bedingung:

$$\left| \ [\ \sum_{i=1}^{k} c_{j,i} \cdot x_i^e\ ] \bmod t - [\ \sum_{i=1}^{k} c_{j,i}^n \cdot x_i^e\ ] \bmod t \ \right| < \tfrac{t}{2} \qquad \forall \ j \in [1:k]$$

und für alle $x \in \mathbb{Z}_p^k$ mit $x_i < m \in \mathbb{Z}_p$, $i = 1,...,k$, d. h. $x \in \mathbb{Z}_m^k$, dann gilt:

$$D_3(D_2(D_1^n(E^n(x)))) = x \quad \forall \ x \in \mathbb{Z}_m^k.$$

Beweis

Sei $(x_1,...,x_k) \in \mathbb{Z}_m^k$ beliebig. Nach Voraussetzung gilt:

$$\left| \ \left[\ \sum_{i=1}^{k} c_{j,i} \cdot x_i^e \ \right] \text{MOD} \ t - \left[\ \sum_{i=1}^{k} c_{j,i}^n \cdot x_i^e \ \right] \text{MOD} \ t \ \right| < \frac{t}{2p} \quad \forall \ j \in [1:k].$$

$$\Rightarrow \quad \left| \left\{ \ \left[\sum_{i=1}^{k} c_{j,i} \cdot x_i^e \ \right] \text{MOD} \, t \right\} \cdot \frac{p}{t} - \left\{ \left[\sum_{i=1}^{k} c_{j,i}^n \cdot x_i^e \ \right] \text{MOD} \, t \right\} \cdot \frac{p}{t} \right| < \frac{1}{2} \quad \forall \ j \in [1:k].$$

Aus dem Beweis von (3.4.4) folgt damit:

$$\left| \ (\sum_{i=1}^{k} a_{j,i} \cdot x_i^e) \, \text{MOD} \ p - \left\{ \left[\ \sum_{i=1}^{k} c_{j,i}^n \cdot x_i^e \ \right] \text{MOD} \, t \right\} \cdot \frac{p}{t} \right| < \frac{1}{2} \quad \forall \ j \in [1:k].$$

Da aber $(\sum_{i=1}^{k} a_{j,i} \cdot x_i^e) \, \text{MOD} \ p$ nach Voraussetzung eine natürliche Zahl ist, gilt:

$$\left\lfloor \left\{ \left[\sum_{i=1}^{k} c_{j,i}^n \cdot x_i^e \ \right] \text{MOD} \ t \right\} \cdot \frac{p}{t} + \frac{1}{2} \right\rfloor = (\sum_{i=1}^{k} a_{j,i} \cdot x_i^e) \, \text{MOD} \ p \quad \forall \ j \in [1:k].$$

Vergleicht man dies mit der Definition der Funktion $D_1^n(x)$, so folgt daraus die Behauptung, wobei dieser Beweis analog zu (3.2.8) aufgebaut ist. $\square$

In ähnlicher Weise ergibt sich analog zu (3.2.9) der folgende Satz:

(3.4.7) Satz

Gegeben seien die Voraussetzungen und Bezeichnungen aus Satz (3.4.6) mit $p > 5$. Der gesuchte Parameter $n \in \mathbb{N}+1$ läßt sich in Abhängigkeit von $m \in \mathbb{Z}_p$ bestimmen durch:

$$n = \left\lceil \ e \cdot \log_{10}(m) + \log_{10}(2 \cdot k \cdot \frac{p}{t}) \right\rceil,$$

falls $t \cdot a_{j,i}/p \quad \forall \ j, i \in [1:k]$ keine endliche Dezimalbruchdarstellung hat.

Beweis

Seien $C (= (c_{j,i}) \in \mathbb{R}^{k \times k})$, $C_n \ (= (c_{j,i}^n) \in \mathbb{R}^{k \times k})$ gegeben mit $c_{j,i} = a_{j,i} \cdot \frac{t}{p}$ und $c_{j,i}^n = 10^{-n} \lfloor 10^n \cdot c_{j,i} \rfloor$.

$$\Rightarrow \quad c_{j,i} > c_{j,i}^n \text{ und } |c_{j,i} - c_{j,i}^n| < 10^{-n},$$

da $a_{j,i} \cdot t/p$ eine nichtabbrechende Dezimalbruchdarstellung hat.

Ist $x \in \mathbb{Z}_m^k$ beliebig, so gilt:

$$0 \leq \sum_{i=1}^{k} c_{j,i} \cdot x_i^e - \sum_{i=1}^{k} c_{j,i}^n \cdot x_i^e = \sum_{i=1}^{k} (c_{j,i} - c_{j,i}^n) \cdot x_i^e < 10^{-n} \cdot k \cdot m^e \quad \forall \ j \in [1:k].$$

Mit $n = e \cdot \log_{10}(m) + \log_{10}(2 \cdot k \cdot \frac{p}{t})$ ergibt sich daraus:

$$\left| \sum_{i=1}^{k} c_{j,i} \cdot x_i^e - \sum_{i=1}^{k} c_{j,i}^n \cdot x_i^e \right| < 10^{-n} \cdot k \cdot m^e = \frac{t}{2p}.$$

Sei nun $j \in [1:k]$ beliebig vorgegeben und

$$\sum_{i=1}^{k} c_{j,i}^n \cdot x_i^e = q \cdot t + \varepsilon \quad \text{mit } q \in \mathbb{N} \text{ und } 0 \le \varepsilon < t.$$

$\Rightarrow \qquad \left(\sum_{i=1}^{k} c_{j,i}^n \cdot x_i^e \right) \text{MOD } t = \varepsilon.$

$\Rightarrow \qquad \sum_{i=1}^{k} c_{j,i} \cdot x_i^e = q \cdot t + \delta \quad \text{mit } 0 \le \delta - \varepsilon < \frac{t}{2p}.$

$\Rightarrow \qquad \left(\sum_{i=1}^{k} c_{j,i} \cdot x_i^e \right) \text{MOD } t = \delta \text{ MOD } t.$

Daraus ergeben sich zwei Fälle:

1) $0 \le \varepsilon < t - \frac{t}{2p}$:

$\Rightarrow \qquad \delta < t \text{ und } \left(\sum_{i=1}^{k} c_{j,i} \cdot x_i^e \right) \text{ MOD } t = \delta.$

$\Rightarrow \qquad \left| \left(\sum_{i=1}^{k} c_{j,i} \cdot x_i^e \right) \text{ MOD } t - \left(\sum_{i=1}^{k} c_{j,i}^n \cdot x_i^e \right) \text{ MOD } t \right| = \delta - \varepsilon < \frac{t}{2p}.$

2) $t - \frac{t}{2p} \le \varepsilon < t$:

$\Rightarrow \lfloor (t - \frac{t}{2p}) \cdot \frac{p}{t} + \frac{1}{2} \rfloor = p, \lfloor t \cdot \frac{p}{t} + \frac{1}{2} \rfloor = p \text{ und } \lfloor \varepsilon \cdot \frac{p}{t} + \frac{1}{2} \rfloor \text{MOD } p = 0.$

Gilt $\varepsilon \le \delta < t$, so ergibt sich analog $\lfloor \delta \cdot \frac{p}{t} + \frac{1}{2} \rfloor \text{MOD } p = 0$ und

$$\left(\sum_{i=1}^{k} c_{j,i} \cdot x_i^e \right) \text{ MOD } t = \delta.$$

Gilt jedoch $\delta \ge t$, so folgt

$$\left(\sum_{i=1}^{k} c_{j,i} \cdot x_i^e \right) \text{ MOD } t = \delta - t = \delta_1 \quad \text{mit } \delta_1 \ge 0 \text{ und } (\delta_1 + t) - \varepsilon < \frac{t}{2p}.$$

$\Rightarrow 0 \le \delta_1 < \varepsilon - t + \frac{t}{2p} < \frac{t}{2p}$, da $\varepsilon < t$ gilt.

$\Rightarrow \left[\left(\sum_{i=1}^{k} c_{j,i} \cdot x_i^e \right) \text{ MOD } t \right] \cdot \frac{p}{t} = \left(\sum_{i=1}^{k} a_{j,i} \cdot x_i^e \right) \text{MOD } p \in \mathbb{N}$ analog (3.4.3) und

$\left(\sum_{i=1}^{k} a_{j,i} \cdot x_i^e \right) \text{ MOD } p \le \frac{1}{2} \Rightarrow \left(\sum_{i=1}^{k} a_{j,i} \cdot x_i^e \right) \text{ MOD } p = 0.$

Insgesamt ergibt sich damit:

Für alle $x \in \mathbb{Z}_m$ gilt entweder $\left| \left(\sum_{i=1}^{k} c_{j,i} \cdot x_i^e \right) \mathrm{MOD}\ t - \left(\sum_{i=1}^{k} c_{j,i}^n \cdot x_i^e \right) \mathrm{MOD}\ t \right| < \frac{t}{2p}$

oder $\lfloor [(\sum_{i=1}^{k} c_{j,i} \cdot x_i^e) \mathrm{MOD}\ t] \cdot \frac{p}{t} + \frac{1}{2} \rfloor - 0 - \lfloor [(\sum_{i=1}^{k} c_{j,i}^n \cdot x_i^e) \mathrm{MOD}\ t] \cdot \frac{p}{t} + \frac{1}{2} \rfloor \mathrm{MOD}\ p.$

Mit Satz (3.4.6) folgt damit die Behauptung, wenn man die Form der Funktion D_1^n beachtet. □

Mit diesen Vorbereitungen läßt sich die angekündigte Public-Key-Hill-Chiffre definieren.

<u>(3.4.8) Definition</u>

<u>Voraussetzungen:</u>

1) Sei $p \in \mathbb{P}$ mit $p > 10^{250}$, $e, d \in \mathbb{Z}_p$ mit $e \cdot d \equiv 1 \pmod{p-1}$ und $k \in \mathbb{N}+2$.

2) Sei $A = (a_{j,i}) \in \mathbb{Z}_p^{k \times k}$ mit $\det(A) \neq 0 \pmod{p}$ und sei $A^{-1} = (a_{j,i}^{-1}) \in \mathbb{Z}_p^{k \times k}$ mit $A^{-1} \cdot A \equiv I \pmod{p}$ mit der Einheitsmatrix $I \in \mathbb{Z}_p$.

3) Sei $t \in (0,p)$ so gewählt, daß $t \cdot a_{j,i}/p$ keine endliche Dezimalbruchdarstellung hat $\forall\ i,j \in [1:k]$ (z. B. $t \in \mathbb{Z}_p+1$).

4) Sei m eine Zahl aus $[10^{70}; \frac{p-1}{10}]$, zu der es eine Zahl $n \in \mathbb{N}$ gibt, so daß die Bedingung: $e \cdot \log_{10}(m) + \log_{10}(4 \cdot k \cdot p/t) \leq n < \lceil 2 \cdot \log_{10}(p) - \log_{10}(t) - 70 \rceil$ erfüllt ist. Dann bezeichne $W = [0;m]$ den Nachrichtenraum, der öffentlich bekanntgegeben wird.

5) Sei $z = \lceil \log_{10}(4 \cdot p/t) \rceil$ und $c_{j,i}^n = 10^{-n} \lfloor 10^n \cdot t \cdot a_{j,i} / p \rfloor$.

<u>Chiffrierfunktionen:</u>

6) Die Verschlüsselungsfunktion $E : \mathbb{Z}_p^k \to \mathbb{R}^k$ ist gegeben durch

$$E(x_1,...,x_k) = (10^{-z} \cdot \lfloor 10^z (\sum_{i=1}^{k} c_{1,i}^n \cdot x_i^e) \mathrm{MOD}\ t \rfloor, \dots ,$$

$$10^{-z} \cdot \lfloor 10^z (\sum_{i=1}^{k} c_{k,i}^n \cdot x_i^e) \mathrm{MOD}\ t \rfloor).$$

7) Die Entschlüsselungsfunktion $D : \mathbb{R}^k \to \mathbb{Z}_m^k$ ist gegeben durch $D(x) = D_3(D_2(D_1(x)))$ mit

$D_1 : \mathbb{R}^k \to \mathbb{Z}_m^k$ und $D_1(y_1,...,y_k) = (\lfloor y_1 \cdot \frac{p}{t} + \frac{1}{2} \rfloor \mathrm{MOD}\ p, \dots , \lfloor y_k \cdot \frac{p}{t} + \frac{1}{2} \rfloor \mathrm{MOD}\ p),$

$D_2 : \mathbb{Z}_m^k \to \mathbb{Z}_m^k$ und $D_2(z_1,...,z_k) = ((\sum_{i=1}^{k} a_{1,i}^{-1} \cdot z_i) \mathrm{MOD}\ p , \dots ,$

$$(\sum_{i=1}^{k} a_{k,i}^{-1} \cdot z_i) \mathrm{MOD}\ p),$$

$$D_3 : \mathbb{Z}_m^k \to \mathbb{Z}_m^k \text{ und } D_3(u_1,...,u_k) = (u_1^d \text{ MOD } p, \ ... \ ,u_k^d \text{ MOD } p).$$

Schlüssel:

8)   Zum Verschlüsseln: $C_n = (c_{j,i}^n) \in \mathbb{R}^{k \times k}$, e, t, z, sämtlich öffentlich.

9)   Zum Entschlüsseln: p, A^{-1}, d, alle geheim, t öffentlich.

Bei dem so definierten Public-Key-Kryptosystem handelt es sich um eine k-dimensionale Public-Key-Hill-Chiffre, die wir im folgenden mit R^k-System bezeichnen.

(3.4.9) Satz

Gegeben sei ein R^k-System gemäß (3.4.8). Dann gilt:

$$D(E(x)) = x \ \forall \ x \in \mathbb{Z}_m^k .$$

Beweis

Nach Voraussetzung gilt für alle j aus [1:k]:

$$0 \le \left(\sum_{i=1}^{k} c_{j,i}^n \cdot x_i^e \right) \text{MOD } t - 10^{-z} \lfloor 10^z \left(\sum_{i=1}^{k} c_{j,i}^n \cdot x_i^e \right) \text{MOD } t \rfloor \le 10^{-z} \le \frac{t}{4p}$$

$$\Rightarrow \quad 0 \le \left[\left(\sum_{i=1}^{k} c_{j,i}^n \cdot x_i^e \right) \text{MOD } t \right] \cdot \frac{p}{t} - \left[10^{-z} \lfloor 10^z \left(\sum_{i=1}^{k} c_{j,i}^n \cdot x_i^e \right) \text{MOD } t \rfloor \right] \cdot \frac{p}{t} \le \frac{1}{4} .$$

Analog zum Beweis von (3.4.7) folgt aus der Voraussetzung:

$$\left| \left[\left(\sum_{i=1}^{k} c_{j,i} \cdot x_i^e \right) \text{MOD } t \right] \cdot \frac{p}{t} - \left[\left(\sum_{i=1}^{k} c_{j,i}^n \cdot x_i^e \right) \text{MOD } t \right] \cdot \frac{p}{t} \right| < \frac{1}{4} .$$

$$\Rightarrow \quad \left| \left(\sum_{i=1}^{k} a_{j,i} \cdot x_i^e \right) \text{MOD } p - \left[\left(\sum_{i=1}^{k} c_{j,i}^n \cdot x_i^e \right) \text{MOD } t \right] \cdot \frac{p}{t} \right| < \frac{1}{4} .$$

$$\Rightarrow \quad \left| \left(\sum_{i=1}^{k} a_{j,i} \cdot x_i^e \right) \text{MOD } p - \left[10^{-z} \lfloor 10^z \left(\sum_{i=1}^{k} c_{j,i}^n \cdot x_i^e \right) \text{MOD } t \rfloor \right] \cdot \frac{p}{t} \right| <$$

$$\left| \left(\sum_{i=1}^{k} a_{j,i} \cdot x_i^e \right) \text{MOD } p - \left[\left(\sum_{i=1}^{k} c_{j,i}^n \cdot x_i^e \right) \text{MOD } t \right] \cdot \frac{p}{t} \right| +$$

$$\left| \left[\left(\sum_{i=1}^{k} c_{j,i}^n \cdot x_i^e \right) \text{MOD } t \right] \cdot \frac{p}{t} - \left[10^{-z} \lfloor 10^z \left(\sum_{i=1}^{k} c_{j,i}^n \cdot x_i^e \right) \text{MOD } t \rfloor \right] \cdot \frac{p}{t} \right| < \frac{1}{4} + \frac{1}{4} = \frac{1}{2} .$$

$$\Rightarrow \quad \left(\sum_{i=1}^{k} a_{j,i} \cdot x_i^e \right) \text{MOD } p = \lfloor \left[10^{-z} \lfloor 10^z \left(\sum_{i=1}^{k} c_{j,i}^n \cdot x_i^e \right) \text{MOD } t \rfloor \right] \cdot \frac{p}{t} + \frac{1}{2} \rfloor .$$

Mit Satz (3.4.6) folgt damit die Behauptung. □

Für das R^k-System gilt ebenfalls Bemerkung (3.2.12) ii)-viii). Für den erforderlichen Aufwand gilt folgende Abschätzung:

<u>(3.4.10) Aufwandsbetrachtung</u>

i) Der Initialisierungsaufwand setzt sich hauptsächlich zusammen aus der Bestimmung der großen Primzahl p mit $O(\log(p))$ Operationen, der Ermittlung des multiplikativen Inversen von e mit $O(\log(e))$ Operationen und der Bestimmung der inversen Matrix von A. Dies ist möglich mit dem Gaußschen Algorithmus, wenn man die Division durch die Multiplikation mit dem Inversen modulo p durchführt. Die Berechnung dieser Inversen und der Algorithmus lassen sich mit $O(k^3 + k \cdot \log(p))$ Operationen durchführen. Das heißt, daß der Initialisierungsaufwand sich mit $O((k+2) \cdot \log(p) + k^3)$ Operationen abschätzen läßt und damit für kleinere k, z. B. $k \in [2\!:\!100]$, vertretbar klein ist (vgl. zu obigen Abschätzungen [Horster 85, S.292 ff.]).

ii) Der Verschlüsselungsaufwand setzt sich zusammen aus k-maliger Berechnung von x_i^e mit höchstens $2 \cdot \lfloor \log_2(e) \rfloor$ Operationen mit 'repeated squaring and multiplying' (s. o.), k^2 Multiplikationen $c_{j,i}^n \cdot x_i^e$, $(k-1) \cdot k$ Additionen und k Modulo-Reduktionen. Insgesamt benötigt also die Verschlüsselung von k Werten aus $\mathbb{Z}_m$ $(2 \cdot k \cdot \lfloor \log_2(e) \rfloor + 2k^2 + 5 \cdot k)$ Operationen. Mit k parallelen Prozessoren läßt sich dies auf $O(k \cdot \log_2(e) + k)$ Operationen reduzieren.

Der Speicheraufwand für die Schlüssel ist durch $k^2 + 4$ beschränkt. Der Speicherbedarf eines Klartextes ist $k \cdot (\lfloor \log_{10}(m) \rfloor + 1)$ Dezimalstellen, der eines Schlüsseltextes $k \cdot (\lfloor \log_{10}(t) \rfloor + 1 + \lceil \log_{10}(4 \cdot p / t) \rceil)$ und damit etwa um den Faktor $\log_{10}(p) / \log_{10}(m)$ größer als der Klartext.

iii) Der Entschlüsselungsaufwand beträgt $7 \cdot k + 1$ Operationen für D_1, $k(2k+3)$ Operationen für D_2 und $k \cdot (8 \cdot \lfloor \log_2(d) \rfloor)$ Operationen für D_3, also insgesamt $(2k^2 + 10k + 8k \cdot \lfloor \log_2(d) \rfloor + 1)$ Operationen. Mit k parallelen Prozessoren läßt sich dies auf $O(2k + 8 \cdot \log_2(d))$ Operationen reduzieren.

Insgesamt sind Ver- und Entschlüsselungsaufwand vertretbar klein, wenn man beachtet, daß der Klartext sich aus k Werten aus $\mathbb{Z}_m$ zusammensetzt.

<u>(3.4.11) Bemerkung</u>

Zur Sicherheit des Systems sei bemerkt, daß prinzipiell der Brechungsansatz (3.3.4) und (3.3.8) ii) auch im R^k-System durchgeführt werden kann, allerdings mit einer wesentlichen Einschränkung: Für das R-System genügte es offenbar, mit Hilfe der Kettenbrüche einen Näherungsbruch von c/t zu gewinnen und damit eine Umkehrfunktion zu erzeugen. Im R^k-System hingegen benötigt man Näherungsbrüche $b_{j,i}/q \approx c_{j,i}^n / t$, wobei der Nenner q in allen Näherungsbrüchen übereinstimmen muß. Dies verhindert die einfache Anwendung des eindimensionalen Kettenbruchansatzes aus (3.3.8) ii), denn es ist aufwendig, eine solche simultane Approximation durchzuführen, wie es im folgenden dargestellt wird.

Es besteht also das Problem, k^2-Dezimalbrüche durch Brüche gleichen Nenners genügend genau gleichmäßig zu approximieren, wobei die Größe des Nenners durch den Parameter z in (3.4.8) auch noch einer Beschränkung unterliegt. Einen Hinweis auf diese Problematik, die unter dem Begriff 'simultane diophantische Approximation' bekannt ist, liefert der folgende Satz, der zunächst nur die Existenz gewisser Lösungen angibt.

(3.4.12) Satz

Seien $a_1,...,a_n$ beliebige reelle Zahlen und $Q > 1$ sei als natürliche Zahl vorgegeben. Dann existieren ganze Zahlen q, $p_1,..., p_n$ mit $1 \le q \le Q^n$ und

$$\left| a_i - \frac{p_i}{q} \right| \le \frac{1}{Q \cdot q} \le q^{-1-1/n} .$$

Beweis

Ein Beweis mittels des Schubfachprinzips ist in [Hardy und Wright 58, S.193] angegeben. Siehe dazu auch [Koksma 74] und [Schmidt 80]. □

(3.4.13) Bemerkung

Die Grundlage eines Brechungsansatzes des R^k-Systems analog zu (3.3.8) ii) besteht darin, eine natürliche Zahl q zu finden mit

$$\left| c_{j,i}^n /t \cdot q - b_{j,i} \right| \le 10^{-n} \cdot \frac{q}{t} ,$$

wobei die $b_{j,i}$, $i,j \in [1:k]$, aus $\mathbb{Z}_q$ sind.

Setzt man $n = 2 \cdot \log_{10}(p) - \log_{10}(t) - 70$ voraus, damit der Nachrichtenraum maximal wird, so muß also gelten:

$$\left| c_{j,i}^n /t \cdot q - b_{j,i} \right| \le \frac{10^{70} \cdot t}{p^2} \cdot \frac{q}{t} = \frac{10^{70} \cdot q}{p^2} .$$

Gleichzeitig ergibt sich durch den Parameter z die Forderung:

$$\lceil \log_{10}(4 \cdot p/t) \rceil \ge \lceil \log_{10}(4 \cdot q/t) \rceil ,$$

d. h. q ist durch $10 \cdot p$ beschränkt.

Insgesamt ergibt sich also das folgende Problem:

Finde $q \in \mathbb{N}$ mit $1 \le q \le 10 \cdot p$, $b_{j,i} \in \mathbb{N}$, $i,j \in [1:k]$ mit der Eigenschaft

$$\left| c_{j,i}^n /t \cdot q - b_{j,i} \right| \le \frac{10^{70} \cdot q}{p^2}$$

zu einem vorgegebenen R^k-System.

Dabei kann man aus Satz (3.4.12) keinen Lösungsansatz erwarten, da dort nicht die erforderliche Fehlergenauigkeit erreicht wird und die Beweise mit dem Schubfachprinzip durchgeführt werden, so daß nur die Existenz einer Lösung gezeigt wird.

Diese simultanen diophantischen Approximationen werden auch für einige Brechungsansätze von Public-Key-Kryptosystemen auf Knapsack-Basis benutzt (vgl. [Lagarias 84]). In dem Aufsatz [Lagarias 85] wird ein Überblick über die Algorithmen zur Lösung simultaner diophantischer Approximationen gegeben. Danach ist es mit dem von H.W. Lenstra entwickelten Algorithmus zum 'integer programming' (vgl. [Lenstra 83]) möglich, gute Approximationen zu finden und sogar beste Approximationen zu bestimmen. Allerdings ist der Aufwand durch $O(L^{c(d)})$ gegeben, wobei L die Inputlänge des Problems andeutet, hingegen c(d) exponentiell mit der Dimension d des Problems wächst.

Eine Verbesserung ergab sich durch einen neuen Algorithmus, der in [Lenstra et al. 82] angegeben wurde, der schneller durchführbar ist und eine Lösung annähernd mit den Eigenschaften aus (3.4.12) findet. Problematisch für die Anwendung im R^k-System ist hingegen, daß der gefundene Nenner im Vergleich zur Approximationsordnung erheblich zu groß sein kann. Der für den Zweck der Kryptoanalyse des R^k-Systems nach (3.4.13) bislang aussichtsreichste Algorithmus, der auch Lösungen in der erforderlichen Größenordnung liefern kann, wird im oben erwähnten Aufsatz vorgestellt. Das zentrale Ergebnis für das R^k-System ist:

<u>(3.4.14) Satz</u>

Sei $\alpha = (a_1/b_1, \ldots, a_d/b_d)$ als ein d-Tupel rationaler Zahlen vorgegeben. Bezeichnet man für $N \in \mathbb{N}+1$

$$\delta_N(\alpha) = \min_{1 \leq q \leq N} \left\{ \max_{1 \leq i \leq d} \left\{ \min_{n \in \mathbb{Z}} \left\{ \left| (a_i/b_i) \cdot q - n \right| \right\} \right\} \right\},$$

d. h. $\delta_N(\alpha)$ gibt den Fehler des optimalen Nenners $q \leq N$ an, so gibt es einen Algorithmus, der bei Eingabe von α und N einen Nenner q^* mit $1 \leq q^* \leq 2^{d/2} \cdot N$ liefert mit

$$\max_{1 \leq i \leq d} \left[\min_{n \in \mathbb{Z}} \left| (a_i/b_i) \cdot q^* - n \right| \right] \leq \sqrt{5 \cdot d} \cdot 2^{(d-1)/2} \cdot \delta_N(\alpha).$$

Dies bedeutet, daß der Algorithmus einen Nenner $q^* \leq 2^{d/2} \cdot N$ findet, so daß der Approximationsfehler bis auf den Faktor $\sqrt{5 \cdot d} \cdot 2^{(d-1)/2}$ gleich dem optimalen Fehler ist.

Dieser Algorithmus benötigt dabei $O(d^6 \cdot (d \cdot \log_2(M) + \log_2(N))^4)$ Bit-Operationen, wobei $M = \max\{\,|a_i|,\ |b_i|\ \mid\ 1 \le i \le d\,\}$ ist.

__Beweis__

Siehe [Lagarias 85]. □

Für das R^k-System hat dieser Satz folgende Konsequenzen:

__(3.4.15) Bemerkung__

i) Die Sicherheit des R^k-Systems gegenüber dem Brechungsansatz (3.4.13) mit (3.4.14) kann man wie folgt erreichen:

Man wählt $k \in [10;20]$, $p \approx 10^{250}$, dann ist $N = 10^{250}$ und $M = 10^n$ (t-1) zu erwarten, und dies ergibt einen Berechnungsaufwand des Algorithmus (3.4.14) von

$$4{,}26 \cdot 10^{32} \quad \text{bei } k = 10,$$
$$4{,}39 \cdot 10^{38} \quad \text{bei } k = 20,$$

wenn man die $O(\cdot)$-Konstanten gleich 1 annimmt.

Dies entspricht zwar nicht den in (1.1.3) iii) geforderten 10^{70} Operationen, aber es ist auch nicht sichergestellt, daß das gefundene Ergebnis q^* die erforderlichen Eigenschaften aufweist, denn es können folgende Fälle auftreten:

a) $q^* \le 2^{d/2} \cdot N$: Es ist $q^* > 10 \cdot p$ möglich, da $d = k^2$ gilt.

b) Es kann

$$10 \cdot p / (2^{d/2}) \cdot \sqrt{5 \cdot d} \cdot 2^{(d-1)/2} \ \overset{\delta}{>}\ \frac{10^{70} q^*}{p^2} \ \text{sein},$$

die erforderliche Genauigkeit könnte also nicht erreicht werden (was nach (3.4.12) naheliegt).

c) Es könnte $\det(B) \equiv 0 \pmod q$ sein mit $B = (b_{j,i})$, $j,i \in [1{:}k]$, d. h. man kann keine erforderliche inverse Matrix B^{-1} erzeugen.

Zusammenfassend sagt dies aus: Mit erheblichem Aufwand (10^{32} - 10^{38} Operationen) kann man zwar mit (3.4.14) einen Nenner q^* bestimmen, der eine gute simultane Approximation liefert, aber man hat damit nicht die Gewißheit, daß man mit q^* auch den Brechungsansatz durchführen kann, da insbesondere der erforderliche Fehler nicht erreicht wird.

ii) Einer größeren Wahl der Dimension k steht gegenüber, daß damit der öffentliche Schlüssel auch k^2 ($2 \cdot \log_{10}(p)$-70)-stellige Zahlen beinhaltet und der Speicheraufwand zu groß wird. Ein solch großer Schlüssel wird auch bei Knapsack-Verfahren verwendet, wobei dort pro öffentlicher Zahl des Schlüssels ein Bit verschlüsselt wird. Beim R^k-System hingegen werden pro Teilschlüssel $(k \cdot \log_2(m)) / k^2 = \log_2(m) / k$ Bits verschlüsselt, was erheblich größer als 1 sein kann.

iii) Wählt man $k = 20$, so ist der Aufwand von (3.4.14) mit $4{,}39 \cdot 10^{38}$ Operationen so groß, als wenn man das RSA-Verfahren mit $p \cdot q \geq 10^{540}$ initialisieren würde (mit der $O(\cdot)$-Konstanten 1, vgl. (0.1.1) und Paragraph (3.1)). Hier hat das R^k-System den Vorteil, daß durch die Erhöhung der Dimension k die Anzahl der Stellen der durchzuführenden Operationen konstant gleich $(2 \cdot \log_{10}(p) - 70) \, (\approx 430)$ bleibt, wohingegen im RSA-Verfahren diese Anzahl $(= \log_{10}(p \cdot q))$ mit größeren Zahlen steigt.

<u>(3.4.16) Beispiel</u>

Es sei $p = 64301 \in \mathbb{P}$, $e = 3$, $d = 42867$, $e \cdot d \equiv 1 \pmod{p-1}$ und $t = 333$. Die Matrix A wählt man zufällig zu:

$$A = \begin{pmatrix} 5387 & 2993 \\ 7461 & 4001 \end{pmatrix} \text{ mit } \det(A) \equiv 58527 \pmod{p}.$$

Dazu bestimmt man die inverse Matrix A^{-1} modulo p:

$$A^{-1} = \begin{pmatrix} 14109 & 19322 \\ 59703 & 52039 \end{pmatrix}.$$

Setzt man $m = 1000$ fest, so ergibt sich $n = 13$ und $z = 3$ und der öffentliche Schlüssel $C_{13} = (c_{i,j}^{13}) \in \mathbb{R}^{2 \times 2}$ mit

$c_{1,1}^{13} = 10^{-13} \lfloor 10^{13} \cdot 5387 \cdot t / p \rfloor = 27{,}89802646292617$.

$c_{1,2}^{13} = 15{,}50005443315018$, $c_{2,1}^{13} = 38{,}6387925537705$, $c_{2,2}^{13} = 20{,}7202531842428$.

Der Nachrichtenraum ist $\mathbb{Z}_{1000}^2$ und die Verschlüsselungsfunktion E ist gegeben durch:

$$E(x_1, x_2) = (10^{-3} \lfloor 10^3 \cdot (c_{1,1}^{13} \cdot x_1^3 + c_{1,2}^{13} \cdot x_2^3) \text{ MOD } 333 \rfloor,$$
$$10^{-3} \lfloor 10^3 \cdot (c_{2,1}^{13} \cdot x_1^3 + c_{2,2}^{13} \cdot x_2^3) \text{ MOD } 333 \rfloor).$$

Die Entschlüsselungsfunktion $D(\cdot) = D_3(D_2(D_1(\cdot)))$ ist gegeben durch:

$D_1(y_1, y_2) = (\lfloor y_1 \cdot 64301/333 + 0{,}5 \rfloor, \lfloor y_2 \cdot 64301/333 + 0{,}5 \rfloor)$.

$D_2(z_1, z_2) = ((14109 \cdot z_1 + 19322 \cdot z_2) \text{ MOD } 64301, (59703 \cdot z_1 + 52039 \cdot z_2) \text{ MOD } 64301)$,

$D_3(u_1, u_2) = (u_1^{42867} \text{ MOD } 64301, u_2^{42867} \text{ MOD } 64301)$.

Für den Klartext $x = (301, 613)$ ergibt sich:

$$E(301, 613) = (197{,}538 , 68{,}411).$$

Die Entschlüsselung ergibt:

$$D_1(197{,}538 , 68{,}411) = (38144, 13210),$$

$$D_2(38144, 13210) = (7277, 20215),$$
$$D_3(7277, 20215) = (301, 613) = x.$$

(3.4.17) Bemerkung

i) Es ist eine Modifikation des R^k-Systems denkbar, in der $e = d = 1$ gesetzt wird. Dies hat zur Folge, daß die Verschlüsselungsoperation E schneller durchgeführt werden kann und daß die Funktion D_3 die Identität ist. Neben diesem Geschwindigkeitsvorteil ergibt sich gleichzeitig, daß der Parameter p keine Primzahl mehr sein muß. Dies vereinfacht die Initialisierung und den Schlüsselwechsel. Man muß nur zusätzlich $ggT(\det(A),p) = 1$ fordern. Von Interesse wäre diese Version vor allem deswegen, weil die Verschlüsselung und die Entschlüsselung sehr schnell durchgeführt werden können, insbesondere wenn man parallele Prozessoren benutzen kann.

ii) Das R^k-System erfüllt damit die in der Einleitung angeregten Forderungen (0.1.2) für neue Kryptosysteme. Es ist ein Public-Key-Kryptosystem, dessen Grundprinzip (vgl. (3.1.29), (3.4.12) und (3.4.14)) neu ist und das gegen die bisher bekannten Attacken sicher ist (siehe auch (3.4.15)i)). Durch i) wird insbesondere eine schnelle Ver- und Entschlüsselung erreicht, in der die wesentlichen Teile parallel ausgeführt werden können.

iii) Als weitere Modifikation des R^k-Systems kann man die Matrix C_n nicht mit Dezimalzahlen als Eintrag bekanntgeben, sondern man könnte jede Komponente $c_{j,i}^n$ durch einen Kettenbruch approximieren z. B. durch $| x_{j,i}/y_{j,i} - c_{j,i}^n | \leq 10^{-n}$ und C_n mit den Einträgen $x_{j,i}/y_{j,i}$ bekanntgeben. Infolgedessen kann man die Verschlüsselung mit exakter Bruchrechnung (vgl. Paragraph 4.1) durchführen, wodurch neue Mechanismen zur Geheimhaltung ermöglicht werden können.

3.5 Digitale Unterschriften mit dem R^k-System

Vorausgesetzt sei, daß ein Sender A eine Nachricht an den Empfänger B senden und daß A diese Nachricht mit einer Signatur versehen möchte, aus der eindeutig hervorgeht, daß diese Nachricht von ihm stammt. Im üblichen Schriftverkehr wird versucht, dies mit einer Unterschrift zu erreichen. In einem Public-Key-Kryptosystem hingegen ist ein Namenszug im Sinne von festgewählten Daten nutzlos, da auch eine gefälschte Nachricht damit signiert werden kann. Gesucht sind also Daten, aus denen hervorgeht, daß nur Benutzer A sie kennen kann und die veröffentlicht werden können, ohne daß A dadurch Schaden erleidet. Daten, von denen bekannt ist, daß nur A sie kennt, sind die geheimen Schlüssel von A im zugrundegelegten Public-Key-Kryptosystem. Diese kann A natürlich nicht als Unterschrift bekanntgeben, ohne selbst geschädigt zu werden. A jedoch kann bestimmte Schlüsseltexte entschlüsseln und diese Klartexte mit dem öffentlichen Schlüssel von B verschlüsseln. B kann diese dann dechiffrieren und mit dem öffentlichen Schlüssel von A verschlüsseln und erhält damit den von A vorgewählten Schlüsseltext (vgl. (1.1.4)). Damit ist gewährleistet, daß A die Unterschrift geleistet hat. Konkretisiert auf das R^k-System ergibt sich:

(3.5.1) Erzeugung von Unterschriften im R^k-System

Gegeben sei eine Menge von Benutzern (mit den Bezeichnungen A, B, C, ...) eines R^k-Systems. Die öffentlichen Schlüssel $_xC_n$, e_x, t_x, z_x und m_x mit $x \in \{A, B, C, ...\}$ dieser Benutzer seien in einer allen zugänglichen Datei gespeichert. Vorausgesetzt sei, daß Benutzer A eine Nachricht $(w_1,...,w_n)$ mit $w_i \in \mathbb{Z}_{m_B}^k$, $n \in \mathbb{N}+1$, an Benutzer B senden und unterschreiben will.

Zunächst verschlüsselt A seine Nachricht mit der öffentlichen Verschlüsselungsfunktion von B und sendet die Schlüsseltexte $E_B(w_i)$ an B. Benutzer A kann dann auf folgende Weise eine Unterschrift erzeugen:

1) Eine geheime Unterschrift:

Benutzer A berechnet

$$q_1 = \left(\sum_{i=1}^{n} \sum_{j=1}^{k} w_{i,j} \right) \text{ MOD } m_A \text{ und } q_2 = q_1 \cdot t_A / m_A \in [0, t_A).$$

Dann dechiffriert A den Schlüsseltext $(q_2,...,q_2) \in \mathbb{R}^k$ mit

$$D_A(q_2,...,q_2) = (S_1,...,S_k) = S \in \mathbb{Z}_{p_A}^k.$$

S ist damit die Signatur der Nachricht, und A sendet S verschlüsselt mit der Verschlüsselungsfunktion von B an diesen.

Will B überprüfen, ob dies die korrekte Signatur ist, so geht B wie folgt vor: Zuerst berechnet B durch Dechiffrierung das Tupel S. Dann berechnet B den Wert q_1, den er aus der entschlüsselten Nachricht erhält. Anschließend berechnet B $E_A(S) = (x_1,...,x_k)$ und testet schließlich, ob

$$q_1 = \lfloor x_i \cdot m_A/t_A + 1/2 \rfloor \text{ für alle } i \in [1:k]$$

gilt.

Gilt die Gleichheit, so ist S eine gültige Unterschrift, denn nur A kann S berechnen, da nur A die Entschlüsselungsfunktion D_A kennt. Ist eine Kommunikationstopologie gegeben, in der nicht beobachtet werden kann, wer eine Nachricht abgesetzt hat, so kann damit auch nur B wissen, daß die Nachricht von A stammt, denn B kann für jeden Benutzer testen, ob die Signatur und damit die Nachricht von ihm stammt.

<u>2) Eine öffentliche Unterschrift:</u>

Vorausgesetzt sei, daß jeder Benutzer den Schlüsseltext erhält, den A an B sendet, wie es z. B. in Bus- oder Ring-Topologien von Kommunikationsnetzen gegeben ist. Bei einer öffentlichen Unterschrift soll jeder Benutzer des Systems überprüfen können, ob A die Nachricht an B unterschrieben hat. Im Gegensatz zu 1) bleibt hier nicht geheim, von wem eine Nachricht stammt. Zur Unterschriftbildung berechnet A den Wert

$$q_1 = \left(\sum_{i=1}^{n} \sum_{j=1}^{k} E_B(w_i)_j \right) \text{ MOD } t_A,$$

d. h. die komponentenweise Summe der Schlüsseltexte der Nachricht reduziert durch den eigenen Modul t_A. Dann ermittelt A das Dechiffrat

$$D_A(q_1,...,q_1) = (S_1,...,S_k) = S \in \mathbb{R}^k$$

und gibt S als Signatur bekannt.

Jeder Benutzer kann nun ebenfalls q_1 berechnen und überprüfen, ob mit $(x_1,...,x_k) = E_A(S)$: $| x_i - q_1 | < \varepsilon \;\forall\; i \in [1:k]$ gilt mit einem vorgegebenen kleinen ε-Wert in der Größenordnung 10^{-z_A+1}. Ist dies erfüllt, so weiß jeder Benutzer des Systems, daß die Signatur nur von A stammen kann, da nur A in der Lage ist, $D_A(q_1,...,q_1)$ zu berechnen. Damit ist also eine digitale Unterschrift vor Zeugen möglich.

In beiden Fällen müssen die Beteiligten eines Unterschriftenverfahrens testen, ob die Signatur ein Tupel aus ganzen Zahlen ist, denn eine nichtganzzahlige Signatur läßt sich mit Lösen des Gleichungssystems $_A C_n \cdot X = S$ unter Umständen erhalten.

<u>(3.5.2) Bemerkung</u>

i) Es ist denkbar, daß es mit (3.5.1) 1) und 2) Nachrichten gibt, die keine gültige

Signatur zulassen, da der Nachrichtenraum nicht mit dem Schlüsseltextraum übereinstimmt. In diesem Fall kann der Sender A eine Ausgleichsnachricht vorwegsenden, die eine Signatur ermöglicht. Eine ähnliche Problematik ergibt sich auch bei Unterschriften im Merkle-Hellman-Verfahren, vgl. [Horster 85, S.273 f.].

ii) Es kann der Fall eintreten, daß die Signatur S einer Nachricht, die aus $\mathbb{Z}_{p_A}^k$ stammt, nicht in $\mathbb{Z}_{m_A}^k$ liegt. Damit erhält der Empfänger Informationen über den geheimen Schlüssel p_A. Diese Information ist in dem Fall nutzlos, wenn $p_A > 10^{250}$ und die Komponenten der Signatur einen Abstand größer als $p_A/10$ haben. Nach dem Primzahlsatz (s. o.) liegen dann zwischen der Signatur und p_A so viele Primzahlen, daß der Informationswert der Signatur in bezug auf p_A vernachlässigbar klein ist. Ist der Abstand allerdings geringer, so kann A eine Ausgleichsnachricht senden und damit eine Signatur erzwingen, die einen geeigneten Abstand aufweist.

iii) Wie bei anderen Unterschriftsverfahren muß auch hier gewährleistet sein, daß die öffentliche Datei der Schlüssel des R^k-Systems nicht manipuliert werden kann, und daß nur autorisierte Benutzer Eintragungen und Änderungen vornehmen dürfen.

<u>(3.5.3) Beispiel</u>

Gegeben sei ein R^2-System mit zwei ausgewählten Benutzern A und B. Die Schlüssel dieser Benutzer seien:

$$A_A = \begin{pmatrix} 5387 & 2993 \\ 7461 & 4001 \end{pmatrix}, \quad A_A^{-1} = \begin{pmatrix} 14109 & 19322 \\ 59703 & 52039 \end{pmatrix},$$

$$p_A = 64301, \ e_A = 1 = d_A, \ t_A = 100, \ m_A = 1000, \ n_A = 7, \ z_A = 4,$$

$$_A C_7 = \begin{pmatrix} 8{,}3777857 & 4{,}654671 \\ 11{,}603241 & 6.2222982 \end{pmatrix}.$$

$$A_B = \begin{pmatrix} 435 & 12337 \\ 8177 & 5505 \end{pmatrix}, \quad A_B^{-1} = \begin{pmatrix} 23835 & 1178 \\ 4848 & 12783 \end{pmatrix},$$

$$p_B = 35089, \ e_B = 1 = d_B, \ t_B = 489, \ m_B = 1000, \ n_B = 6, \ z_B = 3,$$

$$_B C_6 = \begin{pmatrix} 6{,}062156 & 171{,}928325 \\ 113{,}954601 & 76{,}717632 \end{pmatrix}.$$

A möchte die Nachrichten (301, 729), (500, 211) an B senden und diese unterschreiben.

Im Fall einer geheimen Unterschrift ergibt sich:

$$q_1 = (301+729+500+211) \ \text{MOD} \ 1000 = 741, \quad q_2 = 74{,}1.$$

$$\Rightarrow D_1^A (q_2, q_2) = (47647, \ 47647),$$

$$D_2^A (47647, \ 47647) = (22485, \ 48274),$$

$D_3^A(22485, 48274) = (22485, 48274) = S.$

A sendet S verschlüsselt an B. Dieser kann damit $E_A(S)$ berechnen,

$$E_A(S) = (74{,}0993, 74{,}0972),$$

und er verifiziert $q_1 = \lfloor 74{,}0993 \cdot m_A/t_A + 1/2 \rfloor = \lfloor 74{,}0972 \cdot m_A/t_A + 1/2 \rfloor$.

Damit ist S eine korrekte Unterschrift der gegebenen Nachricht von A.

Im Fall einer öffentlichen Unterschrift ergibt sich:

$E_B(301, 729) = (20{,}457, 251{,}488)$,

$E_B(500, 211) = (187{,}954, 303{,}720)$.

$\Rightarrow q_1 = (20{,}457 + 251{,}488 + 187{,}954 + 303{,}720) \bmod 100 = 63{,}619$.

$\Rightarrow D_A(q_1, q_1) = (41680, 47947) = S.$

A gibt S als öffentliche Unterschrift bekannt. Damit kann jeder Benutzer testen, ob mit $(x_1, x_2) = E_A(S)$: $|q_1 - x_i| < 10^{-2}$ gilt.

Es ergibt sich $x_1 = 63{,}618$ und $x_2 = 63{,}616$, und so ist sichergestellt, daß die Signatur S von A stammt.

(3.5.4) Bemerkung

Vergleicht man die in (3.5.1) angedeutete Vorgehensweise zur Erzeugung digitaler Unterschriften mit dem R^k-System, so fällt die Analogie zu dem im Anschluß an (1.1.4) erläuterten Unterschriftensystem auf. Unterschiede ergeben sich daraus, daß dort Nachrichten- und Schlüsseltextraum identisch sind, was im R^k-System nicht der Fall ist.

4. Weitere Anwendungen

4.1 Exaktes Rechnen mit rationalen Zahlen

In diesem Paragraphen soll aufgezeigt werden, wie man die Ergebnisse über die kryptologischen Eigenschaften rationaler Zahlen benutzen kann, um mit Berechnungen in Fließkommadarstellung (also im Datenformat real) exakte Resultate für rationale Zahlen zu erzielen.

Um exakte Ergebnisse bei Rechnungen mit rationalen Zahlen zu erhalten, kann man die Zähler und Nenner der darstellenden Brüche getrennt verwalten. Die Arithmetik rationaler Zahlen läßt sich damit wie folgt darstellen:

$$\frac{p}{q} + \frac{r}{s} = \frac{p\cdot s + q\cdot r}{q\cdot s} = \frac{(p\cdot s + q\cdot r)/ggT(p\cdot s + q\cdot r, q\cdot s)}{q\cdot s/ggT(p\cdot s + q\cdot r, q\cdot s)} \; ,$$

$$\frac{p}{q} - \frac{r}{s} = \frac{p\cdot s - q\cdot r}{q\cdot s} = \frac{(p\cdot s - q\cdot r)/ggT(p\cdot s - q\cdot r, q\cdot s)}{q\cdot s/ggT(p\cdot s - q\cdot r, q\cdot s)} \; ,$$

$$\frac{p}{q} \cdot \frac{r}{s} = \frac{p\cdot r}{q\cdot s} = \frac{p\cdot r/ggT(p\cdot r, q\cdot s)}{q\cdot s/ggT(p\cdot r, q\cdot s)} \; ,$$

$$\frac{p}{q} / \frac{r}{s} = \frac{p\cdot s}{q\cdot r} = \frac{p\cdot s/ggT(p\cdot s, q\cdot r)}{q\cdot r/ggT(p\cdot s, q\cdot r)}$$

mit $p, r \in \mathbb{Z}$ und $q, s \in \mathbb{N}+1$.

Um unnötig große Zahlen als Zähler und Nenner zu verhindern, verlangt man, daß alle Resultate und Zwischenergebnisse irreduzible Brüche darstellen, d. h. nach jeder Operation kürzt man durch den größten gemeinsamen Teiler von Zähler und Nenner. Siehe dazu auch [Rump 86] und [Knuth 81, S.313 ff.]. Zur schnellen Bestimmung des größten gemeinsamen Teilers siehe [Knuth 81, S.316 ff.].

Allerdings liegt mit Algorithmus A aus (3.1.21) und Satz (3.1.23) eine exakte Bruchrechnung nahe, die auf die getrennte Behandlung der Zähler und Nenner verzichtet und dabei auch die notwendigen Berechnungen der gemeinsamen Teiler bei jeder Operation umgeht. Die Berechnungen werden vielmehr in Festkomma- oder Fließkommaformat durchgeführt, die heute effizient implementiert sind (vgl. auch [Spaniol 76]). Auch ermöglicht diese neue Methode die gemischte Arithmetik von Zahlen in Bruchdarstellung und Dezimaldarstellung, die sonst erst in die Bruchdarstellung umgewandelt werden müssen.

(4.1.1) Satz

Seien $a_i \in \mathbb{Z}$, $b_i \in \mathbb{N}+1$ für $i \in [1:n]$. Bezeichnet op_i, $i \in [1:n-1]$, einen beliebigen Operator einer Grundrechenart, so sei

$$c/d = (...(a_1/b_1 \; op_1 \; a_2/b_2) \; op_2 \; a_3/b_3) \; op_3 \; ... \; a_{n-1}/b_{n-1}) \; op_{n-1} \; a_n/b_n)$$

mit $c \in \mathbb{Z}$, $d \in \mathbb{N}+1$ und $ggT(c,d) = 1$.

Es gelte weiter $d \leq p \in \mathbb{N}+1$. Dann ergibt sich:

i)   Die Berechnung von c/d nach der Methode der getrennten Verwaltung
        von Zähler und Nenner benötigt mindestens $2 \cdot (n-1)$ ganzzahlige Operationen.
        Hinzu kommen ggf. $n-1$ Berechnungen eines größten gemeinsamen Teilers
        und $2 \cdot (n-1)$ Divisionen, falls nach jeder Durchführung einer Operation gekürzt
        wird.

ii)   Sei $x_i = a_i/b_i + \varepsilon_i$ mit $\varepsilon_i \in \mathbb{R} \; \forall \; i \in [1:n]$. Gilt für das Ergebnis z aus

$$z = (...(x_1 \; op_1 \; x_2) \; op_2 \; x_3) \; ... \; op_{n-1} \; x_n)$$

die Abschätzung $|c/d - z| < \dfrac{1}{2p(p-1)}$, so ist das Ergebnis von Algorithmus A

aus (3.1.21) bei Eingabe von $y - \dfrac{1}{2p(p-1)}$ und $y + \dfrac{1}{2p(p-1)}$ mit $y = z - \lfloor z \rfloor$ gleich

$c/d - \lfloor c/d \rfloor$. Damit läßt sich also c/d bestimmen durch $c/d = \lfloor z \rfloor + (c/d - \lfloor c/d \rfloor)$.
Dazu werden $n-1$ Operationen durchgeführt zuzüglich zweier Kettenbruch-
Entwicklungen (was nach (3.1.13) gleichbedeutend ist mit zwei Berechnungen
eines größten gemeinsamen Teilers) und eine Umwandlung eines Kettenbruchs
in einen gewöhnlichen Bruch, was maximal $6 \cdot 4{,}785 \cdot \log_{10}(p) + 6 \cdot 1{,}67$ und durch-
schnittlich $6 \cdot 1{,}94 \cdot \log_{10}(p)$ Operationen benötigt.

Beweis

i) Für den Zähler und Nenner muß jeweils mindestens eine Operation durchgeführt werden, wie man der Einleitung des Paragraphen entnehmen kann.

ii) Sei o. B. d. A. $0 < c/d < 1$, dann gilt $c/d \in [y - \dfrac{1}{2p(p-1)} , \; y + \dfrac{1}{2p(p-1)}]$ und

$|\dfrac{c}{d} - [y \pm \dfrac{1}{2p(p-1)}]| < \dfrac{1}{p(p-1)}$. Nach (3.1.22)ii) ist damit c/d der einzige Bruch in

dem gegebenen Intervall, der aus F_p ist und damit der Bruch mit dem kleinsten
Nenner in diesem Intervall, der mit Algorithmus A dann berechnet werden kann.
Die Behauptung folgt aus (3.1.14)ii) und iii) und (3.1.15)ii). $\square$

(4.1.2) Bemerkung

i) Satz (4.1.1) sagt aus, daß eine exakte Bruchrechnung auch mit der üblichen
endlichen Dezimaldarstellung des Datentyps real möglich ist, falls diese genau
genug durchgeführt werden kann. Sind die auftretenden Nenner der gekürzten
Brüche kleiner oder gleich $p \in \mathbb{N}+1$, so ist die erforderliche Genauigkeit $\dfrac{1}{2p(p-1)}$.

Dies bedeutet für die benutzten Variablen x_i, daß sie etwa doppelt so viele gültige Stellen wie p haben müssen. Dieses Mehr an Speicheraufwand entspricht dabei den in (4.1.1) i) benötigten zwei Speicherplätzen pro Bruch.

ii) Beispiel:

Mit $p = 1000$ ergibt die übliche Bruchrechnung:

$$(0,5 + 1/3 - 1/7 + 0,375) \; /\tfrac{2}{7} \cdot \tfrac{1}{13} = (\tfrac{5}{10} + 1/3 - 1/7 + 0,375) \; /\tfrac{2}{7} \cdot \tfrac{1}{13} =$$

$$(\tfrac{15+10}{30} - 1/7 + 0,375) \; /\tfrac{2}{7} \cdot \tfrac{1}{13} = (\tfrac{5}{6} - 1/7 + 0,375) \; /\tfrac{2}{7} \cdot \tfrac{1}{13} =$$

$$(\tfrac{35-6}{42} + 0,375) \; /\tfrac{2}{7} \cdot \tfrac{1}{13} = (\tfrac{29}{42} + 0,375) \; /\tfrac{2}{7} \cdot \tfrac{1}{13} = (\tfrac{29000 + 15750}{42000}) \; /\tfrac{2}{7} \cdot \tfrac{1}{13} =$$

$$(\tfrac{179}{68}) \; /\tfrac{2}{7} \cdot \tfrac{1}{13} = \tfrac{1253}{336} \cdot \tfrac{1}{13} = \tfrac{13783}{368} = 3 + \tfrac{679}{4368} = 3 + \tfrac{97}{624} \quad (= 3{,}1554487179).$$

Mit $\dfrac{1}{2p(p-1)} = \dfrac{1}{1999800} = 0{,}0000005\ldots$ ergibt sich

$$(0,5 + 0,3333333333 - 0,1428571428 + 0,375)/0,2857142857 \cdot 0,8461538462 \approx 3{,}155448718.$$

Damit folgt:

$0{,}155448718 - 0{,}5 \cdot p^{-2} = 0{,}155448218 = /6,2,3,4,3,4,1,4,1,4,16,1,4,3,1,2,2/$,

$0{,}155448718 + 0{,}5 \cdot p^{-2} = 0{,}155449218 = /6,2,3,4,2,1,4,2,4,16,3,3,2,1,7,4/$.

Das Ergebnis von Algorithmus A ist damit $/6,2,3,4,3/ = \tfrac{97}{624}$. Also erhält man auch das exakte Ergebnis $3 + \tfrac{97}{624}$ nur mit Fließkomma-Operationen und ohne Kürzen nach jeder Operation.

iii) Aus ii) erkennt man, daß die Vorgehensweise nach (4.1.1) ii) erheblich schneller ausgewertet werden kann. Sei zu bemerken, daß man Algorithmus A wesentlich beschleunigen kann, wenn man die Kettenbruch-Entwicklung der beiden Grenzen simultan durchführt. Man bricht dann die Berechnung ab, wenn sich zwei Partialquotienten der beiden Grenzen unterscheiden.

iv) Im Mittel benötigt die arithmetische Auswertung von n Brüchen, deren Nenner kleiner als p sind, mit (4.1.1) ii) $n-1 + 12 \cdot \log_{10}(p)$ Operationen, im 'worst case' sind es $n-1 + 6 \cdot 4{,}8 \cdot \log_{10}(p)$ Operationen. Hingegen benötigt dieselbe Auswertung nach (4.1.1) i) mindestens $2 \cdot (n-1)$ Operationen und ggf. n-1 Berechnungen eines größten gemeinsamen Teilers und $2 \cdot (n-1)$ Divisionen, im 'worst case' sind es sogar $6 \cdot (n-1) + (n-1) \cdot 9{,}6 \cdot \log_{10}(p)$ Operationen. Somit ist eine exakte Berechnung nach (4.1.1) ii) der Berechnungsart aus (4.1.1) i) in jedem Falle für $n \geq 4$ vorzuziehen, falls die implementierte Genauigkeit der Arithmetik im Fest- bzw. Fließkommaformat dies zuläßt, zumal die Programmierung erheblich einfacher ist, da die getrennte Behandlung von Zähler und Nenner und das Kürzen entfallen. Auch werden für die Arithmetik nur implementierte Operationen benutzt.

v) Eine weitere Anwendung von Algorithmus A sei kurz skizziert:

Sei x das exakte Ergebnis einer Berechnung und man erhält als Resultat der realen Berechnung ein Intervall mit $x \in [a,b]$. Ist $b-a \leq \dfrac{1}{p(p-1)}$, $p \in \mathbb{N}+1$, und man weiß, daß x rational ist mit einem gekürzten Nenner kleiner p, so kann man aus a und b mit Algorithmus A das exakte Ergebnis x berechnen (vgl. [Rump 86]).

4.2 Anwendung auf reelle Kongruenzen und Faktorisierungsalgorithmen

Die in (3.3.4) angedeutete Methode zur Lösung einer reellen Kongruenz soll im folgenden durch Fehlerabschätzungen ergänzt werden, die man mit den in Paragraph 3.2 gefundenen Beweistechniken zeigen kann.

(4.2.1) Satz

Seien $\beta, \gamma \in \mathbb{R}^+$, $a \in \mathbb{N}$, $p \in \mathbb{N}+1$ mit $ggT(a,p)=1$ und $a/p \geq \beta/\gamma$, $|a/p - \beta/\gamma| < p^{-2}$ und $\alpha \in [0, \gamma(1 - \frac{1}{2p}))$. Setzt man $\bar{a}^1 \in \mathbb{Z}_p$ fest durch $(\bar{a}^1 \cdot a)$ MOD $p = 1$ und $D(x) = [\lfloor x \cdot p/\gamma + 1/2 \rfloor \cdot \bar{a}^1]$ MOD p, so folgt:

$$|\alpha - (D(\alpha) \cdot \beta) \text{ MOD } \gamma | < \frac{\gamma}{p} + \frac{D(\alpha)\cdot\gamma}{p^2} < \frac{2\cdot\gamma}{p}.$$

D. h. man kann eine ganze Zahl $D(\alpha)$ finden, so daß die reelle Zahl α durch $(D(\alpha)\cdot\beta)$ MOD γ approximiert wird mit den entsprechenden Fehlerabschätzungen.

Beweis

$|\alpha - (D(\alpha)\cdot\beta) \text{ MOD } \gamma | =$

$|\alpha - (D(\alpha)\cdot\frac{a}{p}\cdot\gamma) \text{ MOD } \gamma + (D(\alpha)\cdot\frac{a}{p}\cdot\gamma) \text{ MOD } \gamma - (D(\alpha)\cdot\beta) \text{ MOD } \gamma | \leq$

$|\alpha - (D(\alpha)\cdot\frac{a}{p}\cdot\gamma) \text{ MOD } \gamma | + |(D(\alpha)\cdot\frac{a}{p}\cdot\gamma) \text{ MOD } \gamma - (D(\alpha)\cdot\beta) \text{ MOD } \gamma |.$

Setzt man $E(x) = (\frac{a}{p}\cdot\gamma\cdot x) \text{ MOD } \gamma$, so gilt nach (3.2.7) und (3.2.8):

$$D(E(x)) = x \ \forall \ x \in [0;p-1].$$

Gilt $D(x) = D(y)$, so folgt $\lfloor x\cdot\frac{p}{\gamma} + \frac{1}{2} \rfloor \equiv \lfloor y\cdot\frac{p}{\gamma} + \frac{1}{2} \rfloor$ (mod p).

Für $z \in [0, \gamma\cdot(1-\frac{1}{2p}))$ gilt aber $\lfloor z\cdot\frac{p}{\gamma} + \frac{1}{2} \rfloor < p$. Dies bedeutet für $x, y \in [0, \gamma\cdot(1-\frac{1}{2p}))$:

$D(x)=D(y) \Rightarrow \lfloor x\cdot\frac{p}{\gamma} + \frac{1}{2} \rfloor = \lfloor y\cdot\frac{p}{\gamma} + \frac{1}{2} \rfloor \Rightarrow |x - y| < \frac{\gamma}{p}.$

Es gilt aber $|D(\alpha) - D(E(D(\alpha)))| = |D(\alpha) - D(\alpha)| = 0$

$\Rightarrow \qquad |\alpha - E(D(\alpha))| = |\alpha - (\frac{a}{p}\cdot\gamma\cdot D(\alpha)) \text{ MOD } \gamma | < \frac{\gamma}{p},$

da $\alpha = 0$ für den Fall $E(D(\alpha)) \in [\gamma(1-\frac{1}{2p}), \gamma)$ folgt.

Sei nun $A \in [0;p-1]$ beliebig, dann folgt:

$|(A\cdot\beta) \text{ MOD } \gamma - (A\cdot\frac{a}{p}\cdot\gamma) \text{ MOD } \gamma | = | A\cdot\beta - A\cdot\frac{a}{p}\cdot\gamma - \lfloor \frac{A\cdot\beta}{\gamma} \rfloor\cdot\gamma + \lfloor \frac{A\cdot a\cdot\gamma}{p\cdot\gamma} \rfloor\cdot\gamma | \leq$

$A\cdot\frac{\gamma}{p^2} + \gamma\cdot| \lfloor \frac{A\cdot\beta}{\gamma} \rfloor - \lfloor \frac{A\cdot a}{p} \rfloor |$

Aus $|A\cdot\frac{\beta}{\gamma} - A\cdot\frac{a}{p}| < A\cdot p^{-2} < \frac{1}{p} \leq 1$ folgt: $| \lfloor \frac{A\cdot\beta}{\gamma} \rfloor - \lfloor \frac{A\cdot a}{p} \rfloor | \leq 1.$

Sei also $\lfloor \frac{A\cdot\beta}{\gamma} \rfloor + 1 = \lfloor \frac{A\cdot a}{p} \rfloor$ (man beachte $a/p \geq \beta/\gamma$), also $A>0$.

$\Rightarrow$ $(A \cdot \frac{a}{p})$ MOD $1 = \varepsilon > 0$, da ggt$(a,p)=1$ und $0 < A < p$ ist.

$\Rightarrow$ $(A \cdot \frac{\beta}{\gamma})$ MOD $1 = \delta < 1$ mit $1 + \varepsilon - \delta = A \cdot \frac{a}{p} - A \cdot \frac{\beta}{\gamma} < A \cdot p^{-2} < \frac{1}{p}$.

$\Rightarrow$ $0 < \varepsilon < \frac{1}{p} + \delta - 1 < \frac{1}{p}$.

$\Rightarrow$ $((A \cdot \frac{a}{p})$ MOD $1) \cdot p < 1$, aber $((A \cdot \frac{a}{p})$ MOD $1) \cdot p \in \mathbb{N}$.

$\Rightarrow$ $((A \cdot \frac{a}{p})$ MOD $1 = 0 \Rightarrow$ Widerspruch zu $\varepsilon > 0$.

$\Rightarrow$ $|(A \cdot \beta)$ MOD $\gamma - (A \cdot \frac{a}{p} \cdot \gamma)$ MOD $\gamma| \le A \cdot \gamma \cdot p^{-2}$.

Mit $A = D(\alpha)$ folgt die Behauptung. $\square$

<u>(4.2.2) Folgerung</u>

i)   Seien $\beta, \gamma \in \mathbb{R}^+$, $q \in \mathbb{N}+1$, $\alpha \in (0,\gamma)$ und β/γ irrational, so gibt es eine natürliche Zahl n mit $|\alpha - (\beta \cdot n)$ MOD $\gamma| < \frac{2 \cdot \gamma}{q}$.

ii)   Ist $\beta, \gamma \in \mathbb{R}^+$ und β/γ irrational, so ist die Menge $\{(n \cdot \beta)$ MOD $\gamma \mid n \in \mathbb{N}\}$ dicht im Intervall $(0,\gamma)$.

iii)   Ist $\beta \in \mathbb{R}^+$ irrational, dann ist die Menge $\{n$ MOD $\beta \mid n \in \mathbb{N}\}$ dicht in $(0,\beta)$ und die Menge $\{(n \cdot \beta)$ MOD $1 \mid n \in \mathbb{N}\}$ dicht in $(0,1)$.

<u>Beweis</u>

i) Ist β/γ irrational, so gibt es unendlich viele Näherungsbrüche a/p mit $a/p \ge \beta/\gamma$ und $|a/p - \beta/\gamma| < p^{-2}$ (vgl. [Hardy und Wright 58, S.150, S.176]). Aus Satz (4.2.1) folgt dann die Behauptung, da es dann auch unendlich viele solcher Brüche mit $\alpha \in (0, \gamma(1 - \frac{1}{2p}))$ gibt.

ii) Folgt aus i), da $\frac{2\gamma}{q}$ beliebig klein werden kann.

iii) Folgt aus ii). $\square$

<u>(4.2.3) Bemerkung</u>

i) Satz (4.2.1) beinhaltet insbesondere den in der Zahlentheorie bekannten Satz von Kronecker (vgl. [Hardy und Wright 58, S.423 ff.]):

Ist β irrational, α beliebig und N positiv, dann gibt es ein $n > N$ und ein p $(n, p \in \mathbb{Z})$, für welche $|(n \cdot \beta - p) - \alpha| < \frac{3}{n}$ gilt.

Für $\alpha, \beta \in (0,1)$ bedeutet dies: $|(n \cdot \beta)$ MOD $1 - \alpha| < \frac{3}{n}$. Damit geht Satz (4.2.1) darüber hinaus, denn das gesuchte n wird konkret als $D(\alpha)$ angegeben und die Fehlerabschätzung ist schärfer.

ii) In (2.6.8) i) wurde angedeutet, daß es auf den ersten Blick schwierig erscheint, mit $x \in \mathbb{N}$ und $y = \tan(x)$ nur aus Kenntnis von y auf x zu schließen. Mit $s = \arctan(y)$

ist damit aber die Kongruenz $x \equiv s \pmod{\pi}$ zu lösen. Anhand von (4.2.1) kann man dazu eine Näherungslösung gewinnen:

Sei z. B. $x \in \mathbb{N}$ und $y = 10^{-10} \lfloor 10^{10} \cdot \tan(x) \rfloor = 0{,}5292438646$. Analog zu (4.2.1) entwickelt man $\frac{\beta}{\gamma} = \frac{1}{\pi} = /3, 7, 15, 1, 292, 1, 1, 1, 2, 1, 3, \ldots /$. Der fünfte Näherungsbruch ist dann $a/p = /3, 7, 15, 1, 292/ = \frac{33102}{103993}$. Damit ergibt sich:

$$D(\alpha) = (\ \lfloor\ \alpha \cdot \frac{103993}{\pi} + \frac{1}{2}\ \rfloor \cdot 355\ )\ \text{MOD}\ 103993$$

denn $(33102 \cdot 355)\,\text{MOD}\,103993 = 1$.

Mit $s = \arctan(y) = 0{,}4867680792\ldots$ gilt:

$D(s) = 500$ und man weiß: $|s - 500\ \text{MOD}\ \pi| < \frac{\pi}{103993} + 500 \cdot \pi \cdot (103993)^{-2} \approx 3{,}035 \cdot 10^{-5}$. Es gilt $|500\ \text{MOD}\ \pi - s| \approx 2{,}8 \cdot 10^{-9}$ und $y = 10^{-10} \cdot \lfloor 10^{10} \cdot \tan(500) \rfloor$.

Im folgenden soll angedeutet werden, daß man mit (4.2.1) und damit mit den Ergebnissen aus den Paragraphen 3.2 und 3.3 nun die Möglichkeit hat, eine Näherungslösung der Kongruenz $x\,\text{MOD}\,\sqrt{N} = \varepsilon$ mit $x, N \in \mathbb{N}$ zu finden, die man auch zum Faktorisieren ganzer Zahlen benutzen kann. Dies ist im kryptoanalytischen Sinne für die Sicherheit des RSA-Verfahrens interessant. Die Grundlage dazu bildet der folgende Satz, der auf Fermat zurückgeht und der auch in verschiedenen anderen Faktorisierungsalgorithmen genutzt wird (vgl. [Knuth 81, S.364 ff.], [Riesel 85, S.191 ff.]).

(4.2.4) Satz

Sei $N \in \mathbb{N}+1$ und $x, y \in \mathbb{N}$ mit $x^2 \equiv y^2 \pmod{N}$ mit $x \not\equiv y \pmod{N}$ und $x \not\equiv -y \pmod{N}$, dann sind $\text{ggT}(x+y,N)$ und $\text{ggT}(x-y,N)$ nichttriviale Teiler von N.

Beweis

Aus $x^2 \equiv y^2 \pmod{N}$ folgt, daß N ein Teiler von $(x-y)(x+y)$ ist. Da aber nach Voraussetzung N weder ein Teiler von $x+y$ noch von $x-y$ ist, muß N zerlegbar sein in $N = a \cdot b$, $a, b \in \mathbb{N}+2$ und $a\,|\,(x+y)$, $b\,|\,(x-y)$.

$\Rightarrow \text{ggT}(x+y,N) = a \geq 2$ und $a\,|\,N$ bzw. $\text{ggT}(x-y,N) = b \geq 2$ und $b\,|\,N$. $\square$

Beispiel:

Ist $N = 4026439$, so gilt $2008^2 \equiv 75^2 \pmod{N}$

$\Rightarrow \text{ggT}(2008+75,N) = 2083\,|\,N$ und $\text{ggT}(2008-75,N) = 1933\,|\,N$.

(4.2.5) Satz

Sei $N \in \mathbb{N}+1$ eine zu faktorisierende Zahl. Es sei ein Erzeugungsalgorithmus gegeben, der paarweise verschiedene Zahlen x_i, $i = 1, 2, 3, \ldots$ aus dem Intervall $[M+1: N-M-1]$, $M \in \mathbb{Z}_N$ erzeugt, für die $y_i = x_i^2$ MOD $N \leq M$ und $y_i \neq y_j$, $i \neq j$ gilt. Dann ist mit $O(\sqrt{M})$ Schritten im Mittel eine Faktorisierung von N in zwei nichttriviale Faktoren möglich.

<u>Beweis</u>

Mit zwei grundsätzlich verschiedenen Ansätzen läßt sich diese Aussage beweisen. Sie lassen sich zu einem effektiveren Dritten kombinieren.

1) Ist x^2 MOD $N \leq M$, so ist die Wahrscheinlichkeit dafür, daß x^2 MOD N eine Quadratzahl ist, größer als $\lfloor \sqrt{M} \rfloor : M$, da $\lfloor \sqrt{M} \rfloor$ Quadratzahlen in $[1:M]$ sind. Dieser Faktor vergrößert sich noch dadurch, daß durch x^2 MOD N hauptsächlich quadratische Reste modulo N getroffen werden (vgl. [Niven und Zuckerman 76, S.85], a heißt quadratischer Rest modulo N, falls $x^2 \equiv a \pmod{N}$ eine Lösung besitzt und $ggT(a,N)=1$ ist. Es ist jedoch möglich, daß $x^2 \equiv a \pmod{N}$ eine Lösung hat mit $ggT(a,N)>1$, z. B. $N=143=11 \cdot 13$, $(4 \cdot 13)^2$ MOD $N = 130$. Diese Fälle sind jedoch selten (für $N=p \cdot q$ $(p, q \in \mathbb{P} \setminus \{2\})$ können insgesamt nur $\frac{p-1}{2} + \frac{q-1}{2} + \frac{p-1}{2} \cdot \frac{q-1}{2}$ verschiedene Reste durch x^2 MOD N entstehen, d. h. obige Wahrscheinlichkeit würde sich für den RSA-Fall um rund den Faktor 4 verbessern)).

$\Rightarrow$ Nach $\sqrt{M}$ Werten kann man erwarten, daß man eine Zahl x gefunden hat, für die gilt: x^2 MOD $N = y^2$ und $y^2 \leq M$ und $x \in [M+1, N-M-1]$, $y \in [0:M]$.

$\Rightarrow \qquad 1 \leq x+y \leq N-1$ und $N > x-y \geq 1$, d. h. $x \neq \pm y \pmod{N}$.

Anhand des Satzes (4.2.4) kann man aber aus x und y eine Faktorisierung von N gewinnen.

2) Man verzichtet in den Voraussetzungen auf die Bedingung $y_i \neq y_j$, $i \neq j$. Man speichert fortlaufend die Werte (x_i, y_i) in einer (Hash-) Tabelle mit y_i als Schlüssel. Ist bei der Speicherung ein Tabellenplatz mit demselben Schlüssel schon belegt, so hat man damit Zahlen $x, z \in \mathbb{N}$ mit

$$x^2 \text{ MOD } N = y = z^2 \text{ MOD } N$$

$\Rightarrow x^2 \equiv z^2 \pmod{N}$ und mit Satz (4.2.4) kann eine Faktorisierung gefunden werden, falls $x \neq \pm z \pmod{N}$.

Die Speicherung von i Elementen ohne Kollision (=Speicherung mit gleichem Schlüssel) hat die Wahrscheinlichkeit $\prod_{j=1}^{i-1} (1 - \frac{j}{M})$. Analog dem Geburtstagsparadoxon ergibt sich für

$$i = 0{,}5 + \sqrt{2 \cdot \log_e(2) \cdot M + 0{,}25} \approx 1{,}177 \cdot \sqrt{M}$$

die Wahrscheinlichkeit $\frac{1}{2}$ für die kollisionsfreie Speicherung, d. h. nach rund $\sqrt{M}$

Werten ist die Wahrscheinlichkeit einer Kollision (und damit einer möglichen Faktorisierung) größer als $\frac{1}{2}$ (vgl. [Riesel 85, S.177]). Deshalb benötigt dieser Ansatz im Mittel $O(\sqrt{M})$ Schritte. $\square$

Dieser Satz macht deutlich, daß die im Beweis angegebenen Faktorisierungsalgorithmen um so schneller eine Lösung finden, je kleiner die Konstante M in einem gegebenen Erzeugungsalgorithmus für die Werte (x_i, y_i) ist. Würde man $M = \frac{N}{4}$ setzen und die x_i als Zufallszahlen aus [M+1, N-M-1] wählen, so könnte man mit der Wahrscheinlichkeit $\frac{1}{4}$ annehmen, daß die Werte x_i^2 MOD N $\leq$ M sind. Dies würde eine Laufzeit von $O(4 \cdot \sqrt{N/4}) = O(2\sqrt{N})$ bedeuten. Die gleiche Laufzeit könnte man jedoch auch mit dem einfachsten Faktorisierungsalgorithmus erreichen, der N durch 2 und alle ungeraden Zahlen kleiner $\sqrt{N}$ zu teilen versucht. Entscheidend ist also, einen Erzeugungsalgorithmus mit einer kleinen Schranke M zu finden.

(4.2.6) Bemerkung

i) In [Knuth 81, S.380 ff.] wird die Idee (4.2.5)1) in einer abgewandelten Version vorgestellt. Es werden Zahlen x_i gesucht mit

$$(x_i^2 \text{ MOD } N) \equiv (-1)^{e_0} \, p_1^{e_1} \, p_2^{e_2} \, \cdots \, p_m^{e_m} \quad (\text{mod } N)$$

mit vorgegebenen Primzahlen $p_1,...,p_m$. Hat man zwei Zahlen gefunden mit

$$(x_i^2 \text{ MOD } N)(x_j^2 \text{ MOD } N) \equiv (-1)^{e_0+f_0} \, p_1^{e_1+f_1} \, \cdots \, p_m^{e_m+f_m} \quad (\text{mod } N)$$

und $e_i + f_i$ ist gerade für $i = 0,...,m$, so gilt für die Zahlen $x_i \cdot x_j$:

$$(x_i \cdot x_j)^2 \text{ MOD } N = y^2,$$

und daraus wird mit Satz (4.2.4) versucht, die Faktorisierung zu ermitteln.
Dies erfordert allerdings die Primfaktorzerlegung von x_i^2 MOD N mit zusätzlichem Aufwand. Jedoch auch in dieser Modifikation ist es von Interesse, einen Erzeugungsalgorithmus von Werten x_i zu finden, der x_i^2 MOD N $\leq$ M garantiert.
ii) In (4.2.5)1) muß folgende Fragestellung gelöst werden: Gegeben sei $y \in \mathbb{N}$. Ist y eine Quadratzahl, d. h. existiert ein $z \in \mathbb{N}$ mit $z^2 = y$? Falls y eine Quadratzahl ist, dann soll die positive Wurzel von y berechnet werden. Zur effektiven Lösung dieses Problems kann man sich folgende zwei Überlegungen zunutze machen:
1) Sei $z = (10^j \cdot n + m)$ mit $j \in \mathbb{N}+1$, $n \in \mathbb{N}$, und $m \in [0:10^j-1]$, dann ist

$$z^2 = 10^{2j} \cdot n^2 + 2 \cdot 10^j \cdot n \cdot m + m^2,$$

d. h. die letzten j Ziffern von z^2 werden durch m^2 MOD 10^j bestimmt. Für j=1 können daher nur die Endziffern $\{0,1,4,5,6,9\} = \{m^2 \text{ MOD } 10 | m \in [0:9]\}$ auftreten. Damit können 40% aller Fälle als Quadratzahlen ausgeschlossen werden. Für j=2 ergibt sich die Menge der Endziffern $\{00, g1, g4, 25, u6, g9 \mid g \in \{0,2,4,6,8\}, u \in \{1,3,5,7,9\}\}$, d. h. 78% der Untersuchungen entfallen. Für j=3 sind es 84,1% und für j=4 sind es 89,56%. Damit läßt sich also der erforderliche Aufwand auf rund 10% senken.

2) Für die aus 1) verbleibenden Fälle kann man wie folgt vorgehen: Man bestimmt $j = \lceil \log_{10}(y) \rceil + [\lceil \log_{10}(y) \rceil \bmod 2]$ durch Ermittlung der Stellenzahl von y in der Dezimalschreibweise (für das Dualsystem kann man analog vorgehen). Es gilt dann $(10^{j/2 - 1})^2 \leq y \leq (10^{j/2})^2$. Vergleichbar mit Paragraph 2.3 wird dann in dem hypothetischen, geordneten Feld $(10^{j/2 - 1}, 10^{j/2 - 1} + 1, \ldots, 10^{j/2})$ mit der Methode des binären Suchens nach einem Element z gesucht, für das $z^2 = y$ gilt. Existiert ein solches Element nicht in dem Feld, so ist y keine Quadratzahl; hat man ein solches Element gefunden, ist y eine Quadratzahl und z die positive Wurzel aus y.

Der Aufwand läßt sich abschätzen durch $\lceil \log_2(10^{j/2} - 10^{j/2-1}) \rceil$ Suchoperationen bestehend aus einer Addition, einer ganzzahligen Division durch 2, einer Multiplikation und einem Test, was etwa 7·j Operationen entspricht, falls j die Stellenzahl der Dezimalzahl y ist.

Dies ist schneller als die Wurzel aus y zu berechnen und zu testen, ob sie ganzzahlig ist, da dazu zwangsläufig nichtganzzahlige Faktoren auftreten, obwohl dies von der Aufgabenstellung her nicht erforderlich ist.

Eine Kombination von 1) und 2) kann die Problemstellung also mit $10{,}44/100 \cdot 7 \cdot (\lceil \log_{10}(y) \rceil + 1) + 2 \cdot 2{,}7 + 0{,}7 \cdot \lceil \log_{10}(y) \rceil$ Operationen im Mittel lösen.

Bemerkenswert ist auch, daß eine Übertragung des Verfahrens auf Kubikzahlen und höhere Potenzen einfach durchzuführen ist.

Gesucht ist also ein Verfahren, welches zu dem zu faktorisierenden Parameter N Zahlen $x_i \in \mathbb{N}$ erzeugt, für die $x_i^2 \bmod N$ möglichst klein ist. Dies bedeutet, daß x_i^2 eine Form $k \cdot N + \delta$ hat, bzw. x_i muß gleich $\sqrt{k \cdot N + \varepsilon}$ sein mit kleinen Werten δ und ε. Für ein solches x gilt dann:

$$x^2 \bmod N = (\sqrt{k \cdot N + \varepsilon})^2 \bmod N = (k \cdot N + 2 \cdot \varepsilon \cdot \sqrt{k \cdot N} + \varepsilon^2) \bmod N$$

$$= (2 \cdot \varepsilon \cdot \sqrt{k \cdot N} + \varepsilon^2) \bmod N.$$

(4.2.7) Bemerkung

Sei $N \in \mathbb{N}$. Sucht man eine ganze Zahl x, für die $x^2 \bmod N$ klein ist, so gibt es dazu zwei verschiedene Lösungsansätze:

1) Zu $r \in \mathbb{Q}^+$ sucht man eine rationale Zahl $\frac{a}{b}$, $a, b \in \mathbb{N}$, $\mathrm{ggT}(a,b) = 1$, so daß $\frac{a}{b} - \sqrt{r \cdot N} = \varepsilon > 0$ klein ist und $r \cdot b^2 \in \mathbb{N}$ gilt, denn dafür ergibt sich mit $x = a$:

$$x^2 \bmod N = a^2 \bmod N = (b \cdot \sqrt{r \cdot N} + b \cdot \varepsilon)^2 \bmod N$$

$$= (2 \cdot \varepsilon \cdot b^2 \cdot \sqrt{r \cdot N} + b^2 \varepsilon^2) \bmod N.$$

2) Finde ein $k \in \mathbb{N}$ so, daß $\lceil \sqrt{k \cdot N} \rceil - \sqrt{k \cdot N} = \varepsilon$ klein ist, dann gilt für $x = \lceil \sqrt{k \cdot N} \rceil$:

$$x^2 \bmod N = (2 \cdot \varepsilon \cdot \sqrt{k \cdot N} + \varepsilon^2) \bmod N.$$

Eine Lösung von (4.2.7)1) kann mit Hilfe der Kettenbruch-Entwicklung angegeben werden:

<u>(4.2.8) Algorithmus</u>

Sei $N \in \mathbb{N}$ und $r \in \mathbb{Q}^+$. Man entwickle $\sqrt{r \cdot N}$ in einen Kettenbruch:

$$\sqrt{r \cdot N} = \lfloor \sqrt{r \cdot N} \rfloor + / \, q_1, q_2, \ldots \, /.$$

Dann setze man $\frac{a_k}{b_k} = \lfloor \sqrt{r \cdot N} \rfloor + / q_1, q_2, \ldots, q_{2k-1} \, /$, $k \in \mathbb{N}+1$. Für den Fall, daß $r \cdot b_k^2 \in \mathbb{N}$ ist, definiert man $x = a_k \bmod N$. Nach [Hardy und Wright 58, S.150, S.157] gilt dann:

$$\frac{a_k}{b_k} \geq \sqrt{r \cdot N} \quad \text{und} \quad \frac{a_k}{b_k} - \sqrt{r \cdot N} < (\tfrac{1}{b_k})^2.$$

$$\Rightarrow \qquad x^2 \bmod N < 2 \cdot (\tfrac{1}{b_k})^2 \cdot b_k^2 \cdot \sqrt{r \cdot N} + b_k^2 \, (\tfrac{1}{b_k})^4$$

$$= 2 \cdot \sqrt{r \cdot N} + (\tfrac{1}{b_k})^2 < 2 \cdot \sqrt{r \cdot N} + 1.$$

Insbesondere für $r \in \mathbb{N}$ gilt: $a_k^2 \bmod N < 2\sqrt{r \cdot N} + 1$

und für $r = \frac{1}{n^2}$ mit $n \in \mathbb{N}+1$ und $n \mid b_k$ folgt: $x^2 \bmod N < \frac{2}{n} \cdot \sqrt{N} + 1$.

In bezug auf (4.2.5) kann also aus den Zählern der Näherungsbrüche von $\sqrt{r \cdot N}$ eine Folge $\{x_i\}_{i \in \mathbb{N}+1}$ gebildet werden, für die

$$x_i^2 \bmod N < 2\sqrt{r \cdot N} + 1 = M$$

gilt.

<u>(4.2.9) Bemerkung</u>

i) Unter der Annahme, daß die Folgeelemente x_i aus (4.2.8) paarweise verschieden sind, kann man mit Satz (4.2.5) einen Faktorisierungsalgorithmus konstruieren, der $O(\sqrt{2\sqrt{r \cdot N}})$ Schritte benötigt, um N zu faktorisieren.

ii) In [Knuth 81, S.359] wird ein (effektives) Verfahren angegeben, mit dem die Kettenbruch-Entwicklung von Zahlen der Form $(\sqrt{D}-U)/V$ mit $D,U,V\in\mathbb{N}$, D keine Quadratzahl und $V\,|\,(D-U^2)$ ermittelt werden kann. Dieses Verfahren benutzt nur ganzzahlige Operationen und benötigt für die Kettenbruch-Entwicklung von $\sqrt{r\cdot N}$ mit $r,N\in\mathbb{N}$ nur die Werte $r\cdot N$, $\lfloor\sqrt{r\cdot N}\rfloor$, $U=0$, $V=1$.

iii) In [Knuth 81, S.360, S.601 f.] wird ein effektiver Algorithmus vorgestellt, mit dem es möglich ist, aus der Kettenbruch-Entwicklung von $x\in\mathbb{R}$ die Kettenbruch-Entwicklung von $\frac{a\cdot x+b}{c\cdot x+d}$ mit $a,b,c,d\in\mathbb{Z}$ und $a\cdot d\neq b\cdot c$ zu bestimmen. Damit ist es unter Ausnutzung von (4.2.9) ii) in einfacher Weise möglich, aus Kenntnis von $m\cdot N$, m, $N\in\mathbb{N}+1$ und $\lfloor\sqrt{m\cdot N}\rfloor$ die Partialquotienten von $\sqrt{(m\cdot N)/n}\,=\,\sqrt{m\cdot N}\,/\,n^2$ ($a=1$, $b=c=0$, $d=n^2$) mit $n\in\mathbb{N}+1$ zu berechnen, die für (4.2.8) benötigt werden.

iv) Nach [Hardy und Wright 58, S.164 f.] ist der Kettenbruch von $\sqrt{rN}$ mit $r\in\mathbb{Q}^+$, $N\in\mathbb{N}+1$ und rN keine Quadratzahl, ein periodischer Kettenbruch, d. h. $\sqrt{rN}\,=\,q_0+$ $/q_1,q_2,\dots,q_{n-1},q_n,q_{n+1},\dots,q_{n+k},q_n,\dots,q_{n+k},q_n\dots/$. Dies bedeutet für (4.2.8), daß sich die Werte x_i^2 MOD N zyklisch wiederholen. Daraus folgt, daß man nach Ende eines Zykels den Parameter r ändern muß.

v) Eine Kombination von (4.2.5)1), (4.2.8) und (4.2.6)i) mit $r\in\mathbb{N}$ wird von D. Shanks als Faktorisierungsalgorithmus vorgeschlagen, vgl. [Riesel 85, S.191 ff.].

<u>(4.2.10) Beispiel</u>

Gesucht sei eine Faktorisierung von $N=158461$ ($=211\cdot751$).

Für $r=1$ ergibt sich mit (4.2.8) und (4.2.5):

$\sqrt{1\cdot N}\,=\,398+\,/13,1,28,1,1,3,1,3,1,7,5,1,6,37,1,3,3,\dots\,/$

$$\Rightarrow \quad
\begin{array}{ll}
x_1 \text{ MOD } N = 5175, & x_1^2 \text{ MOD } N = 716, \\
x_2 \text{ MOD } N = 2758, & x_2^2 \text{ MOD } N = 436, \\
x_3 \text{ MOD } N = 11089, & x_3^2 \text{ MOD } N = 185, \\
x_4 \text{ MOD } N = 53687, & x_4^2 \text{ MOD } N = 171, \\
x_5 \text{ MOD } N = 93885, & x_5^2 \text{ MOD } N = 100.
\end{array}$$

$\Rightarrow$ ggT$(93885+10,N)=211$.

Insbesondere gilt auch:

$x_{17}=37756$, $x_{23}=153410$ und x_{17}^2 MOD N $= 380 = x_{23}^2$ MOD N.

$\Rightarrow$ ggT$(152410+27756,N)=211$.

Insgesamt wiederholen sich die Werte x_k nach 142 Werten (vgl. (4.2.9) iv)), und es ergeben sich 8 erfolgreiche Faktorisierungen aufgrund von (4.2.5)1) und 68 erfolgreiche Faktorisierungen aufgrund von (4.2.5)2).

Für $r=\frac{1}{2}$ folgt analog zu (4.2.5) und (4.2.8):

$\sqrt{r\cdot N}$ = 281 + /2,11,2,11,102,3,1,2,11,4,2,1,1,1,1,3,.../,

$\Rightarrow$ a_1 MOD N = 563 b_1=2, ($\Rightarrow$ x_1=563) x_1^2 MOD N = 47,

a_2 MOD N = 13511, b_2=48, ($\Rightarrow$ x_2=13511) x_2^2 MOD N = 49.

$\Rightarrow$ ggT(13511+7, N)=751.

Für $r=\frac{1}{4}$ ergibt sich mit (4.2.5) und (4.2.8):

$\sqrt{r\cdot N}$ = 199 + /27,1,13,1,3,1,1,8,1,3,11,1,2,1,.../

$\Rightarrow$ a_1 MOD N =5374, b_1=27, a_1^2 MOD N = 39974,

a_2 MOD N =77823, b_2=391, a_2^2 MOD N = 39909,

a_3 MOD N =11089, b_3=1648, ($\Rightarrow$ x_1=11089) x_1^2 MOD N = 185,

a_4 MOD N =105574, b_4=3715, a_4^2 MOD N = 39658,

a_5 MOD N =93885, b_5=35502, ($\Rightarrow$ x_2=93885) x_2^2 MOD N = 100.

$\Rightarrow$ ggT(93885+10,N) = 211.

Bezüglich (4.2.7)2) soll im folgenden untersucht werden, wie man mit Hilfe von (4.2.1) einen Algorithmus entwickeln kann, der natürliche Zahlen x_i findet, für die x_i^2 MOD N kleine Werte annimmt. Dazu wird die ganzzahlige Lösung von x MOD $\sqrt{r\cdot N}$ = ε mit $r\cdot N \in \mathbb{N}$ und kleinem ε-Wert gesucht.

Ist $\frac{a}{p}$ ein Näherungsbruch von $(r\cdot N)^{-1/2}$, so ist eine approximative Lösung von x MOD $\sqrt{r\cdot N}$ = ε nach (4.2.1) gegeben durch

$$x = (\lfloor \varepsilon\cdot\frac{p}{\sqrt{r\cdot N}} + \frac{1}{2}\rfloor \cdot \bar{a}) \text{ MOD } p.$$

Da $\lfloor \varepsilon\cdot\frac{p}{\sqrt{r\cdot N}} + \frac{1}{2}\rfloor$ eine natürliche Zahl ist, sind die Näherungslösungen x_1 und x_2 zu ε_1 und ε_2 nur dann verschieden, wenn

$$\lfloor \varepsilon_1 \cdot\frac{p}{\sqrt{r\cdot N}} + \frac{1}{2}\rfloor \neq \lfloor \varepsilon_2 \cdot\frac{p}{\sqrt{r\cdot N}} + \frac{1}{2}\rfloor$$

gilt. Dies bedeutet, daß eine Auflösung von x MOD $\sqrt{r\cdot N}$ = ε_i nur dann sinnvoll ist, wenn $\lfloor \varepsilon_i \cdot\frac{p}{\sqrt{r\cdot N}} + \frac{1}{2}\rfloor \neq \lfloor \varepsilon_j \cdot\frac{p}{\sqrt{r\cdot N}} + \frac{1}{2}\rfloor$ erfüllt ist. Zweckmäßigerweise betrachtet man daher nicht mehr die verschiedenen möglichen Werte der ε_i, sondern die verschiedenen möglichen Werte der $\lfloor \varepsilon_i \cdot\frac{p}{\sqrt{r\cdot N}} + \frac{1}{2}\rfloor$. Man setzt fortlaufend $\lfloor \varepsilon_i \cdot\frac{p}{\sqrt{r\cdot N}} + \frac{1}{2}\rfloor$ = i fest und betrachtet die zugehörigen Näherungslösungen x_i, wobei man $i \in \mathbb{N}+1$ voraussetzt.

(4.2.11) Definition

Seien $r, N \in \mathbb{N}$. Ist $(r\cdot N)^{-1/2}$ = /q_1, q_2, .../, so bezeichne im folgenden a_k/p_k den k-ten Näherungsbruch von $(r\cdot N)^{-1/2}$, das heißt a_k/p_k =/ $q_1, q_2, ..., q_k$ /. Mit

$a_k^{-1} \cdot a_k \equiv 1 \pmod{p_k}$ (a_k^{-1} existiert, da für Kettenbrüche Zähler und Nenner teilerfremd sind, vgl. [Hardy und Wright 58, S.151])) definiert man

$$x_{k,i} = \left(i \cdot a_k^{-1} \right) \ \mathrm{MOD}\ p_k \ .$$

Im Vergleich zu (4.2.8) erscheint es aufwendiger, die Werte $x_{k,i}$ zu bestimmen, wozu zusätzlich a_k^{-1} bestimmt werden muß. Dies ist nach [Horster 85, S.292 f.] in $O(\log(p_k))$ Schritten mit dem erweiterten Euklidischen Algorithmus möglich. In diesem speziellen Fall ist a_k^{-1} jedoch mit 5 Operationen zu berechnen. Ebenso ist es einfach, die Kettenbruch-Entwicklung von $(r \cdot N)^{-1/2}$ zu bestimmen, wie es das folgende Lemma zeigt.

(4.2.12) Lemma

Seien $r, N \in \mathbb{N}+1$. Dann gilt:

i)   Ist $r \cdot N$ keine Quadratzahl und $\sqrt{r \cdot N} = c_0 + /c_1 , c_2 , ... /$ mit $c_0 = \lfloor \sqrt{r \cdot N} \rfloor$, so folgt: $(r \cdot N)^{-1/2} = /c_0, c_1, c_2 , ... /$.

ii)   Bezeichnet a_k/p_k den k-ten Näherungsbruch von $(r \cdot N)^{-1/2}$, so ist p_k/a_k der (k-1)-te Näherungsbruch von $\sqrt{r \cdot N}$.

iii)   Ist a_k/p_k der k-te Näherungsbruch von $(r \cdot N)^{-1/2}$, dann ergibt sich:

$$(a_k^{-1} \cdot a_k)\ \mathrm{MOD}\ p_k = 1 \quad \text{mit} \quad a_k^{-1} = \begin{cases} p_{k-1} , & k \in 2\mathbb{N}+1 \\ p_k - p_{k-1} , & k \in 2\mathbb{N}+2 . \end{cases}$$

Beweis

i) Siehe [Knuth 81, S.358, S.600].

ii) $a_k/p_k = /c_0, c_1, c_2, ... / = \dfrac{Q_{k-1}(c_1,...,c_{k-1})}{Q_k(c_0,c_1,...,c_{k-1})} = \dfrac{Q_{k-1}(c_1,...,c_{k-1})}{c_0 \cdot Q_{k-1}(c_1,c_2,...,c_{k-1}) + Q_{k-2}(c_2,...,c_{k-1})}$

$\Rightarrow p_k/a_k = \dfrac{c_0 \cdot Q_{k-1}(c_1,c_2,...,c_{k-1}) + Q_{k-2}(c_2,...,c_{k-1})}{Q_{k-1}(c_1,...,c_{k-1})} = c_0 + /c_1,...,c_{k-1}/ \ .$

iii) Nach (3.1.19) i) und iv) gilt: $a_k \cdot p_{k-1} - a_{k-1} \cdot p_k = (-1)^{k-1}$.

Ist $k \in 2\mathbb{N}+1$, dann gilt: $a_k \cdot p_{k-1} \equiv 1 \pmod{p_k}$

$\Rightarrow \qquad\qquad\qquad\qquad (a_k \cdot p_{k-1})\ \mathrm{MOD}\ p_k = 1.$

Ist $k \in 2\mathbb{N}+2$, dann gilt: $a_k \cdot p_{k-1} \equiv (-1) \pmod{p_k} \Leftrightarrow a_k \cdot (p_k - p_{k-1}) \equiv 1 \pmod{p_k}$

$\Rightarrow \qquad\qquad\qquad\qquad (a_k \cdot (p_k - p_{k-1}))\ \mathrm{MOD}\ p_k = 1. \ \square$

Damit ist es anhand von (4.2.9) ii), iii) und (4.2.12) i), iii) in einfacher Weise möglich, die Werte $x_{k,i}$ bezüglich $r \cdot N$ zu bestimmen. Für $x_{k,i}^2$ MOD N ergeben sich dann folgende Abschätzungen:

(4.2.13) Satz

Seien $r, N \in \mathbb{N}+1$. Ist a_k/p_k der k-te Näherungsbruch von $(r \cdot N)^{-1/2}$, so folgt:

i) $\left| a_k/p_k - (r \cdot N)^{-1/2} \right| \leq \dfrac{1}{p_k \cdot p_{k+1}} < (p_k)^{-2}$ und

$\left| p_k/a_k - \sqrt{r \cdot N} \right| \leq \dfrac{1}{a_k \cdot a_{k+1}} < (a_k)^{-2}$.

ii) Man bezeichne $\varepsilon = \left| \sqrt{r \cdot N} - p_k/a_k \right|$ und

Fall 1: $k \in 2\mathbb{N}+1$ und $\lfloor x_{k,i}/(p_k/a_k) \rfloor = \lfloor x_{k,i}/\sqrt{r \cdot N} \rfloor$,

Fall 2: $k \in 2\mathbb{N}+1$ und $\lfloor x_{k,i}/(p_k/a_k) \rfloor = \lfloor x_{k,i}/\sqrt{r \cdot N} \rfloor + 1$,

Fall 3: $k \in 2\mathbb{N}+2$ und $\lfloor x_{k,i}/(p_k/a_k) \rfloor = \lfloor x_{k,i}/\sqrt{r \cdot N} \rfloor$,

Fall 4: $k \in 2\mathbb{N}+2$ und $\lfloor x_{k,i}/(p_k/a_k) \rfloor = \lfloor x_{k,i}/\sqrt{r \cdot N} \rfloor - 1$.

Dann gilt: $x_{k,i}^2$ MOD N =

$$
\begin{cases}
\left[2\sqrt{r \cdot N} \lfloor x_{k,i}/\sqrt{r \cdot N} \rfloor (i/a_k - \varepsilon \cdot \lfloor x_{k,i}/\sqrt{r \cdot N} \rfloor) \right. \\
\qquad \left. + (i/a_k - \varepsilon \lfloor x_{k,i}/\sqrt{r \cdot N} \rfloor)^2 \right] \text{MOD } N \qquad \text{im Fall 1,} \\[2ex]
\left[2\sqrt{r \cdot N} (\lfloor x_{k,i}/\sqrt{r \cdot N} \rfloor + 1)(i/a_k - \varepsilon \lfloor x_{k,i}/\sqrt{r \cdot N} \rfloor - \varepsilon) \right. \\
\qquad \left. + (i/a_k - \varepsilon \lfloor x_{k,i}/\sqrt{r \cdot N} \rfloor - \varepsilon)^2 \right] \text{MOD } N \quad \text{im Fall 2,} \\[2ex]
\left[2\sqrt{r \cdot N} \lfloor x_{k,i}/\sqrt{r \cdot N} \rfloor (\varepsilon \lfloor x_{k,i}/\sqrt{r \cdot N} \rfloor + i/a_k) \right. \\
\qquad \left. + (\varepsilon \lfloor x_{k,i}/\sqrt{r \cdot N} \rfloor + i/a_k)^2 \right] \text{MOD } N \qquad \text{im Fall 3,} \\[2ex]
\left[2\sqrt{r \cdot N} (\lfloor x_{k,i}/\sqrt{r \cdot N} \rfloor - 1)(\varepsilon \lfloor x_{k,i}/\sqrt{r \cdot N} \rfloor + i/a_k - \varepsilon) \right. \\
\qquad \left. + (\varepsilon \lfloor x_{k,i}/\sqrt{r \cdot N} \rfloor + i/a_k - \varepsilon)^2 \right] \text{MOD } N \quad \text{im Fall 4.}
\end{cases}
$$

Insbesondere können nur diese vier Fälle eintreten.

Beweis

i) Folgt aus [Hardy und Wright 58, S.157] und der Tatsache, daß p_k/a_k nach (4.2.12) ii) ein Näherungsbruch von $\sqrt{r \cdot N}$ ist.

ii) Zunächst sei $\varepsilon, x, y \in \mathbb{R}^+$, $y \pm \varepsilon \in \mathbb{R}^+$. Dann ergibt sich:

Falls $\lfloor \frac{x}{y} \rfloor = \lfloor \frac{x}{y+\varepsilon} \rfloor$ gilt, folgt:

x MOD y - x MOD$(y+\varepsilon) = x - \lfloor \frac{x}{y} \rfloor \cdot y - (x - \lfloor \frac{x}{y+\varepsilon} \rfloor \cdot (y+\varepsilon)) = \varepsilon \cdot \lfloor \frac{x}{y} \rfloor$.

Falls $\lfloor \frac{x}{y} \rfloor = \lfloor \frac{x}{y+\varepsilon} \rfloor + 1$ gilt, folgt: x MOD y - x MOD $(y+\varepsilon) = \varepsilon \cdot \lfloor \frac{x}{y} \rfloor - y - \varepsilon$.

Falls $\lfloor\frac{x}{y}\rfloor = \lfloor\frac{x}{y-\varepsilon}\rfloor$ gilt, folgt: x MOD y - x MOD (y-ε) $= -\varepsilon\cdot\lfloor\frac{x}{y}\rfloor$.

Falls $\lfloor\frac{x}{y}\rfloor = \lfloor\frac{x}{y-\varepsilon}\rfloor -1$ gilt, folgt: x MOD y - x MOD (y-ε) $= y-\varepsilon-\varepsilon\cdot\lfloor\frac{x}{y}\rfloor$.

Setzt man $y = p_k/a_k$, so gilt $\sqrt{r\cdot N} = p_k/a_k + (-1)^{k+1}\cdot\varepsilon$ mit $\varepsilon = |p_k/a_k - \sqrt{r\cdot N}|$, vgl. (4.2.12) ii).
Damit ergibt sich für $x = p_k/a_k$:

$$x \text{ MOD } \frac{p_k}{a_k} = \begin{cases} x - \sqrt{r\cdot N}\lfloor x/\sqrt{r\cdot N}\rfloor + \varepsilon\lfloor x/\sqrt{r\cdot N}\rfloor, & \text{im Fall 1} \\ x - \sqrt{r\cdot N}(\lfloor x/\sqrt{r\cdot N}\rfloor+1) + \varepsilon\lfloor x/\sqrt{r\cdot N}\rfloor+\varepsilon, & \text{im Fall 2} \\ x - \sqrt{r\cdot N}\lfloor x/\sqrt{r\cdot N}\rfloor - \varepsilon\lfloor x/\sqrt{r\cdot N}\rfloor, & \text{im Fall 3} \\ x - \sqrt{r\cdot N}(\lfloor x/\sqrt{r\cdot N}\rfloor-1) - \varepsilon\lfloor x/\sqrt{r\cdot N}\rfloor+\varepsilon, & \text{im Fall 4.} \end{cases}$$

Nach Definition von $x_{k,i}$ gilt $x_{k,i} = i\cdot a_k^{-1} \text{ MOD } p_k$.

$$\Rightarrow \qquad (a_k\cdot a_k^{-1}\cdot i)\text{ MOD } p_k = i$$

Mit (3.2.3) iii) ergibt sich dann: $x_{k,i}\text{ MOD }(p_k/a_k) = i/a_k$. Dies bedeutet:

$$x_{k,i} = \begin{cases} i/a_k + \sqrt{r\cdot N}\cdot\lfloor x_{k,i}/\sqrt{r\cdot N}\rfloor - \varepsilon\lfloor x_{k,i}/\sqrt{r\cdot N}\rfloor, & \text{im Fall 1} \\ i/a_k + \sqrt{r\cdot N}\cdot(\lfloor x_{k,i}/\sqrt{r\cdot N}\rfloor+1) - \varepsilon\lfloor x_{k,i}/\sqrt{r\cdot N}\rfloor - \varepsilon, & \text{im Fall 2} \\ i/a_k + \sqrt{r\cdot N}\lfloor x_{k,i}/\sqrt{r\cdot N}\rfloor + \varepsilon\lfloor x_{k,i}/\sqrt{r\cdot N}\rfloor, & \text{im Fall 3} \\ i/a_k + \sqrt{r\cdot N}\cdot(\lfloor x_{k,i}/\sqrt{r\cdot N}\rfloor-1) + \varepsilon\lfloor x_{k,i}/\sqrt{r\cdot N}\rfloor - \varepsilon, & \text{im Fall 4.} \end{cases}$$

Im Fall 1 ergibt sich damit:

$$x_{k,i}^2 \text{ MOD } N = \big[\lfloor x_{k,i}/\sqrt{r\cdot N}\rfloor^2\cdot r\cdot N + (i/a_k - \varepsilon\lfloor x_{k,i}/\sqrt{r\cdot N}\rfloor)^2 +$$
$$2\cdot\lfloor x_{k,i}/\sqrt{r\cdot N}\rfloor\cdot\sqrt{r\cdot N}\cdot(i/a_k - \varepsilon\lfloor x_{k,i}/\sqrt{r\cdot N}\rfloor)\big]\text{ MOD } N$$
$$= \big[2\cdot\sqrt{r\cdot N}\lfloor x_{k,i}/\sqrt{r\cdot N}\rfloor(i/a_k - \varepsilon\lfloor x_{k,i}/\sqrt{r\cdot N}\rfloor)+(i/a_k - \varepsilon\lfloor x_{k,i}/\sqrt{r\cdot N}\rfloor)^2\big]\text{MOD } N.$$

Die Aussagen für die Fälle 2, 3 und 4 ergeben sich analog.

Abschließend der Beweis dafür, daß nur diese vier Fälle auftreten:

Sei $x = x_{k,i} < p_k$, $y = p_k/a_k$, $\varepsilon = |\sqrt{r\cdot N} - p_k/a_k| < (a_k)^{-2}$ nach i).

$$\Rightarrow \left|\frac{x}{y} - \frac{x}{y\pm\varepsilon}\right| = |\varepsilon|\cdot\left|\frac{x}{y(y\pm\varepsilon)}\right| < (a_k)^{-2}\cdot\left|a_k^3/(a_k\cdot p_k -1)\right| < \frac{1}{p_k-1} < 1.$$

$$\Rightarrow \left|\lfloor\tfrac{x}{y}\rfloor - \lfloor\tfrac{x}{y\pm\varepsilon}\rfloor\right| \le 1. \quad\square$$

(4.2.14) Folgerung

Mit den Bezeichnungen aus (4.2.13) ergibt sich für $i < \sqrt{\sqrt{r\cdot N}}$:

i)   Die Werte $x_{k,i}^2 \text{ MOD } N$ lassen sich abschätzen durch

$$x_{k,i}^2 \text{ MOD } N \approx 2\left(i\cdot\frac{x_{k,i}}{a_k} + (-1)^k\frac{x_{k,i}^2}{a_k\cdot a_{k+1}\sqrt{r\cdot N}}\right).$$

ii)   Eine obere Schranke für $x_{k,i}^2$ MOD N läßt sich abschätzen mit

$$\begin{cases} 2 \cdot i \cdot \sqrt{r \cdot N} & \text{in den Fällen 1) und 2),} \\[2mm] 2 \cdot (i+1) \cdot \sqrt{r \cdot N} & \text{in den Fällen 3) und 4).} \end{cases}$$

<u>Beweis</u>

Nach Voraussetzung gilt $\varepsilon = |\sqrt{r \cdot N} - p_k/a_k| \leq \dfrac{1}{a_k \cdot a_{k+1}}$. Damit gilt:

$$\left(\frac{i}{a_k} \pm \varepsilon \cdot \lfloor x_{k,i}/\sqrt{r \cdot N} \rfloor\right) \leq \left(\frac{i}{a_k} + \frac{1}{a_k a_{k+1}} \frac{p_k \cdot a_k}{p_k}\right) = \left(\frac{i}{a_k} + \frac{1}{a_{k+1}}\right) < 1.$$

Ebenso gilt: $\left(\dfrac{i}{a_k} \pm \varepsilon \cdot \lfloor x_{k,i}/\sqrt{r \cdot N} \rfloor - \varepsilon\right) < 1.$

Dies bedeutet, daß diese Terme zum Quadrat erhoben vernachlässigbar klein sind.

Fall 1: $x_{k,i}^2$ MOD N $\approx 2 \cdot \left(i \cdot \dfrac{x_{k,i}}{a_k} - \dfrac{x_{k,i}^2}{a_k \cdot a_{k+1} \sqrt{r \cdot N}}\right) < 2 \cdot i \cdot p_k/a_k \approx 2 \cdot i \cdot \sqrt{r \cdot N}.$

Fall 2: $x_{k,i}^2$ MOD N $\approx 2 \cdot \left(i \cdot \dfrac{x_{k,i}}{a_k} - \dfrac{x_{k,i}^2}{a_k \cdot a_{k+1} \sqrt{r \cdot N}} + \dfrac{i}{a_k} \sqrt{r \cdot N}\right)$

$$< 2 \cdot \left(i \cdot p_k/a_k + \frac{i}{a_k} \cdot \sqrt{r \cdot N}\right) \approx 2 \cdot i \cdot \sqrt{r \cdot N}.$$

Fall 3: $x_{k,i}^2$ MOD N $\leq 2\sqrt{r \cdot N}\left(\varepsilon \cdot \dfrac{x_{k,i}^2}{r N} + \dfrac{i}{a_k} \cdot \dfrac{x_{k,i}}{\sqrt{r \cdot N}}\right)$

$$\approx 2 \cdot \left(\frac{x_{k,i}^2}{a_k \cdot a_{k+1} \sqrt{r \cdot N}} + \frac{i}{a_k} \cdot x_{k,i}\right)$$

$$< 2 \cdot \left(\frac{p_k^2}{a_k \cdot a_{k+1} \sqrt{r \cdot N}} + i \cdot p_k/a_k\right) \approx 2 \cdot \left(\frac{r \cdot N}{\sqrt{r \cdot N}} + i \cdot \sqrt{r \cdot N}\right) = 2\sqrt{r \cdot N}(i+1).$$

Fall 4: $x_{k,i}^2$ MOD N $\leq$

$$2\sqrt{r \cdot N}\left(\frac{x_{k,i}^2}{a_k \cdot a_{k+1} \cdot r \cdot N} + \frac{x_{k,i}}{\sqrt{r \cdot N}}\left(\frac{i}{a_k} - \frac{1}{a_k a_{k+1}}\right) - \frac{x_{k,i}}{a_k \cdot a_{k+1} \sqrt{r \cdot N}} - \frac{i}{a_k} + \frac{1}{a_k \cdot a_{k+1}}\right)$$

$$\approx 2 \cdot \left(\frac{x_{k,i}^2}{a_k \cdot a_{k+1} \sqrt{r \cdot N}} + i \cdot \frac{x_{k,i}}{a_k}\right) < 2 \cdot \left(\frac{p_k^2}{a_k \cdot a_{k+1} \sqrt{r \cdot N}} + i \cdot p_k/a_k\right) \approx 2\sqrt{r \cdot N}\,(i+1). \quad \square$$

Damit weiß man, daß die Größe $x_{k,i}^2$ MOD N durch $2(i+1)\sqrt{r \cdot N}$ beschränkt ist. Darüber hinaus ist aber bekannt, daß $x_{k,i}^2$ MOD N insbesondere durch den Quotienten $x_{k,i}/a_k$ bestimmt ist. Dies ist deshalb von Bedeutung, da man die Werte für i so wählen kann, daß $x_{k,i}$ verglichen mit p_k klein ist und dadurch ein kleiner quadratischer Rest erzeugt wird. Ist $x_{k,i}$ verglichen mit p_k klein, so hat das nicht zur Folge, daß $x_{k,i}$ MOD N verglichen mit N klein sein muß, was in bezug auf (4.2.5) interessant ist.

Für die Faktorisierungsalgorithmen (4.2.5) sind also besonders diejenigen $x_{k,i}$-Werte interessant, für die $i \cdot x_{k,i} / a_k$ klein ist, da dies nach (4.2.14) i) der entscheidende Faktor von $x_{k,i}^2$ MOD N ist. Dazu der folgende Satz:

<u>(4.2.15) Satz</u>

Gegeben seien die Werte $x_{k,i}$ analog zur Definition (4.2.11). Setzt man $i(j) = \lceil j \cdot p_k / a_k^{-1} \rceil$, $j \in \mathbb{N}+1$ und $\beta \cdot \lceil j \cdot p_k / a_k^{-1} \rceil - j \cdot p_k / a_k^{-1}$, d. h. $0 \leq \beta \leq 1$, dann ergibt sich:

$$x_{k,i(j)}^2 \text{ MOD N} \approx 2 \cdot (i(j) \cdot \frac{\beta \cdot a_k^{-1}}{a_k} + (-1)^k (\beta \cdot a_k^{-1})^2 / (a_k \cdot a_{k+1} \sqrt{r \cdot N}))$$

und $x_{k,i(j)}^2$ MOD N ist (näherungsweise) kleiner $2 \cdot \beta \cdot \sqrt{r \cdot N}(j + 2 \cdot \beta)$.

<u>Beweis</u>

$$x_{k,i(j)} \cdot [\lceil j \cdot p_k / a_k^{-1} \rceil \cdot a_k^{-1}] \text{ MOD } p_k \cdot [(j \cdot p_k / a_k^{-1} + \beta) \cdot a_k^{-1}] \text{ MOD } p_k$$

$$\cdot (j \cdot p_k + \beta \cdot a_k^{-1}) \text{ MOD } p_k \cdot \beta \cdot a_k^{-1}.$$

Mit (4.2.14) folgt dann:

$$x_{k,i(j)}^2 \text{ MOD N} \approx 2 \cdot (i(j) \cdot \beta \cdot a_k^{-1} / a_k + (-1)^k (\beta \cdot a_k^{-1})^2 / (a_k \cdot a_{k+1} \sqrt{r \cdot N}))$$

$$\cdot 2 \cdot (j \cdot p_k / a_k^{-1} + \beta) \cdot (\beta \cdot a_k^{-1}) / a_k + (-1)^k \beta^2 (a_k^{-1})^2 / (a_k \cdot a_{k+1} \sqrt{r \cdot N}))$$

$$\approx 2 \cdot (j \cdot \beta \cdot \sqrt{r \cdot N} + \beta^2 \cdot a_k^{-1} / a_k + (-1)^k \beta^2 \cdot (a_k^{-1})^2 / (a_k \cdot a_{k+1} \sqrt{r \cdot N}))$$

$$\leq 2 \cdot \beta \cdot (j \cdot \sqrt{r \cdot N} + \beta \cdot \sqrt{r \cdot N} + \beta \cdot \sqrt{r \cdot N}) \cdot 2 \cdot \beta \cdot \sqrt{r \cdot N}(j + 2 \cdot \beta)$$

da trivialerweise $a_k^{-1} < p_k$ gilt. $\square$

<u>(4.2.16) Bemerkung</u>

Um mit der hier vorgestellten Methode 'kleine' quadratische Reste $x_{k,i}^2$ MOD N zu erzeugen, kann man auf zwei verschiedene Weisen vorgehen:

1) Man erzeugt fortlaufend die Werte $\lceil j \cdot p_k / a_k^{-1} \rceil$, $j \in \mathbb{N}+1$. Dann bildet man den Wert $\beta \cdot \lceil j \cdot p_k / a_k^{-1} \rceil - j \cdot p_k / a_k^{-1}$. Erhält man einen 'kleinen' β-Wert, so ist der entsprechende Wert $x_{k,i(j)}^2$ MOD N durch $2 \cdot \beta \cdot \sqrt{r \cdot N} (j + 2\beta)$ beschränkt und damit ebenfalls klein, falls $\beta \cdot j$ klein ist.

2) Im Gegensatz zu 1), wo die gesuchten Werte für j durch sukzessives Probieren gefunden werden, bestimmt man in diesem Ansatz die Indizes j so, daß β klein

ist. Dazu 'löst' man folgende Gleichung:

$\left[p_k/a_k^{-1} \cdot x \right]$ MOD 1 = 1-ε mit kleinem ε-Wert und x∈ℕ

⇔ $\left[(p_k \text{ MOD } a_k^{-1})/a_k^{-1} \cdot x \right]$ MOD 1 = 1 - ε.

Gilt nämlich $\left[p_k/a_k^{-1} \cdot x \right]$ MOD 1 = 1-ε , so folgt:

β = $\lceil x \cdot p_k/a_k^{-1} \rceil$ - $x \cdot p_k/a_k^{-1}$ = 1 - $\left[x \cdot p_k/a_k^{-1} - \lfloor x \cdot p_k/a_k^{-1} \rfloor \cdot 1 \right]$ =
   1 - $\left[(x \cdot p_k/a_k^{-1}) \text{ MOD } 1 \right]$ = 1 - (1-ε) = ε.

Zur 'Lösung' obiger Gleichung kann man wiederum analog (4.2.1) vorgehen:

Man entwickelt $(p_k \text{ MOD } a_k^{-1})/a_k$ = / d_1 ,...,d_n / und setzt b/q = /d_1,...,d_m/ mit einem kleinen Wert m, damit die 'Lösungen' x, die durch q beschränkt sind, nicht zu groß sind. Damit definiert man folgende Funktion:

$$D'(ε) = \lfloor ε \cdot q / 1 + 1/2 \rfloor \cdot \bar{b}^1 \text{ MOD } q \text{ mit } b \cdot \bar{b}^1 ≡ 1 \ (\text{mod } q).$$

Analog zu (4.2.12) modifiziert man $D'(ε)$ zu $D(n) = n \cdot \bar{b}^1$ MOD q . Damit bildet die Folge $D(q\text{-}1), D(q\text{-}2),...$ Näherungen für Werte x mit

$$\left[x \cdot p_k/a_k^{-1} \right] \text{ MOD} 1 = 1\text{-}ε$$

mit einem kleinen ε-Wert. Insgesamt gilt dann:

$$x_{k,i(D(n))}^2 \text{ MOD } N ≈ 2 \cdot β \cdot \sqrt{r \cdot N} (D(n) + β), \ n∈ℕ, \text{ wobei β klein ist.}$$

Anhand des folgenden Lemmas ist es einfach, die in (4.2.16) 2) erforderliche Kettenbruch-Entwicklung von $(p_k \text{ MOD } a_k^{-1})/a_k^{-1}$ anzugeben.

<u>(4.2.17) Lemma</u>

Sei a,p∈ℕ+1, a<p mit a/p = /q_1 ,q_2 ,.../. Bezeichnet man mit a_k/p_k=/q_1,...,q_k/ den k-ten Näherungsbruch von $\frac{a}{p}$ und mit a_k^{-1} die Zahl aus [1:p_k-1] mit $a_k \cdot a_k^{-1}$ ≡ 1 (mod p_k), so gilt:

$$\frac{p_k}{a_k^{-1}} = \begin{cases} q_k + /q_{k-1},...,q_1/, & \text{falls } k∈2ℕ+1 \\ q_{k-1} +1+/q_{k-2},...,q_1/, & \text{falls } k∈2ℕ+2 \text{ und } q_k=1 \\ 1 + /q_k-1, q_{k-1},...,q_1/, & \text{falls } k∈2ℕ+2 \text{ und } q_k>1. \end{cases}$$

<u>Beweis</u>

Sei k∈2ℕ+2, dann gilt nach (4.2.12) und (3.1.19):

a_k^{-1} = p_k - p_{k-1} = $Q_k(q_k,...,q_1)$ - $Q_{k-1}(q_{k-1},...,q_1)$

$= q_k \cdot Q_{k-1}(q_{k-1},...,q_1) + Q_{k-2}(q_{k-2},...,q_1) - Q_{k-1}(q_{k-1},...,q_1)$

$= \begin{cases} Q_k(q_k-1, q_{k-1},...,q_1), & \text{falls } q_k>1 \\ Q_{k-2}(q_{k-2},...,q_1), & \text{falls } q_k=1. \end{cases}$

Sei $q_k > 1$: $1 + /q_k{-}1, q_{k-1}, ..., q_1/ = \dfrac{Q_k(q_k{-}1, q_{k-1}, ..., q_1) + Q_{k-1}(q_{k-1}, ..., q_1)}{Q_k(q_k{-}1, q_{k-1}, ..., q_1)}$

$$= \frac{1}{(a_k^{-1})} \cdot \left[(q_k{-}1) \cdot Q_{k-1}(q_{k-1}, ..., q_1) + Q_{k-2}(q_{k-2}, ..., q_1) + Q_{k-1}(q_{k-1}, ..., q_1) \right]$$

$$= \frac{1}{(a_k^{-1})} \cdot Q_k(q_k{-}1{+}1, q_{k-1}, ..., q_1) = p_k / a_k^{-1} .$$

Sei $q_k = 1$: Mit $Q_k(1, q_{k-1}, ..., q_1) = Q_{k-1}(q_{k-1}{+}1, q_{k-2}, ..., q_1)$ gilt:

$$q_{k-1} + 1 + /q_{k-2}, ..., q_1/ = \frac{1}{(a_k^{-1})} ((q_{k-1}{+}1) \cdot Q_{k-2}(q_{k-2}, ..., q_1) + Q_{k-3}(q_{k-3}, ..., q_1))$$

$$= \frac{1}{(a_k^{-1})} Q_{k-1}(q_{k-1}{+}1, q_{k-2}, ..., q_1) = p_k / a_k^{-1} .$$

Sei $k \in 2\mathbb{N}{+}1$, dann gilt nach (4.2.12) und (3.1.19):

$$a_k^{-1} = p_{k-1} = Q_{k-1}(q_{k-1}, ..., q_1).$$

$$\Rightarrow \quad q_k + /q_{k-1}, ..., q_1/ = \frac{q_k \cdot Q_{k-1}(q_{k-1}, ..., q_1) + Q_{k-2}(q_{k-2}, ..., q_1)}{Q_{k-1}(q_{k-1}, ..., q_1)}$$

$$= \frac{Q_k(q_k, ..., q_1)}{Q_{k-1}(q_{k-1}, ..., q_1)} = p_k / a_k^{-1} . \quad \square$$

(4.2.18) Beispiel

Sei $N = 158461 = (211 \cdot 751$, vgl. (4.2.10)) und $r = 1$, dann gilt mit (4.2.10) und (4.2.12) i):

$(r \cdot N)^{-1/2} = /398, 13, 1, 28, 1, 1, 3, 1, 3, 1, 7, 5, 1, 6, 37, 1, 3, 3, .../$. Damit ergibt sich:

k	a_k	p_k	$a_k^{-1} \cdot x_{k,1}$	$x_{k,1}^2$ MOD N
1	1	398	1	1
2	13	5175	4777	1345
3	14	5573	5175	716
4	405	161219	155646	1175
5	419	166792	161219	436
6	824	328011	161219	436
7	2891	1150825	328011	185
8	3715	1478836	328011	185
9	14036	5587333	1478836	171
10	17751	7066169	1478836	171
11	138293	55050516	7066169	**100**

In der folgenden Tabelle ist $x_{12,i}$, $x_{12,i}^2$ MOD N und im Vergleich dazu auch die Abschätzung $2 \cdot (i \cdot x_{12,i}/a_{12} + (-1)^{12}\, x_{12,i}^2 \, / \, (a_{12} \cdot a_{13} \cdot \sqrt{r \cdot N}\,))$ eingetragen:

i	$x_{12,i}$	$x_{12,i}^2$ MOD N	$2 \cdot (i \cdot x_{12,i}/a_{12} + x_{12,i}^2 \, / \, (a_{12} \cdot a_{13} \cdot \sqrt{r \cdot N}\,))$
1	227268233	1020	1072,64
2	172217717	1189	1219,22
3	117167201	1092	1105,99
4	62116685	729	732,93
5	7066169	100	100,05
6	234334402	4368	4423,96
7	179283886	3775	3807,75
8	124233370	2916	2931,72
9	69182854	1791	1795,87
10	14132338	400	400,20

Man erkennt die relativ gute Abschätzung. Die Fehler folgern aus der Differenz von $|p_{12}/a_{12} - \sqrt{r \cdot N}\,| - 1/(a_{12} \cdot a_{13}) = 2,0285 \cdot 10^{-13}$, denn es gilt:

$$|(x_{12,i}^2 \text{ MOD N} - 2 \cdot (i \cdot x_{12,i}/a_{12} + x_{12,i}^2/(a_{12} \cdot a_{13}\sqrt{r \cdot N}\,))$$
$$- 2 \cdot x_{12,i}^2 \, / \, \sqrt{r \cdot N} \cdot 2,0285 \cdot 10^{-13}\,| < 10^{-3}, \; i = 1, \dots, 10.$$

Beispielhaft soll auch (4.2.16) befolgt werden:
$p_{12}/a_{12}^{-1} = 1,242227\dots$ und $p_{12}/a_{12}^{-1} = 1 + /4,7,1,3,1,3,1,1,28,1,13,398/$ (vgl. (4.2.17)).
Die letzte Tabelle stellt j, $\lceil p_{12}/a_{12}^{-1} \cdot j \rceil$, β, $x_{12,i(j)}^2$ MOD N und die Abschätzung $2 \cdot \beta \sqrt{N} (j + 2 \cdot \beta)$ gegenüber:

j	$\lceil p_{12}/a_{12}^{-1} \cdot j \rceil$	β	$x_{12,i(j)}^2$ MOD N	$2 \cdot \beta \sqrt{N} (j + 2 \cdot \beta)$
1	2	0,75	1189	1492,76
2	3	0,51	1092	1226,21
3	4	0,27	729	760,95
4	5	0,03	100	100,55
5	7	0,78	3775	4073,70
6	8	0,54	2916	3043,81
7	9	0,30	1791	1815,20
8	10	0,06	400	402,21

Bezeichnet b_k/q_k den k-ten Näherungsbruch von $(p_{12} \text{ MOD } a_{12}^{-1})\,/\,a_{12}^{-1}$ und setzt man $D_k(n) = n \cdot b_k^{-1} \text{ MOD } q_k$, so ergibt sich:

$$D_2(n) = 25 \cdot n \text{ MOD } 29, \quad D_3(n) = 29 \cdot n \text{ MOD } 33, \quad D_9(n) = 1383 \cdot n \text{ MOD } 39496.$$

Man beachte, daß man zur Berechnung von b_k^{-1} wiederum (4.2.12) ausnutzen kann.

$\Rightarrow D_2(q_2\text{-}1) = D_2(28) = 4 \qquad$ und $\qquad p_{12}/a_{12}^{-1} \cdot 4 = 5 - 0{,}03109,$

$\Rightarrow D_2(q_2\text{-}2) = D_2(27) = 8 \qquad$ und $\qquad p_{12}/a_{12}^{-1} \cdot 8 = 10 - 0{,}06218,$

$\Rightarrow D_3(q_3\text{-}1) = D_3(32) = 4 \qquad$ und $\qquad p_{12}/a_{12}^{-1} \cdot 4 = 5 - 0{,}03109,$

$\Rightarrow D_9(q_9\text{-}1) = D_9(39495) = 38113$ und $p_{12}/a_{12}^{-1} \cdot 38113 = 47345 - 0{,}000047.$

Man erkennt, daß $D_2(q_2\text{-}1)$ und $D_2(q_3\text{-}1)$ die optimalen Werte j liefern, so daß $\beta = \lceil p_{12}/a_{12}^{-1} \cdot j \rceil - p_{12}/a_{12}^{-1} \cdot j$ minimal ist bei kleinem j-Wert. $D_9(q_9\text{-}1)$ minimiert β besser, allerdings ist der zugehörige j-Wert zu groß.

<u>(4.2.19) Bemerkung</u>

Ist c_k/d_k der k-te Näherungsbruch von $\sqrt{N}$, $N \in \mathbb{N}+1$ und kein Quadrat, und ist a_k/p_k der k-te Näherungsbruch von $N^{-1/2}$, dann gilt nach Definition

$$x_{k,1} = a_k^{-1} \text{ MOD } p_k = p_{k-1}.$$

falls $k \in 2\mathbb{N}+1$ ist. Nach (4.2.12) ii) gilt aber für $k \in 2\mathbb{N}+1$: $c_{k-1} = p_{k-1} = x_{k,1}$. Dies bedeutet, daß zwischen den x_k-Werten aus Algorithmus (4.2.8) und den Werten $x_{k,i}$ aus (4.2.11) der Zusammenhang $x_k = x_{2k+1,1}$ gilt. Damit erzeugt (4.2.11) sowohl die Werte von Algorithmus (4.2.8) als auch neue Werte $x_{2k,1}$ mit $x_{2k,1}^2 \text{ MOD } N \leq 4\sqrt{N}$. Darüber hinaus können weitere Werte analog zu (4.2.16) erzeugt werden, die einen relativ kleinen quadratischen Rest lassen. Insgesamt ist der Faktorisierungsalgorithmus (4.2.5) angewendet auf $x_{2k+1,1}$ und die aus (4.2.16) resultierenden Werte mindestens so schnell wie der entsprechende mit (4.2.8) als Grundlage. Zusätzlich erhält man auch für (4.2.8) und (4.2.14) eine gute Abschätzung der quadratischen Reste. Der Aufwand der Faktorisierung wird eine bessere Größenordnung als $O(N^{1/4})$ haben, allerdings sollte man einschränken, daß es nicht zu erwarten ist, daß dieser Ansatz besser als der bislang schnellste ist (vgl. [Stephens 85]).

Das Ziel dieses Paragraphen war, aufzuzeigen, wie man die erzielten Ergebnisse auch im Bereich der Approximation reeller Zahlen und damit auch für Faktorisierungsalgorithmen nutzen kann. Insgesamt betrachtet, ist die Nutzung von (4.2.1) auch zur Lösung nichtganzzahliger Kongruenzen, wie es sich zum Beispiel in (4.2.1), (4.2.11), (4.2.14), (4.2.16) 2) und (4.2.18) zeigte, sinnvoll und für kryptologische Zwecke von Belang.

5. Anhang

5.1 Liste der Bezeichnungen und Begriffe

Abzählungsalgorithmus	siehe (3.1.2) und (3.1.3)
Algorithmus A	siehe (3.1.21)
analytischer Brechungsansatz	siehe (2.4.12)
Approximationsfolge von f auf W	siehe (1.2.1)
approximationstheoretischer Brechungsansatz	siehe (2.4.20)
approximativer Kettenbruch-Algorithmus	siehe (3.1.16)
AR-System	siehe (1.2.2)
asymmetrisches Chiffrierverfahren	Kryptosystem mit verschiedenen Schlüsseln zum Ver- und Entschlüsseln
Attacke	Versuch, ein Kryptosystem zu brechen
binärer Baum	vgl. [Wirth 79, S.257 ff.]
binäres Suchen	vgl. [Wirth 79, S.33]
Brechen eines Kryptosystems	unberechtigtes Ermitteln eines Klartextes aus einem Schlüsseltext
Charakteristik einer Einwegfunktion	siehe (1.1.2)
Chiffrierfunktion	Ver- oder Entschlüsselungsfunktion
Data Encryption Standard	vgl. [Horster 85, S.114 ff.]
Datenformat real	Gleitkomma-Format
det(C)	Determinante der Matrix C

Dezimaldarstellung — in der üblichen Dezimaldarstellung wird eine Zahl x mit

$$x = \sum_{i=-m}^{n} d_i \cdot 10^i \text{ mit } d_i \in [0;9]$$

dargestellt durch

$$x = d_n d_{n-1} \cdots d_0 . d_{-1} \cdots d_{-m} .$$

$d_0, \ldots, d_n$ heißen Dezimalstellen,
$d_{-1}, \ldots, d_{-m}$ heißen Nachkommastellen oder Dezimalbruchstellen

Einheitsmatrix — $I \in \mathbb{Z}^{k \times k}$ heißt Einheitsmatrix, falls

$$I(i,j) = \begin{cases} 1, & i=j \\ 0, & i \neq j \end{cases} \text{ mit } i,j \in [1:k]$$

Einwegfunktion	siehe (1.1.2)
Euklidischer Algorithmus	siehe (3.1.13)
Eulersche φ-Funktion	siehe (3.1.22)
Faktorisierung	siehe Primfaktorzerlegung
Farey-Folge	siehe (3.1.22)
Fehlertoleranz	siehe (1.3.4)
Festkomma-Format	vgl. [Spaniol 76, S.20 ff.]
Gleitkomma-Format	vgl. [Spaniol 76, S.20 ff.]
Fourier-Koeffizient	siehe (2.6.2) iii) 3)
Fourier-Teilsummenentwicklung	siehe (2.6.2) iii) 3)
geheime Unterschrift	siehe (3.5.1) 1)
Grad(f), Grad(t_n)	siehe (2.4.1), (2.6.1) ii)
größter gemeinsamer Teiler	vgl. [Meyberg 80, S.133 ff.]
irrationale Zahl	Gegenteil einer (vgl.) rationalen Zahl
Kettenbruchalgorithmus	siehe (3.1.15) ii)
Kettenbruch-Entwicklung	siehe (3.1.13)
Klartextraum	siehe (1.1.1)
Komplexitätsmaß $\mathfrak{K}$	siehe (1.1.3) ii) und iii)
Konvergenzordnung	vgl. [Jordan-Engeln und Reutter 76, S.16-18]
Kryptoanalysis, Kryptographie, Kryptologie	vgl. [Horster 85, S.13 f.]
Kryptosystem	siehe (1.1.1)
Modulo-Rechnung	Die Operation 'MOD n' mit $n \in \mathbb{N}$ unifiziert Zahlen aus $\mathbb{Z}$ mit Elementen aus der Gruppe $\mathbb{Z}_n$, d. h. $a \text{ MOD } n = a - \lfloor a/n \rfloor \cdot n, \ a \in \mathbb{Z}$
multiplikatives Inverses	vgl. (3.2.7)
n-näre Zahlendarstellung	vgl. [Spaniol 76, S.9 ff.]
Nachkommastellen	siehe Dezimaldarstellung
Nachrichtenraum	siehe (1.1.1)
Näherungsbruch	siehe (3.1.14) i)
öffentliche Unterschrift	siehe (3.5.1) 2)
optimale Umkehrfunktion	siehe Abschnitt 1.3
Partialquotient	siehe (3.1.13)
PASCAL	Programmiersprache PASCAL, vgl. [Jensen und Wirth 78]

Periodenalgorithmus	siehe (3.1.6)
Periodenlänge	siehe (3.1.5) ii)
periodische Funktion	siehe (2.6.1) i)
Permutation	vgl. [Horster 85, S.73]
Polynomdivision	vgl. [Meyberg 80, S.133 ff.]
polynomiale Approximation	siehe (2.4.17)
polynomiale Splinefunktion	siehe (2.4.18)
Primfaktorzerlegung	vgl. [Meyberg 80, S.133 ff.]
Primitivwurzel	vgl. [Horster 85, S.283]
Primzahlen	vgl. [Hardy und Wright 58, S.2]
Primzahlsatz	vgl. [Hardy und Wright 58, S.10]
Public-Key-Hill-Chiffre	siehe (3.4.8)
Public-Key-Kryptosystem	siehe (1.1.4)
Q-Polynom	siehe (3.1.18)
quadratischer Rest	vgl. [Horster 85, S.285]
R-System	siehe (3.2.10)
R^k-System	siehe (3.4.8)
rationale Zahl	eine Zahl, die sich darstellen läßt als Quotient zweier ganzer Zahlen
reelle Modulo-Rechnung	siehe (3.2.1) und (3.2.2)
reelles Polynom	siehe (2.4.1)
repeated squaring and multiplying	vgl. [Horster 85, S.297 f.]
RSA-Verfahren	siehe (0.1.1)
Schlüssel	siehe (1.1.1)
Schlüsselraum	siehe (1.1.1)
Schlüsseltextraum	siehe (1.1.1)
sicher	Gegenteil von (vgl.) unsicher
Signatur	siehe Unterschrift
Speicherplatz	Bedarf an Hauptspeicher zur Speicherung einer Variablen fester Größe
Stellen	siehe Dezimaldarstellung
Stirlingformel	siehe (1.4.2)
Sturmsche Kette	siehe (2.4.7)
Substitution	vgl. [Horster 85, S.34 ff.]
symmetrisches Chiffrierverfahren	Kryptosystem mit gleichen Schlüsseln zum Ver- und Entschlüsseln

Transposition	vgl. [Horster 85, S.73]
trigonometrische Approximation	siehe (2.6.2) iii)
trigonometrisches Polynom	siehe (2.6.1) ii)
Umkehrindizes	siehe (1.3.1)
unsicher	Ein Kryptosystem heißt unsicher, wenn es mit einem bestimmten Aufwand gebrochen werden kann. Im Rahmen dieser Arbeit soll die Komplexität dieses Aufwandes 10^{70} sein.
Unterschriften im R^k-System	siehe (3.5.1)
Vernam-Chiffre	vgl. [Horster 85, S.52]
Verschlüsselung	Transformation eines Klartextes in einen Schlüsseltext
Verschlüsselungsfunktion	Transformationsvorschrift für die Verschlüsselung
Vielfachheit einer Nullstelle	vgl. [Jordan-Engeln und Reutter 76, S.20]
Walsh-Funktion	siehe (2.5.1)
worst case	ungünstigster, aufwendigster Fall

5.2 Liste der Symbole

[Name {und Name | et al.} Jahreszahl {, S.Zahl}*]	Literaturangabe: Name gibt den Verfasser an, Jahreszahl das Erscheinungsjahr, S.Zahl die Seitenangabe
$\in$	Element von
$\cup$, $\cap$	Vereinigung, Schnitt
$\subset$, $\supset$	Teilmenge, Obermenge
$\setminus$	Differenz (von Mengen)
$\mathbb{N}$	Menge der natürlichen Zahlen
	$= \{0, 1, 2, 3, \dots \}$
$\mathbb{N}+i$	$= \{n+i \mid n \in \mathbb{N}\}$
$\mathbb{Z}$	Menge der ganzen Zahlen
	$= \{\dots, -2, -1, 0, 1, 2, \dots\}$
$a\mathbb{Z}$	$= \{\dots, -2a, -1a, 0, 1a, 2a, \dots\}$
$\mathbb{Z}_p$	$= \{0, 1, 2, 3, \dots, p-1\}$
$\mathbb{Z}_p^k$	Menge der k-Tupel über $\mathbb{Z}_p$
$\mathbb{Z}[x]$	Menge der Polynome über $\mathbb{Z}$
$\mathbb{Q}$	Menge der rationalen Zahlen
	$= \{ i/j \mid i \in \mathbb{Z}, j \in \mathbb{N} \}$
$\mathbb{Q}^+$	$= \{x \in \mathbb{Q} \mid x > 0\}$
$\mathbb{R}$	Menge der reellen Zahlen
$\mathbb{R}^+$	$= \{x \in \mathbb{R} \mid x > 0\}$
$\mathbb{P}$	Menge der Primzahlen
min{ }	Minimum einer Menge
max{ }	Maximum einer Menge
[a,b]	$= \{x \in \mathbb{R} \mid a \leq x \leq b\}$
(a,b]	$= \{x \in \mathbb{R} \mid a < x \leq b\}$
[a,b)	$= \{x \in \mathbb{R} \mid a \leq x < b\}$
(a,b)	$= \{x \in \mathbb{R} \mid a < x < b\}$
[n:m]	$= \{n, n+1, n+2, \dots, m-1, m\}$, $n, m \in \mathbb{Z}$
$\cdot$	Platzhalter für Variablen
$\lfloor \cdot \rfloor$	$\lfloor x \rfloor = \max\{n \in \mathbb{Z} \mid n \leq x\}$
$\lceil \cdot \rceil$	$\lceil x \rceil = \min\{n \in \mathbb{Z} \mid n \geq x\}$
$\lvert a \rvert$	Betrag der Zahl a
$\lvert W \rvert$	Mächtigkeit der Menge W

$E(W)$	Ist W eine Menge und E eine Funktion, so gilt: $E(W) = \{ E(w) \mid w \in W \}$
$\forall$, $\exists$	Allquantor, Existenzquantor
∞	unendlich
$\lim\limits_{x \to \infty}$	Grenzwert für x gegen ∞
$\Rightarrow$	Folgerungspfeil
$\Leftrightarrow$	Äquivalenz
$:\Leftrightarrow$	definiert durch die Äquivalenz
$\square$	kennzeichnet das Ende eines Beweises
$\{t_s\}_{s \in S}$	$= \{ t_s \mid s \in S \}$
f^{-1}, a^{-1}, $\bar{a}$	Umkehrfunktion von f, 1/a, multiplikatives Inverses von a
f'	Ableitung von f
$C[a,b]$	Menge aller auf [a,b] stetigen Funktionen
$C^r[a,b]$	Menge aller auf [a,b] r-fach stetig differenzierbaren Funktionen
$\| f \|_{C[a,b]}$	$= \max\{ |f(x)| \mid x \in [a,b] \}$
$f_{h(w)}(w)$	$= f_n(w)$ mit $n = h(w)$
$O(\cdot)$	$f(x) = O(g(x))$ für $x \to \infty$, falls $\exists\, 0 < M < \infty$ mit $\lim\limits_{x \to \infty} |f(x)/g(x)| \le M$
$\log_a(x)$	Logarithmusfunktion zur Basis a
$\sin(x)$, $\cos(x)$	Sinus- bzw. Cosinus-Funktion
$\tan(x)$	Tangens-Funktion
$\arcsin(x)$, $\arccos(x)$	Umkehrfunktion zu sin(x) bzw. cos(x)
$\arctan(x)$	Umkehrfunktion zu tan(x)
$\mathrm{ggT}(a,b)$	größter gemeinsamer Teiler von a und b
$a \equiv b \pmod c$, $a \not\equiv b \pmod c$	siehe (3.2.1) , (a-b)/c ist nicht aus $\mathbb{Z}$
$b = a \bmod c$	siehe (3.1.1)
$a \mid b$	a teilt b, d. h. $b/a \in \mathbb{Z}$
$\sqrt{\ }$, Σ, Π	Quadratwurzel-, Summen-, Produktzeichen
$\int$	Integralzeichen
A^T	A transponiert
$\approx$	rund
$\mathfrak{R}$	siehe (1.1.3)
$d_k(p)$	siehe (3.1.5)
$\Theta_N(n)$	siehe (3.1.10)

$\pi(x)$	siehe (3.1.11)
e	- Eulersche Zahl - 2,7182818...
e^x, $\exp(x)$	Exponentialfunktion
π	- Kreisteilungszahl - 3,141592...
$\varphi(n)$	siehe (3.1.22)
$\emptyset$	leere Menge
$n!$	n Fakultät - $1 \cdot 2 \cdot 3 \cdot \ldots n\text{-}1 \cdot n$
$\binom{n}{k}$	- $n! / (k! \cdot (n\text{-}k)!)$
o. B. d. A.	ohne Beschränkung der Allgemeinheit
$u(f,g,w,\{f_n\}_{n \in \mathbb{N}})$	siehe (1.3.1)
$U(f,g,A,\{f_n\}_{n \in \mathbb{N}})$	siehe (1.3.1)
$\varepsilon_r(g,z)$, $\varepsilon_l(g,z)$	siehe (1.3.4)
$\mathfrak{F}(g)$	siehe (1.3.4)
$\mu(W)$	siehe (1.3.6)
$V_t(x)$	siehe (2.4.7)
$\mathrm{wal}_T(n,x)$	siehe (2.5.1)
$5,\overline{123}$	siehe (3.1.5)
$/b_1,\ldots,b_n/$	siehe (3.1.13)
$Q_n(x_1,\ldots,x_n)$	siehe (3.1.18)
F_n	n-te Farey-Folge, siehe (3.1.22)
$x_{k,i}$	siehe (4.2.11)

6. Literaturverzeichnis

[Abramowitz und Stegun 70]:

Abramowitz, M., Stegun, I. A.: Handbook of mathematical Functions. Dover, New York (1970).

[Aho et al. 75]:

Aho, A. V., Hopcroft, J. E., Ullman, J. D.: The Design and Analysis of Computer Algorithms. Addison Wesley, Reading (1975), S.303-308.

[Bleimann 79]:

Bleimann, G.: Über trigonometrische und fraktionierte Taylorformeln und deren Anwendung in der Approximationstheorie. Dissertation Aachen (1979), S.39 ff.

[Borodin und Munro 75]:

Borodin, A., Munro, I.: The Computational Complexity of Algebraic and Numerical Problems. American Elsevier Publishing Company, New York, London, Amsterdam (1975), S.94 ff.

[Brent 74]:

Brent, R. P.: The Parallel Evaluation of General Arithmetic Expressions. Journal of the ACM 21 (1974), S.201-206.

[Bronstein und Semendjajew 80]:

Bronstein, I. N., Semendjajew, K. A.: Taschenbuch der Mathematik. Deutsch, Thun, Frankfurt/Main (1980).

[Butzer und Nessel 71]:

Butzer, P. L., Nessel, R. J.: Fourier Analysis and Approximation I. Birkhäuser, Basel, Stuttgart (1971).

[Carr 70]:

Carr, G. S.: Formulas and Theorems in Pure Mathematics. 2. Auflage, Chelsea, New York (1970), S.278 Formel 1552.

[Collatz 68]:

Collatz, L.: Funktionalanalysis und numerische Mathematik. Springer, Berlin, Heidelberg, New York (1968), S.240.

[Diffie und Hellman 76]:

Diffie, W., Hellman, M. E.: New Directions in Cryptography. IEEE Transactions on Information Theory 22 (1976), S.644-654.

[ElGamal 85]:

ElGamal, T.: A Public-Key Cryptosystem And A Signature Scheme Based On Discrete Logarithms. IEEE Transactions on Information Theory 31 (1985), S.469-472.

[Endl und Luh 86]:

Endl, K., Luh, W.: Analysis I. 8. Auflage, Akademische Verlagsgesellschaft, Frankfurt/Main (1986), S.226.

[Garey und Johnson 79]:

Garey, M. R., Johnson, D. S.: Computers and Intractability, A Guide to the Theory of NP-Completeness. W. H. Freeman and Co., San Francisco (1979).

[Goethals und Couvreur 80]:

Goethals, J.M., Couvreur, C.: A Cryptanalytic Attack On The Lu-Lee Public Key Kryptosystem, Philips J. Res., Vol.35 (1980), S.301-306.

[Hardy und Wright 58]:

Hardy, G. H., Wright, E. M.: Einführung in die Zahlentheorie. Oldenbourg, München (1958).

[Harmuth 70]:

Harmuth, H.: Transmission of Information by Orthogonal Functions. Springer, Berlin, Heidelberg, New York (1970), S.5-49.

[Henrici 72]:

Henrici, P.: Elemente der numerischen Analysis Band 1. Bibliographisches Institut, Mannheim, Wien, Zürich (1972), S.104 ff.

[Horster 85]:

Horster, P.: Kryptologie. Bibliographisches Institut, Mannheim, Wien, Zürich (1985).

[Hoßfeld und Weidner 83]:

Hoßfeld, F., Weidner, P.: Parallele Algorithmen. Informatik-Spektrum 6 (1983), S.142-154.

[Isselhorst 88]:

Isselhorst, H.: Ein Beitrag zur Verwendung rationaler Zahlen in Public-Key-Kryptosystemen. Hüthig-Verlag, Heidelberg (1988).

[Janardan und Lakshamanan 82]:

Janardan, R., Lakshamanan, K. B.: A Public-Key Cryptosystem Based On The Matrix-Cover Problem. Cryptologia (1982), S.21-37.

[Jensen und Wirth 78]:

Jensen, K., Wirth, N.: PASCAL User Manual and Report. 2. Auflage, Springer, Berlin, Heidelberg, New York (1978).

[Jordan-Engeln und Reutter 76]:

Jordan-Engeln, G., Reutter, F.: Formelsammlung zur Numerischen Mathematik. Bibliographisches Institut, Mannheim, Wien, Zürich (1976).

[Knuth 81]:

Knuth, D. E.: The Art of Computer Programming Vol.2, Seminumerical Algorithms. 2. Auflage, Addison Wesley, Reading (1981).

[Kochanski 80]:

Kochanski, M. J.: Remarks On Lu And Lee's Proposals For A Public-Key Cryptosystem. Cryptologia 4 (1980), S.204-207.

[Koksma 74]:

Koksma, J. F.: Diophantische Approximation. Springer, Berlin, Heidelberg, New York (1974) S.70.

[Kravitz und Reed 82]:

Kravitz, D.W., Reed, I.S.: Extension Of RSA-Crypto-Structure: A Galois Approach. Electronic Letters Vol.18, Nr.6 (1982), S.255-256.

[Kung 74]:

Kung, H. T.: Some Complexity Bounds for Parallel Computation. Proc. 6th Annual ACM Symposium on the Theory of Computing 1974, S.323-333.

[Lagarias 84]:

Lagarias, J. C.: Knapsack-type public key cryptosystems and Diophantine approximation. In Advances in Cryptology, Proc. of Crypto-83, D. Chaum, ed, Plenum, New York, (1984), S.3-24.

[Lagarias 85]:

Lagarias, J.C.: The Computational Complexity of Simultaneous Diophantine Approximation Problems. SIAM J. Comput. Vol.14, No.1 (1985), S.196-209.

[Lenstra et al. 82]:

Lenstra, A.K., Lenstra, H.W.Jr., Lovasz, L.: Factoring polynomials with rational coeffizients. Math. Ann. 261 (1982), S.515-534.

[Lenstra 83]:

Lenstra, H.W.: Integer Programming with a Fixed Number of Variables. Mathematics in Operations Research 8 (1983), S.538-548.

[Longly und Shain 87]:

Longley, D., Shain, M.: Data & Computer Security. Dictionary of standards, concepts and terms. Macmillan Publishers Ltd (1987), S.323-324.

[Lorentz 53]:

Lorentz, G. G.: Bernstein Polynomials. Univ. Press, Toronto (1953).

[Lu und Lee 79]:

Lu, S. C., Lee, L. N.: A Simple And Effective Public-Key Cryptosystem. Comsat Technical Review 9 (1979), S.15-24.

[McEliece 77]:

McEliece, R. J.: A Public-Key Cryptosystem Based on Algebraic Coding Theory. Deep Space Network Progress Report 42-44, Pasadena: Jet Propulsion Labs (1978).

[Merkle und Hellman 78]:

Merkle, R. C., Hellman, M. E.: Hiding Information and Signatures in Trapdoor Knapsacks. IEEE Transactions on Information Theory 24 (1978), S.525-530.

[Meyberg 80]:

Meyberg, K.: Algebra Teil 1. Hanser, München, Wien (1980).

[Niederdrenk 82]:

Niederdrenk, K.: Die endliche Fourier- und Walsh-Transformation mit einer Einführung in die Bildverarbeitung. Vieweg, Braunschweig, Wiesbaden (1982).

[Niven und Zuckerman 76]:

Niven, I., Zuckerman, H. S.: Einführung in die Zahlentheorie I. Bibliographisches Institut, Mannheim, Wien, Zürich (1976).

[Pan 66]:

Pan, V. Y.: Methods of computing values of Polynomials. Russian Math. Surveys 21 (1966), S.105-136.

[Perron 50]:

Perron, O.: Die Lehre von den Kettenbrüchen. Chelsea, New York (1950), S.54.

[Pohlig und Hellman 78]:

Pohlig, S. C., Hellman, M. E.: An Improved Algorithm for Computing Logarithms Over GF(p) and its Cryptographic Significance. IEEE Transactions on Information Theory 24 (1978), S.106-110.

[Riesel 85]:

Riesel, H.: Prime Numbers and Computer Methods for Factorization. Birkhäuser, Boston, Basel, Stuttgart (1985).

[Rivest et al. 78]:

Rivest, R. L., Shamir, A., Adleman, L.: A Method for Obtaining Digital Signatures and Public-Key Cryptosystems. Communications of the ACM 21 (1978), S.120-126.

[Rump 86]:

Rump, S. M.: Sichere Ergebnisse auf Rechenanlagen. Informatik-Spektrum 9 (1983), S.174-183.

[Ryska und Herda 80]:

Ryska, N., Herda, S.: Kryptographische Verfahren in der Datenverarbeitung.

Springer, Berlin, Heidelberg, New York (1980).

[Schmeißer und Schirmeier 76]:

Schmeißer, G., Schirmeier, H.: Praktische Mathematik. De Gruyter, Berlin, New York (1976).

[Schmidt 80]:

Schmidt, W. M.: Diophantine Approximation. Springer, Berlin, Heidelberg, New York (1980) S.27 .

[Schroeder 84]:

Schroeder, M. R.: Number Theory in Science and Communication. Springer, Berlin, Heidelberg, New York, Tokyo (1984).

[Shannon 48]:

Shannon, C. E.: A Mathematical Theory of Communication. Bell System Technical Journal 27 (1948), S.379-423, S.623-656.

[Shannon 49]:

Shannon, C. E.: Communication Theory of Secrecy Systems. Bell System Technical Journal 28 (1949), S.656-715.

[Spaniol 76]:

Spaniol, O.: Arithmetik in Rechenanlagen. Teubner, Stuttgart (1976).

[Spaniol 83]:

Spaniol, O.: Satellitenkommunikation. Informatik-Spektrum 6 (1983), S.124-141.

[Stephens 85]:

Stephens, N.M.: Lenstra's Factorisation Method Based on Elliptic Curves. Advances in Cryptology-Crypto '85 Proc., H.C.Williams, ed, Springer, Berlin, Heidelberg, New York, Tokyo (1985), S.409-416.

[Walsh 23]:

Walsh, J. L.: A closed set of orthogonal functions. Amer. Journal of Mathematics 45 (1923), S.5-24.

[Werner und Schaback 79]:

Werner, H., Schaback, R.: Praktische Mathematik II. Springer, Berlin, Heidelberg, New York (1979).

[Wirth 79]:

Wirth, N.: Algorithmen und Datenstrukturen. 2. Auflage, Teubner, Stuttgart (1979).

[Young and Gregory 72]:

Young, D. M., Gregory, R. T.: A Survey of Numerical Mathematics Vol.I. Addison Wesley, Reading (1972), S.176-245.